汽車记憶

何光远题

汽車記憶 系列丛书

解放

1956

中国第一个汽车品牌的前世今生

中国汽车工业咨询委员会 指导
葛帮宁 著

中国工人出版社

序言

解放尚未有穷期

何光远

解放：解除束缚，获得自由或发展。

——《词源》

1949年10月1日，五星红旗在天安门广场升起，宣示了中国人民从此推倒了头上的三座大山。新中国成立了，天亮了，中国人民站起来了！

新中国的成立，是中华民族在政治上的解放。但是，一个民族、一个国家要真正站起来，还必须在经济上得到解放。因此，新中国成立之后的第一个重大举措就是全面开始在苏联支持下的156项工业基础建设，而第一汽车制造厂（即“一汽”）正是这156个项目中的重中之重。从这个意义上说，一汽不但是新中国汽车工业的长子，也是新中国工业的先驱。

毛泽东同志亲自为一汽产品命名，称其为“解放”。

1956年7月13日，第一汽车制造厂生产的第一辆解放卡车下线，终结了中国不能生产汽车的历史，开创了中国汽车工业的新纪元。就是在这一年，我加入了解放汽车的辉煌事业。从此，我的一生就与中国汽车工业永远地结合在了一起。

今年，葛帮宁同志在一汽解放的支持下，编写了《解放——中国第一个汽车品牌的前世今生》一书，嘱我为之作序。写书的意义，不仅仅是回顾以往，更是警示未来，为此我欣然答应。

解放汽车的诞生至今已有62年，中国汽车的历程也同样走过了62年。岁过花甲，是到了该对中国汽车之路进行深刻反思、梳理总结的时候了。

这本书收集了17位中国汽车人口述的关于解放汽车的故事。他们之中有中国第一代汽车工业的奠基者，也有当年一汽建设的参与者，还有解放汽车历代发展的亲历者。他们的激情讲述，在我们眼前展开了一幅解放汽车为中国汽车工业62年不息奋斗的壮丽画卷。

在62年的时间里，解放汽车经历了七次大换代，每一次都凝结着国人的期盼，凝结着中国汽车人的心血，每一次都推动了中国汽车工业的自我革新。

第一代解放卡车结束了我国不能造汽车的历史，展现了中国汽车从无到有的艰苦历程，这段历程从1956年到1986年整整走了30年。从此，解放汽车不仅是我国汽车工业的发轫，成为中国汽车的图腾，还为我国进行大规模的汽车工业建设创造了丰富而宝贵的经验，培养了一大批汽车行业领导骨干和技术人才。在一汽的多方支持下，全国各大汽车企业如雨后春笋般发展起来，中国逐渐构建了自己的汽车工业体系。

1986年7月15日，具有当时国际水平的第二代解放卡车经自主研发实现转产。解放完成了第二次创业，结束了老解放“30年一贯制”的历史，将中国汽车工业带入全新发展阶段。

1995年5月，解放第三代车型六平柴开始批量生产，结束了40年来一汽只生产长头卡车的历史，开创了解放卡车长头、平头两大系列并举的新格局，同时实现了发动机的柴油化。

1997年，9吨、16吨柴油车批量投产，解放卡车从此进入准重型行列，形成中、重型产品全面发展的格局，向重型化迈出坚实一步。

2002年7月15日，第四代解放产品J4下线，凭借大发动机、大离合器、大变速箱、大后桥（“四大”加强型）的优势，投放市场后迅速成为热销产品。

20世纪末，随着国民经济不断发展和高等级公路的普及，重卡在运输市场上的地位越来越突出。科技含量高，经济性、稳定性好，赢利能力强的重卡，逐渐成为广大用户购买大型货运车辆的首选。但是一汽要开发真正具有时代意义上的重卡，把解放打造成国际知名品牌，就必须开发具有世界先进水平的大马力柴油发动机。

为了能在最短的时间内攻下这道难关，一汽曾尝试与某世界著名汽车公司进行合资谈判。外方的合资条件是坚持要求一汽放弃解放品牌，而这是一汽人绝对不能接受的。后来，一汽选择了一条独立自主但困难重重的发展之路。2004年7月15日，由一汽汽研所独立开发的解放第五代产品奥威重卡问世，标志着一汽卡车产品结构调整基本完成，正式转型为生产重型卡车的主力企业。

2007年7月15日，由一汽自主研发的解放第六代重型卡车——解放J6正式下线投放市场。这次换代在一汽发展史上具有里程碑意义——解放J6主要定位于国内高端重卡市场，既要抵御进口车的冲击，又要逐步出口海外市场。后来的事实证明，这次换代车型成为一汽解放引领重型卡车市场的新一代主导产品。10年后的2017年7月15日，解放J6迎来了第70万辆下线，充分彰显一汽解放自主创新的骄人成就。

进入新时代后，国家倡导的制造强国战略对各行各业产生了深远影响，引领中国商用车驶入崭新的智能时代，解放第七代产品也开始从中国制造向中国智造进军。

2018年10月27日，一汽解放在上海举办“智未来7新程”品牌战略发布暨J7上市盛典，决心推出以J7为代表的新一代重卡产品，其品质对标欧洲高端重卡，以引领中国商用车迈向世界一流为己任，标志着一汽解放在重卡研发、制造领域跨越到一个新的高度。在解放的这次全新战略构想中，重卡不再仅仅是运输工具，而进化为搭载信息化技术的智能终端。

解放再一次在自力更生、自主研发、突击世界重卡巅峰的道路上阔步前进。今天，解放在商用车特别是重卡领域仍然是高举民族大旗、披坚执锐、攻城略地的先锋。

60多年来，解放在七次蜕变中一路高歌。但相对而言，中国汽车业也经历了不少曲折，基本上分成前后30年。

中国汽车业的前30年，差不多就是一汽和从一汽分蘖出来的新中国汽车工业的发展历史。这30年的特征是，中国汽车的产量和保有量都很低；产品以工具属性为主，大部分汽车直接参与了国家经济建设；在中国道路上曾经有过的“万国汽车博览会”现象已经不复存在。从经济地位来说，中国汽车工业还远远达不到成为国家支柱产业的程度。1982年，中国汽车的工业总产值仅占国内生产总值的千分之四，但是中国中型载货车的规模产能已经成为世界第一。

今天，中国轿车市场上，国际品牌占据大半天下，但载货车市场上却仍然是中国品牌占据绝对优势，这正得益于当初以解放卡车为首的中国汽车工业打下的坚实基础。

中国汽车业的后30年，应该是以1982年第二次成立中国汽车工业公司为转折点。在党的十一届三中全会上制定的“对外开放、对内搞活经济”的政策指引下，饶斌同志领导的中汽公司制定了“技术交流、进口设备、引进技术、合作生产和合资经营”的对外方针。

但在后来的实施中，这五条方针却只有“合资经营”一枝独秀，逐渐形成了没有一家汽车国企不对外合资、没有一家汽车跨国集团不来中国合资的局面。在这种大趋势下，中国汽车工业迅速膨胀起来，很快成为世界第一大汽车生产国和世界第一大汽车市场。

这30年的特征是，中国汽车的主体为乘用车，尤其是轿车。轿车以其消费品属性快速进入广大中国家庭，中国道路上再次出现了“万国汽车博览会”现象。与此同时，中国汽车工业也发展成为中国经济的第一支柱产业，为中国的经济腾飞作出了巨大贡献。

不可否认，在这后30年，中国汽车工业的成绩是巨大的，但是存在的问题也值得深刻反思。

如果我们仔细分析一下中国汽车市场现状，就会发现，中国汽车市场分成了大、中、小三块。最大的一块毫无疑问是轿车市场，在这块市场上，外国品牌占据了绝对优势。令人遗憾的是，在这块市场上与外国品牌拼死抗争的竟然是地方车企和弱小的民营企业，他们就像当年奋战在敌后的土八路，凭借着满腔热血和自造武器，前仆后继，抗衡着财大势沉的所有汽车跨国公司，并且在一寸一寸地收复着失地。中间这块则是SUV市场。在这块市场上，中国汽车自主品牌已经取得相对优势，取得了一定的主动权。最小的一块，是以重卡为主导的商用车市场。和轿车市场正好相反，在这块市场上，以解放重卡为代表的中国汽车自主品牌取得了绝对优势。我认为，可以把这一块叫作“解放区”。

市场态势大致如此，但为什么会出现这种态势却值得我们深思。有人认为，出现三个市场三种态势是由于中国汽车工业传统的基础和结构不同，这个结论未免过于简单了。我认为造成这种态势的深层原因，是中国汽车失去了原有的一种精神。汽车业就像一个人，是需要有精神的，否则这个行业长得再大也是个婴儿，脱离不了对父母和他人的依赖。中国的航天、航空、船舶、高铁、手机等行业之所以能站立在世界之巅，就是因为他们一直都具备自力更生、自强不息的精神。

我想，这也是这本书的意义所在。这本书对我们讲述的，就是一种薪火相传、再接再厉、发扬光大的“解放精神”。

说起“解放精神”，就会想到饶斌、郭力、孟少农等老一辈中国汽车工业奠基人，正是他们用自己的毕生心血铸成了这种精神。中国汽车老前辈方劼同志曾在悼念孟少农同志的文章中写道：“孟少农弥留之际说的话别人已经听不见、分不清，但我懂得，他说的是‘小轿车以我为主！’我非常自信，我译出的语言，误差是零。这种精神，才是中国汽车最宝贵的基因。”

有了这种精神，我就可以预测中国汽车业的未来。中国汽车业有了前30年和后30年，就一定会再有一个全新的30年。这个30年的起点应该是党的十九大。在十九大上，习近平同志对全党提出，在新时代社会主义建设中要不忘初心，牢记使命。

那么，中国汽车工业的初心是什么？中国汽车工业的使命是什么？我认为，这个初心就是建立新中国自己的工业体系；这个使命是为建成社会主义新型汽车强国而奋斗！对此，我们永远不能忘记！

习近平同志指出：“中华民族迎来了从站起来、富起来到强起来的伟大飞跃。”中国汽车工业的前30年，实现了从无到有，这是站起来；中国汽车工业的后30年，实现了从有到大，这是富起来。在下一个30年，中国汽车工业要强起来，就必须开始中国汽车工业的二次解放。

实现这一伟大目标，我觉得要抓住三个重点：

一是重铸中国汽车工业的“解放精神”，并使之发扬光大。

二是再次推动、夯实中国汽车工业的基础建设，特别是在人才培养和零部件研发上下功夫，好钢要用在刀刃上。

三是大力扶持中国汽车民营企业的发展。在中国汽车工业由大到强的征程中，民营企业是绝不可忽视的生力军。

只要我们坚持初心，牢记使命，扑下身子，砥砺前行，新中国就一定能在成立百年之前，成为一个真正的汽车强国。到那个时候，中国的道路上依然会有万国汽车的身影，但是在全世界任何地方，也必然能看到中国汽车的身影。

也许我见不到这一天的到来，但是我坚信这一天必然会到来!

不忘初心中国梦，解放尚未有穷期。

是为序。

2018年11月6日 北京

（作序者系原国家机械工业部部长）

1956 年 7 月 13 日，第一批解放卡车下线

勘测厂区地形

1953 年 7 月 15 日，一汽奠基仪式上，万名建设者在红绸上签名

一汽奠基典礼大会

建成后的第一汽车制造厂

1956 年 10 月 15 日，通过国家鉴定后，一汽举行开工典礼

第一批38辆解放汽车于1956年8月21日运到北京，将参加国庆检阅和游行。天安门广场上首都人民观看国产汽车

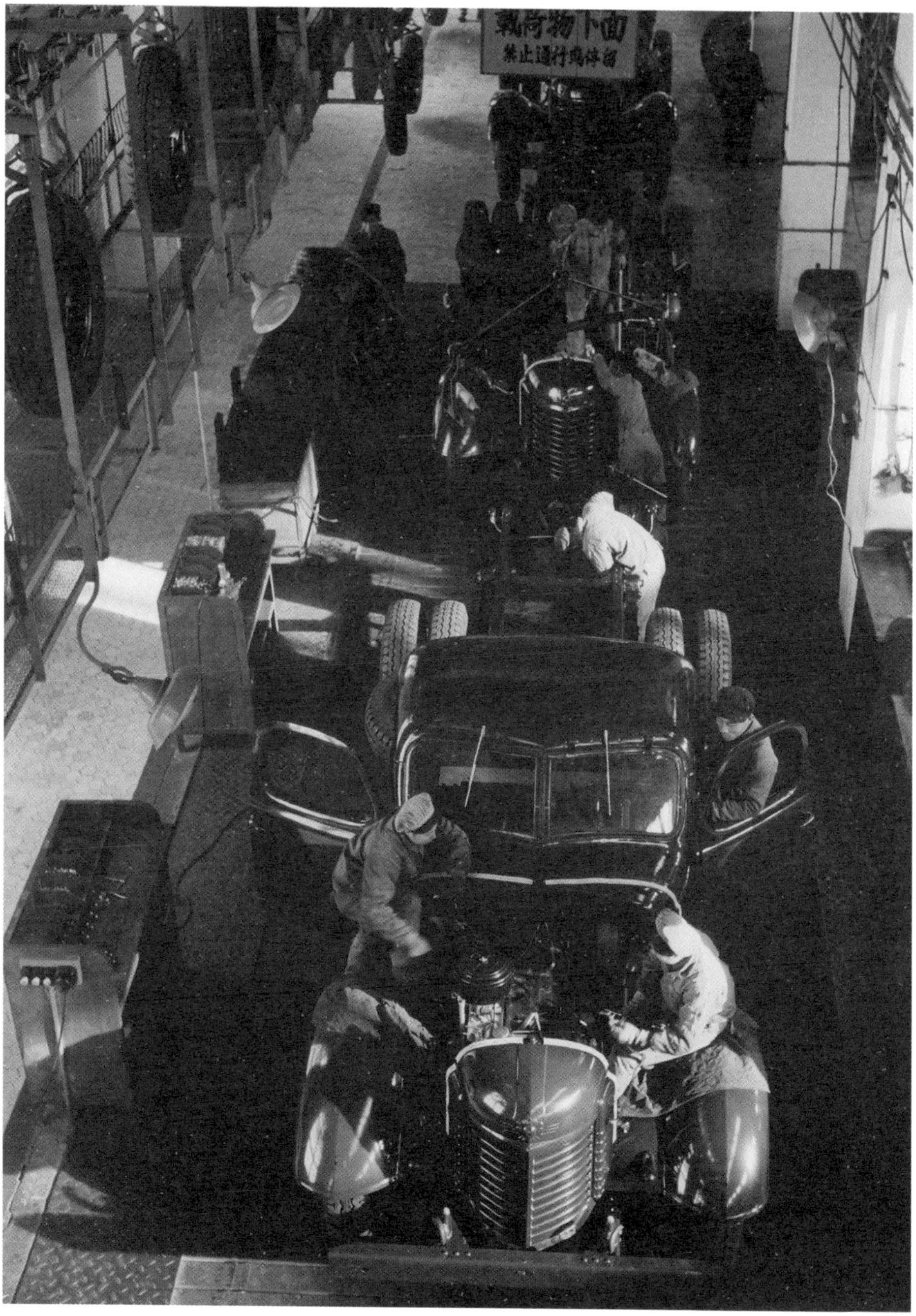

一汽解放装配线

换型改造万人大会

1986 年 7 月 15 日，解放第二代车型 CA141 换型转产

1995 年 5 月，解放第三代车型投产

2003 年 1 月 18 日，一汽解放汽车有限公司成立

2003 年 7 月 15 日，解放卡车新基地奠基典礼

2004 年 7 月 15 日，解放第五代车型下线

2007 年 7 月 15 日，解放 J6 下线

2018 年 4 月 18 日，解放 J7 下线

解放第一代车型

解放第二代车型

解放第三代车型

解放第四代车型

解放第五代车型

解放第六代车型

解放第七代车型

目录

口　　述 | 孟少农

采访时间 | 1987 年 9 月 25 日

筹备一汽

重工业部成立时，他是汽车工业的唯一主管。

孟少农，原一汽副厂长、总工程师。原名孟庆基，生于1915年12月，湖南省桃源县人。1940年毕业于西南联大，1941年取得清华大学留美公费生资格，1943年在美国麻省理工学院获硕士学位，先后在美国福特汽车厂、斯蒂贝克汽车厂实习，任工程师。1946年回国，在清华大学任副教授、教授。

从1948年起，孟少农先后任华北人民政府工业企业部工程师、中央重工业部技术室主任、重工业部汽车筹备组副主任。1952年至1965年，任一汽副厂长、副总工程师。1965年至1969年，在中汽公司总工程师室负责汽车行业的技术工作。

1971年5月至1977年12月，任陕汽革委会副主任、总工程师。1977年年底，调任二汽，先后担任副厂长、总工程师、二汽咨询委员会主任。1980年11月，被推选为中国科学院学部委员，在国内外汽车界享有很高声誉。1988年1月15日于北京逝世。

本文根据密西根大学教授大卫·刘易斯为编写《中国汽车史》而在十堰对孟少农所作的访谈整理而来，由原中国汽车工业公司副总经理吴庆时在2004年11月翻译。现经吴庆时授权，收录于本书。

留学归国

由于抗战，我所就读的清华大学迁移到了昆明，和北京大学、南开大学合并，组成一个独特的联合大学，叫西南联大。我本应1939年毕业，但在那年，我参军学习汽车修理技艺，成为一名技术军官，1940年才回到自己的学校完成学业。

1941年，我通过了选送赴美留学生的考试，由清华大学提供奖学金，与我一起去美国的还有15位校友。1941年8月，我们在香港等候了一段时间，于9月底动身去美国。当时的情况很危险，我们赴美所乘坐的那艘船后来就被日本的潜水艇给击沉了。

我1941年进入麻省理工学院念研究生，学的是机械工程，专攻汽车专业。我用了三个学期和一个暑假拿到了硕士学位。我们16人当中有的人继续攻读博士学位，而有的人选择去工作。

我选择了后者，进入迪尔伯恩的福特汽车罗纪工厂工作，并和我的一个朋友胡先生（他还在美国）一起参加了对外国学生特别安排的培训。

在罗纪工厂，我们下过所有主要的车间，还在一个实验室干了差不多三个月。我实际上是在为该公司做设计更改，他们有大量的设计需要更改，但缺乏人手，我干了五个月。

1943年夏，佛蒙特州的一个国营工具厂需要一些中国工程师为第二次世界大战后将产品派往中国做准备。他们和麻省理工学院联系，学院推荐包括我在内的五个中国学生去了佛蒙特州一个叫作Sprinfield的小城镇。

我们被分配到Fels齿轮厂、Bryant磨床厂和Zhongshan-Nanshan三个不同的工厂。我在Zhongshan-Nanshan工厂当机械师，在那里差不多干了一年。

1944年，斯蒂贝克开始在中国开展项目。他们打算在第二次世界大战后和某华人公司合资生产汽车，聘请我们五个人一起从佛蒙特州转到印地安纳州。我们在印地安纳州的 South Band 厂干了一年半。

起初，我们为卡车画图，然后又做了工厂设计。当时的总工程师是比尔·詹姆斯（Bill James），我们归他领导。但一年后，那个计划项目还没有付诸实施就流产了。

这时已是1945年，第二次世界大战已经结束。我又和母校清华大学联系上了，一位老教授要我回国，于是我辞掉在斯蒂贝克的工作。

这期间，有几个中国留学生在纽约组织了一个制造机构。他们曾经在美国西海岸为道格拉斯飞机厂制造尾翼等零件，攒了点钱后，想在战争结束后转移到东海岸开创制造业务。他们找到我，要我帮他们建设工厂，我答应在回国前给他们干半年。从1945年到1946年夏天，我帮他们采购战争剩余器材。在完成大部分生产准备工作之后，我回国了。

1946年6月，我乘坐美国运输船回国。

那时，中国的内战刚开始，形势很不稳定。清华大学也正从昆明迁回北京，校园几乎荒废了。我回到清华大学工作，先和教授们一起清理校园。日本人占领了清华大学的校园，用作军医院，我们必须把他们的旧招牌清理干净，水电供应系统也要恢复。在学生和教师的大队伍回来以前，我干了三个月的清理工作，然后才开始我的教学工作。我负责教授汽车工程专业。

后来的情况越来越糟，内战一发不可收拾。大约一年后，学生开始游行示威。发生过几次事件后，国民党特务开始进入校园，他们有时会用大棒子打学生，甚至闯入教授的家抢番茄等蔬菜吃。很多学生去了河北省中部的解放区。我有个弟弟是大二的学生，他也去了。

当时“某某人上了黑名单”的谣言满天飞，其中也有我。在那种情况下，留在校园里继续教书就很困难。那时通货膨胀也非常厉害，每月拿到薪水后要立刻去黑市买东西，否则钞票就会变成废纸。我们不得不在床底下储存成袋的面粉，如果谁家有三四袋面粉，就会被看作富人家。1948 年夏天，我决定离开清华大学，妻子跟我去了解放区。我们穿着长袍扮作商人，通过两军的分界线，找到接待北京知识分子的机构，在河北省中部住了两个月。然后，他们介绍我们去了一个政府机关。

后来，我又遇到好几位从北京来的教授和教师，他们推荐我到华北解放区的工业企业部工作，我成了政府里的工程师。

现在是时候吗

1948 年 10 月，我去了华北解放区首府石家庄，现在是河北省的省会，在那里住了大约 10 个月。那时的内战形势发生了变化，解放军即将攻克北京。

人民政府派徐驰（后来担任冶金工业部副部长）组织一个小组去北京做接管工作，小组连我在内共有 12 人。我们先到北京西郊的石景山工作，那里有一座冶金工厂。直到 1949 年 2 月初傅作义将军起义，解放军进入北京城，我们的工作才停止。

我接管研究院所的工作，当时有三个研究所，即轻工业研究所、冶金研究所、机械研究所。我在那里工作了三四个月后，又回到工业企业部。后来以这个部为基础，组成重工业部。1949 年 10 月，新中国成立，我进入重工业部工作，成为这个部的第一批公务员，也是汽车工业的唯一主管。

1950 年 1 月，重工业部副部长刘鼎找到我，对我说，准备建立中国汽车工业。

我很惊讶地问：“现在是时候吗？”

刘副部长笑着说："形势发展很快，你还不了解。但我们必须开始这个项目，我们需要大量的汽车！"他曾经在游击队里负责军需后勤工作，很有才华，工作出色。他曾经把铁轨锻造成弹壳做子弹。

形势刚安定下来，虽然各项工作还没有走上轨道，但刘副部长亲自抓这个项目，让我们马上工作，安排我去招收一批人成立研究组。

我们建立了一个叫作汽车工业筹备组的组织。我觉得组织工作不适合我，想做技术工作，便选择担任副组长，要求另派一名组长来主持政治工作。

于是，郭力（曾任一汽厂长、副厂长、汽车局局长、机械部副部长）被派来当领导人，我当副手。

我们 1950 年 3 月开始工作，调查了北京、天津、西北都有些什么，也调查了南方的昆明，看看国民党政权留下了什么。

在昆明，我们发现了斯特灵轿车的蓝图。斯特灵工厂关闭时，把资料、工艺、装备等都藏在一个洞里，洞非常潮湿。发现那些东西时，我认为它们并没有什么价值。我们也发现了一家叫扬子的私人汽车工业公司，老板邓扬（音译）是国民党的一名高官。这家公司在广西与云南接壤的地方有一个装配厂，装配过三四千辆柴油卡车，这些卡车战时在西南使用。这家公司也建过两家零件厂：一个设立在湖南中部，日本人逼近湖南时，他们已经将一些机器转移到了香港，剩下的机器等我们发现时，已有一半遭到破坏；另一个建在四川。这就是该公司留下来的所有东西。

我们也找到四五十个制造装配零件的汽车修理厂，它们由军方联勤总部管辖。最大的一个厂在上海，叫作 501 厂，还有一个设在武汉的工厂，以及北京的 409 工厂。在天津还有一个华北汽车公司，我们把它改造成了汽车配件厂，后来又改成拖拉机厂。

除了这些，还有一个资源委员会未完成的项目。资源委员会是国民党政权负责的工业发展委员会。他们启动了一个卡车工厂的设计准备项目，那个厂主要生产斯蒂贝克、奥瑞尔斯之类的卡车，计划年产量 2 万辆。公司和项目都确实存在，项目共有五卷文件，我们在北京找到了三卷，后来我们收集到了所有资料，但是发现对我们并没有多大用处。

这些就是我们找到的国民党遗留的所有东西。

1950 年年初，我们汇集所有资料并开始工作。那一年有两个会议：第一个是大型机械工业会议，研究工业生产如何调整等问题；第二个是汽车工业会议，研究一般形势和新情况。

上海等地的几个工厂有一些来自美国的新式设备，如吴淞机器厂和虬江机器厂。这两个工厂是在美国的物资帮助下建立起来的，准备生产农业机械产品。除此，我们真的没有更多东西了。我们接收了北京、天津、沈阳所有生产配件的工厂，同时也在 1950 年后期进行了场地选择，试图建一些新厂。

这时，一个苏联专家组来到中国，三位苏联人到了重工业部。其中一位是莫斯科斯大林汽车厂的设计工程师斯莫林先生（Mr. Smalling），他由副部长指定和我们一起工作。他和我们一起去过上海和天津，看过我们所有的工厂。

1950 年年末，又有两位苏联工程师来到我们部里工作，一位是总设计师，另一位是总图设计师，他们受命帮助中国设计汽车厂。部里立刻安排我们与之联系，在此之前，我们并不知道这两位工程师要来。他们告诉我们，他们受命参加“为中国建设一个汽车厂”的项目，两国政府之间还有一个协议。后来听说这个协议是由斯大林和毛泽东签署的。

选址长春

协议签署后共启动了 141 个项目，我们的项目是其中的一个。后来，中央把 141 个项目扩大到 156 个，就是第一个五年计划中的苏联援建工厂项目。

两位苏联来的工程师说计划写得十分清楚，要为中国建设一个年产 3 万辆的载重 4 吨卡车工厂。我们向他们请教了项目建议书里的内容，包括需要多少资金和设备等，把所有的数据都报告给了部里。刘副部长和我后来又向财经委员会打了报告。财经委员会是中央各个部以上的机关，主任是陈云，他批示了我们的报告，指出工厂要建在沈阳和哈尔滨之间，要在铁路线上。换句话说，要在东北。准备工作从 1951 年或 1952 年开始，建设工作从 1953 年开始，必须四年内完成。也要有一些零部件厂，如轮胎、电瓶和其他电气零件厂等，1951 年年初是拍板时间。之后，我就去了东北，我们看了多个地方，最后决定将厂建在长春。

为什么选择长春？起初，与东北相比，我们更倾向于华北。但领导说，这个厂一定要放到东北，那里比华北强大得多。在辽宁省有鞍山钢铁公司，在沈阳有一些大的机床厂。此外，东北交通也很方便，便于我们从苏联得到设备。

我们看了各个地方。沈阳是一个工业城市，但有很多其他行业，太过拥挤。哈尔滨虽然是个好地方，又太偏北了。长春当时是伪满洲国傀儡政权的首都，城市非常漂亮，但没有工业和工厂，许多新建筑被破坏。我们在铁道以西找到了合适的地方，很大一块地，没有障碍物。苏联顾问也喜欢长春。

顺便说一下，那时候在长春市只有两辆吉普车，没有别的汽车，我们就是靠这两辆车跑遍了长春市郊。

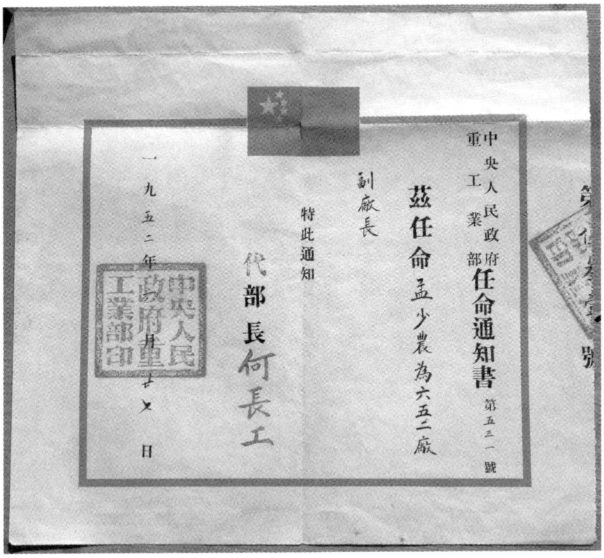

中央人民政府重工業部任命通知書 第五五一號

茲任命孟少農為六五二廠副廠長

特此通知

代部長 何長工

一九五二年 月 日

中央人民政府重工業部印

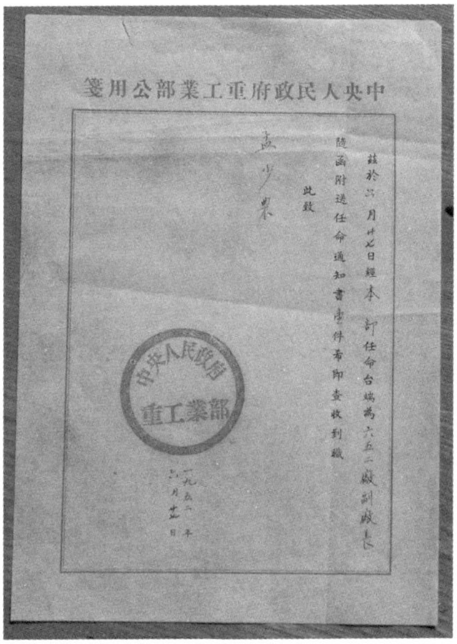

中央人民政府重工業部公用箋

孟少農

茲於六月廿七日經本部任命台端為六五二廠副廠長

隨函附送任命通知書壹件希即查收到職

此致

一九五二年六月 日

中央人民政府重工業部

孟少农担任 652 厂副厂长的任命书

回到北京，我们开始为这个项目起草文件，决定遵循苏联的程序，即分三个阶段设计。首先做初步设计，然后做技术设计，最后做施工图。我们在 1952 年开始做初步设计，想争取在 1953 年开始建设。

苏联工程师在 1951 年 4 月回去工作了半年，1951 年秋天他们又带着项目文件来到中国。我们不得不花费大量人力来做翻译和其他配合工作。我学的外语是英语，1951 年在新环境下不得不自学俄语。我找来英俄教科书，花费了一年的时间，到 1952 年已经可以阅读俄文并进行简单的会话。

被派往莫斯科

1952 年春，财经委员会批准了我们的初步设计方案，并说可以进行下一步工作。为加快建设，第二、三阶段的工作可以合并在一起做。为便于合作，我们还需要派代表去莫斯科。

我被派往莫斯科。我先从哈尔滨出发，到达中国最北边的口岸满洲里，从那里搭上去西伯利亚的火车。我在火车上遇到了在哈尔滨认识的苏联军官，原来我们接收过三个坦克厂，准备工作是在哈尔滨进行的，这位苏联上校当时就驻扎在哈尔滨。

他说："你得陪我喝酒。"

我说："我不会喝伏特加。"

他说："你一定要喝。"

那是 100 毫升的玻璃杯啊！我不得不喝下一满杯，于是就倒下了，睡了整整一夜。我们乘坐的是一辆很古老的火车，好像先前是为贵族打造的，里面有一个隔间，伙食相当好，费用都包含在车票里。

这趟旅行始于 1952 年 7 月初，六七天后才到莫斯科，简直是无尽头的旅途，但是也很有趣。

到了莫斯科后，我们组建了一个四人小组。除了我，还有陈祖涛（曾任中国汽车工业公司领导）、李刚（曾任中国汽车工业公司领导）、潘承烈（数学研究所或类似机构的教授）。我们四人住在莫斯科中部的一个小公寓里。几家公司的代表团，如鞍山钢铁公司、有色金属公司、汽车公司的代表团都住在那里。我们都归商务参赞处领导。

我们几乎每天都要去设计院、斯大林汽车厂以及汽车部或首都政府部门。我在莫斯科住了一年，主要负责联络工作。后来，有近 500 人被派到莫斯科学习（实习）。我们也邀请了 100 位苏联专家参与工厂投产。工艺装备在莫斯科制造，这些专家参与了工艺装备制造和其他工作。

第一汽车厂很成功

一汽工厂的建设在我去莫斯科之后作了调整。我们原来有一个从 1953 年到 1957 年的建厂计划，苏联工程师在北京没有任何意见。我到了莫斯科，和汽车部的人进行过一次会谈。他们有个专门处理对外关系的部门，领导为谷信先生（Mr. Gusin）。

他说："我们要调整计划，你们想多快建成工厂？"

我说："这由你们定。"

他又说："我们建议在三年内建成。"

我说："我得往回打报告。"

于是，我立刻写了报告，说苏联人打算三年建成工厂。这样一来，我们就没有再花费四年时间建厂。这是 1952 年秋天决定的事情。

1952 年冬，周恩来总理率中国代表团到莫斯科安排所有项目。中国政府有关部门传话给我们，要我们在周总理到达莫斯科后作汇报。另外一些项目也在考虑之中，比如第二个汽车厂、拖拉机厂以及别的工厂。

1952 年年末，周恩来总理到了莫斯科，天下着雪，很冷，我们作了汇报。李富春副总理听完我们的汇报后，决定与苏联谈判，谈判内容包括一汽要在三年内建成，并具有将年产量扩大到7万辆的储备，他指定当时的政务院财经委秘书长宋劭文去执行。

我们的工厂从1953年开始筹建，到1956年建成。第一汽车厂不大，但是很成功。在汽车工业筹备组的支持下，从1950年到1952年，我们在中国培训了200名大学毕业生。此后三年，我们又培训了200名大学毕业生，一些人来自清华大学，还有一些来自天津和上海等地的学校。还有200人来自原来的工业界，他们中有近百名熟练工人来自不同部门。

为召集这些人，我们跑遍了全中国。我们必须得到中央政府的帮助，政府发文指示，某某地区必须支援多少人。否则，我们无法在这么短时间内召集到那么多人。

苏联专家在斯大林的直接命令下工作，他们接到的命令是必须保证第一汽车厂建设项目成功。与我们一起工作的苏联工业部领导人对我们说："这是最高权威人士的命令，这个项目必须成功，不可靠的设备和援助不许给我们。"于是，我们得到苏联所能给予的最好的东西，如产品、工艺装备等。

斯大林汽车厂现在改名为利哈乔夫汽车厂。他们负责所有专用设备的设计制造，并向我们派遣熟练工人。我们每星期到工厂三四次，看到满车间挂着大标语。我们的项目被称作"Er Bei Wen"，他们因自己能为我们的项目工作而感到光荣。

他们有三四千吨的大压床，跨度11余米，全苏联也只有两三百台。压床上部（横梁）超过100吨重，高达10米。他们能把大压床制造出来，但是无法组装，因此不得不为此新建一些具有足够高度的专门车间来组装这台机器。他们建起了新厂房，制造了两台大压床，一台自己用，一台给中国。

我们把这台压床运输到长春可遇到了大麻烦，因为通不过哈尔滨附近的桥梁。于是，我们改从另外一个地方过河，在大庆以西的一条河流附近制造了一个有中心低悬支架支撑两边的台车，还做了一些特殊安排，最终通过了障碍。

苏联还转包了一些设备给捷克斯洛伐克和东德，东德也制造了一些压床。

苏联有不下十家设计院为一汽建厂项目工作，包括莫斯科汽车工厂设计院、乌克兰工业建筑设计院以及发电厂设计院等。中国仅设计了生活设施、宿舍和办公楼等。

解放卡车的诞生

解放卡车是一个混合产品。第二次世界大战时，美国根据《租借法案》向苏联提供了大量车辆，如斯蒂贝克、通用卡车、6×6 微型车等。苏联人研究了多个美国设计的汽车品种，参照设计中的优点并做一些改进，生产了自己的汽车。

第二次世界大战时，莫斯科厂曾迁移到乌拉尔山后面一个叫作乌兰的地方。那里的工厂生产旧型号卡车，载重量 3 吨左右，莫斯科人就把工厂、设备和产品都搬到了乌兰。在莫斯科的工厂虽然停止了生产，但还在。战争一结束，苏联人就从欧洲弄来机器，把莫斯科厂重新装备起来，开始了汽车组装工作。

1947 年，苏联人在莫斯科生产出了吉斯 150。这种 150 型卡车与样机完全不同，装有六缸直列式发动机，具有两级减速的后桥，中段是铸件，只有钣金冲压件像是通用公司的车型。它也是中国解放卡车的参照车型。

第一汽车厂基础建设开始于 1953 年 7 月 15 日，从开始建厂到如期

1956 年 7 月 14 日，职工欢呼第一批解放车出厂

建成用了整整三年，第一批卡车是在三年后的 7 月 13 日生产出来的。

第一批卡车质量很好，各项指标接近平均水平，我们很满意。说实在的，谁都承认这些卡车比苏联人生产的好，因为所有的设备都是新的，而且在生产的各个环节都十分严格。那时，我们非常严肃认真。记得我在莫斯科的时候，长春方面就问过一个关于升程的公差问题，有人认为公差应该是 0.03 毫米，确认后方能采用。

卡车都是通过计划的渠道分配的，哪怕你只想要一台车，也得有中央政府的批件才行。我记得起初定价是 1.4 万元一辆，大约有 20% 的利润。

第一汽车厂 1956 年开始投产，四五年后达到计划的单班产能。如果没有供应问题，还能够更早些达到。当时我们的钢材供应遇到很多困难，特别是 1959 年之后，苏联中断了对我们的供应。之后，我们不得不另辟货源，有从西方国家买的，也有在鞍山自己生产的。

原料供应困难，产能就难以迅速提高。但从 1963 年或 1964 年起，长春就基本达到了计划要求。此后开 2 班生产，一班 8 小时，每天 2 班，生产 100 辆卡车。

（本文由吴庆时编译并授权刊发）

口　　述 | 李刚
采访时间 | 2018 年 4 月

四件往事

他和解放有过四次紧密接触。

李刚，1926 年出生于福建福州。1944 年进入西南联大机械工程系学习，1948 年毕业于清华大学。曾任一汽技术副厂长及第四任厂长，原中国汽车工业公司第一任总经理、第二任董事长。

1952 年年初，李刚调任重工业部汽车工业筹备组，随即被派到莫斯科驻苏大使馆商务参赞处，协助孟少农工作，由此成为一汽驻莫斯科五人工作小组中的一员，开始了汽车生涯。

回国后，他在一汽一干就是 29 年。曾参加解放牌发动机改进、红旗轿车和转子活塞等多种发动机的研制、开发工作。20 世纪 60 年代后期，他多次领导一汽工厂进行技术改造，实施工厂扩建，带领一汽由年生产能力 3 万辆增至 8 万辆。

1978 年，他带队到日本 11 家汽车公司学习和考察，回来后在一汽全面推广丰田生产方式。20 世纪 80 年代初，他组织自主开发换代载重车 CA141，并完成换型改造方案，该项目获得国家技术进步奖。

1982 年，李刚当选为中共十二大中央候补委员；1987 年至 1997 年任全国政协常委及政协经济委员会副主任。

五人小组

20 世纪 50 年代到 80 年代，正是我风华正茂、投入工作的时期。除了红旗轿车，我与解放卡车也有过四次紧密接触，由此产生了“解放情”。它助我成长，也帮我学习；它给我压力，也给我欢欣；它告诉我如何创业，也教我如何做人。

第一件事是参与筹建一汽。

1950 年，中苏两国政府签订《中苏友好同盟互助条约》，苏联政府和人民真心诚意地帮助我们搞经济建设。

1952 年年初，我还在天津汽车制配厂工作，突然接到重工业部汽车工业筹备组的调令，让我到北京做汽车工业的筹备工作，从此我与解放汽车结下难解难分的缘分。

到北京后，即将上任的一机部汽车局副局长老江泽民（为跟原国家主席江泽民区分开来，大家都称他为“老江泽民”）同志找我谈话，要我到莫斯科的驻苏大使馆商务参赞处协助孟少农同志工作，他嘱咐我要在短期内学好俄文。

和我同行的俄文翻译是窦英伟同志，他也因此成为我的俄文启蒙老师。在他的耐心辅导下，我日夜苦读俄文，从死记硬背字母，到能掌握一般技术词汇和简单的生活用语，大约用了半年多时间。

当年 12 月 2 日，我们两人从北京乘坐火车去苏联。途经满洲里，两天内进入苏联境内。一路风景美不胜收，我们看到了白雪皑皑的原野、一望无垠的西伯利亚森林和优美的贝加尔湖风光。

经过九天九夜的长途旅程，我们于 12 月 11 日到达莫斯科。大使馆派人来接站，带我们乘汽车直奔位于第三小市民街的商务参赞处，向孟少农同志报到。

孟少农同志组建了一个专门处理苏联援建一汽项目的办事机构，叫驻莫斯科第一汽车制造厂工作小组，由重工业部授权成立，主要任务是按照援建进度和要求，及时转达两国间各种有关解放车和一汽建厂设计的文件和资料，沟通协调设备、材料等物资的供应以及派遣专家、实习生等，是两国间人流、物流、信息流的重要渠道和枢纽。

小组共有五人，组长是孟少农。他 1941 年留学美国，获麻省理工学院硕士学位，后在美国福特和斯蒂贝克等汽车厂任工程师，掌握了西方汽车制造的理论和技术。1946 年，他毅然回到祖国，在清华大学担任教授，并加入中国共产党。在清华大学期间，孟少农同志教过我，是我汽车专业毕业论文的导师。1948 年北京解放前夕，他奔赴冀中解放区参加革命。新中国成立后受命组建重工业部的汽车工业筹备组。1952 年 7 月，他以苏联援建一汽项目总订货人的身份来到莫斯科，同年被任命为一汽副厂长。

第二位是陈祖涛同志，就读于著名的苏联鲍曼工业大学。他自幼在苏联长大，精通俄语，熟悉苏联风土人情，擅于打通苏方关系。第三位是潘承烈同志，1950 年毕业于清华大学，文学功底深厚，且有志于企业管理。第四位是窦英伟同志，他就读于北京人民大学外语系俄语专业，是一位难得的青年翻译家。

我们五人志同道合，各有所长，相互配合，热情投入筹建一汽的工作中。

在莫斯科直接领导商务参赞处的是外贸部副部长兼苏联大使馆商务参赞李强同志，他是一位无线电专家，帮助我们打通与苏方各级政府的关系。

我们吃住和办公都在商务参赞处，每月领取生活补贴。组织关系在大使馆，当时的大使是张闻天同志，他不但参加我们的组织活动，向我们传达国内重要文件精神，还给我们上党课。他十分关心一汽建设，多次听取我们的汇报。

在苏联期间，我们参加了各种活动。每逢十月革命节，我们都加入苏联老百姓的红场游行队伍中，共享欢乐。我们还参加了苏共中央政治局委员米高扬和布琼尼元帅在克里姆林宫宴请我国各界代表的宴会，在两国友好的气氛中，我们品尝了大盘烤乳猪等苏联美食，印象极其深刻。

1953 年 3 月，斯大林去世，我们参加了他的葬礼，心情十分悲痛。

苏联人对我们算是尽力了

当时苏方共援助我国建设 45 个项目，有 30 多个项目的总订货人代表来到苏联，都在商务参赞处集体办公。最大的项目是鞍钢和一汽，鞍钢是老厂扩建，一汽则是平地起家建新厂，更为复杂艰巨。

当时计划投资 6 亿元建设一座年产 3 万辆的 4 吨卡车大规模综合性汽车厂，除少数化油器和配件在京、沪等城市生产，其余 3000 多种零配件都由一汽制造，涵盖机械加工的主要工艺，如铸造、锻造、冲压、焊接、油漆、热处理、木材处理和加工等。生产后方设有供电、供暖、供气的发电厂；能生产几万种特殊刀、量、模、夹工具的工具车间；能制造大修设备的修造车间等。

此外，一汽还要新建一个供四五万职工居住的住宅区和相应的中小学校、医院等设施。工厂规模和技术水平超过日本，位居亚洲第一。

苏方的援建采用全方位的“成套交货”方式，即提供全套产品图纸；提供全套的工艺、土建、组织等设计资料；提供全部关键设备和工艺装备；提供我方土建、自制设备和工艺装备用的特殊钢材；派遣 100 名专家到一汽指导施工建设和调试生产；接纳和培训 600 名（实为 518 名）不同专业和岗位的中国实习生前来培训。这比当今西方援建采用的“交钥匙”

工程还要详尽，即使是需要我们自己制造的设备，对方也要负责审查、挑选或者交付设计图纸。

苏联政府对援建的组织工作安排得很周密，他们指定苏联汽车拖拉机工业部总体负责，其对外联络司司长古谢夫作为苏方一汽项目的总交货人代表，和中方孟少农同志对接。

工厂设计由苏联汽车工业工厂设计院总承包，由苏联汽车、外贸、电站、机器、铁道等 8 个工业部所属的工业、建筑、城市建设、热电、弱电、化学、煤气、贸易等 26 家设计院单位分包。斯大林汽车厂负责实施，向全国设备制造厂订货。这真是一项庞大的系统工程。

我至今仍清楚地记得，孟少农同志把苏联援建项目和美国建设的汽车制造工厂作了对比后感慨地说："援建这样一个大规模的综合汽车厂很不容易，苏联人对我们算是尽力了。现在我们一穷二白，什么基础都没有，开始时只能如此。以后我们汽车工业发展了，还是要走专业化分散建设的道路。"

"遗憾的是，我们仿制的吉斯 150 产品是他们仿制美国万国汽车厂的产品，不是世界最先进产品。当然最先进的产品，欧美也不会给我们。"这也是 1956 年一汽刚投产，作为一汽副厂长兼副总工程师的孟少农同志马上就组织产品改进并试制新产品的原因。现在看来，他的这些做法都是正确的。

为专门对口包建一汽工厂，斯大林汽车厂总工艺师茨维特科夫成立了一个叫作"A3-1"（一汽）的筹备组，有二三十名成员。他们大多是专业知识和经验丰富的各车间技术科长，负责设计工艺施工图，选用工艺装备，推荐专家和接纳实习生等，工作繁忙而辛苦。

"A3-1"筹备组和我们关系最密切，是我们小组最关心的单位。我们常去那里检查工作进度，并与茨维特科夫和其他专家交流学习，大家相处得十分友好。他们经常提出一些建设性意见，并要我们在和苏方谈判中正式提出，如车间厂房必须要留出扩建面积；自制工、夹模具时需要苏方提供二级工具；试生产 5000 辆卡车所需第一套工装要由苏方提供；工厂建成后需要一套完整的组织设计体系以进行管理运转。

在郭力同志的支持下，我们和古谢夫签订了《组织设计补充协议》。历史证明，该协议内容虽然源自美国的“一长制”，但结合我国国情作了适当修改，还是取得了不错的效果，奠定了一汽科学管理的基础。后来推广到二汽（现在的东风汽车公司）和洛阳拖拉机等厂，影响十分深远。

三年建成一汽

1951 年 11 月，在我还没到莫斯科之前，我国重工业部和苏联汽车拖拉机工业部就已签订了第 00831 号工厂设计合同，确定了设计任务和进度时间表。1952 年 4 月，我国政府批准了苏方的工厂初步设计方案，技术设计进入编制阶段。

我原以为筹备小组的工作十分简单，只需要向国内转交施工设计资料，但事实并非如此。由于双方工作系统和牵涉的关系都很复杂，配合的内容过多，需要对工作内容和衔接进度进行动态的改进和补充。如苏方陆续要我方补充地质勘探数据；提供国产钢材、煤炭、煤气、型砂、焦炭、黏土、黏合剂、橡胶等材料的物理、化学性能和样品；提供长春市自来水和煤气的压力值和成分；转送国产设备和标准配件的规格、品种；索取第一汽车制造厂中文名称和解放牌车型的车标；提供实习人员名单和专业；通报我方施工现场的进展情况等。

经过双方协商以及政府授权，我们和苏方补充签订了各种协议书和合同，同时还要不断地以书面或口头方式催促对方提交设计资料，向对方转达我国政府和工厂所提出的各项业务问题。

由于该项目具有很强的综合性、成套性和政策性，再加上中苏双方以前都没有这方面的经验，所以小组工作牵涉面广，几乎涵盖建设汽车厂的各项业务知识和专业技术知识。因此，我们不仅要和总交货人打交道，还要和许多相关设计专家打交道。工作头绪多，任务繁重而紧张，我们不得不学习、工作到深夜。

在孟少农同志的带领下，小组边工作、边学习、边摸索，终于完成历史任务。现在看来，我是幸运的，参与小组工作打开了眼界、丰富了知识、增加了才干，为我以后效力汽车工业奠定了良好基础。

1953 年 3 月底，小组向国内转交了第一批木工车间建筑施工图设计方案。4 月初，一汽开始组织人员对资料进行翻译，并积极备料施工。这时，全厂工作都是按照原定的任务，即四年完成建厂的目标而进行安排，但随着苏方施工的推进，他们经过分析和评估，认为已具备三年完成建厂目标的条件，应该加快建厂进度，这对中苏双方都有利。

古谢夫以苏政府的名义向我们提出建议，要求我们提供三年完成建厂的进度表。我们小组在向苏方有关单位咨询后，也认为此建议积极可行。但要在三年内建成这样大规模的汽车厂实属罕见，难度也很大，势必影响国家对工业建设的整体部署。

我们随即通过张闻天大使和一机部汽车局向党中央请示。后来，时任汽车局局长张逢时在 1983 年撰写的《历史的壮举》一文中回忆了此事。他说："我感到这个建议非同小可，及时向黄敬部长和段君毅副部长汇报。由我起草，部长们亲自修改，于 1953 年 5 月 27 日以部党组名义上报毛主席和党中央。"

"报告被提到政治局会议上进行讨论。会上，毛主席和刘少奇、周恩来、朱德、邓小平等同志都发了言，一致支持一汽三年建成。1953 年 6 月 9 日，毛主席亲自签发了《中共中央关于力争三年建设长春汽车厂的指示》，并要求全国支援一汽……”

“从我们小组提出报告，到中央下达指示，中间仅仅隔了 12 天，这是多么快的速度啊！”

中央的这一指示极大地鼓舞了我们。工作小组在 6 月中旬以书面的形式通知了苏方总交货人：“我们同意贵方意见，本厂将于 1955 年完成建筑施工，1956 年出车，确保三年的总建厂期限。”

苏方随即编制交付了新的总设计进度表。1953 年 7 月 11 日，孟少农同志把总进度表带回长春，作为重新安排建厂工作的依据，他也因此结束了一年的莫斯科生活。回国前，他把担任驻苏一汽项目总订货人代表的任务交给了我。

三年建厂任务的实施，给中苏双方既增添了动力，也带来了压力。一汽动员全厂员工和建筑大军，掀起了响应中央三年建厂号召的高潮——他们争分夺秒地抢进度，组织冬季施工，且对苏方交付的粗略图纸不满，要求他们按每个车间的施工顺序交付诸如地槽图、基础图、柱子图、金属结构图的详细图纸。

啃硬骨头

为准备每年一次的对苏贸易订货，一汽还要求苏方提前估算出下一年度所需钢材和建筑器材清单。这些逆程序的行为和详细的进度要求，往往使我们在和苏方总交货人谈判时遭到婉言拒绝，但国内又确实需要。情况紧急时，孟少农和饶斌两位同志还打电话到苏联来催办。我们一方面只能据理力争，尽量说服对方。另一方面，大家分工，想方设法深入各设计院、斯大林汽车厂等单位做疏通工作，将第一手资料寄回国内。

1953 年，土建施工开始，我方发现冬季施工蒸汽供热是关键。热电站必须当年施工，只有提前得到热力供应，才能满足下一年冬季施工之

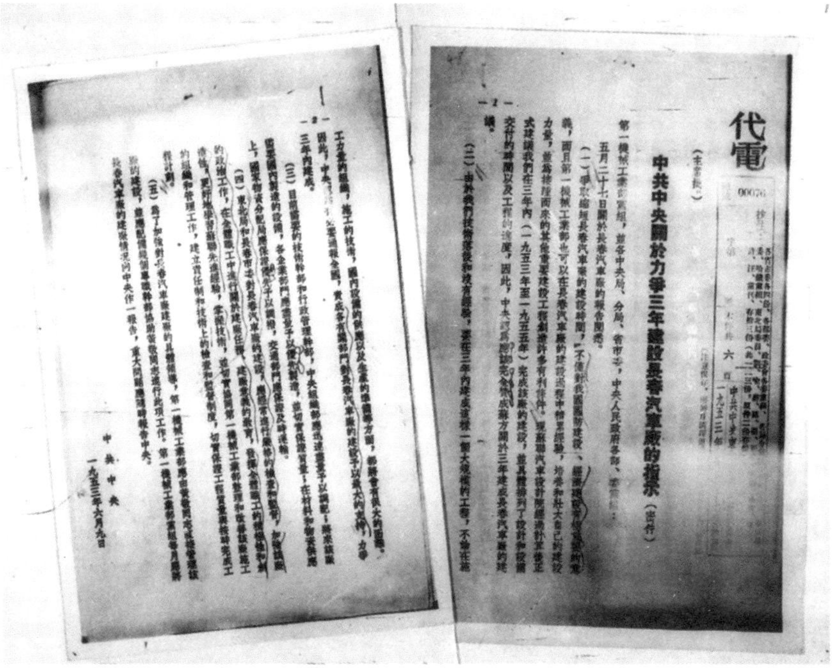
代電
中共中央關於力爭三年建設長春汽車廠的指示（密件）
中共中央
一九五三年六月九日

1953 年 6 月 9 日，中央下发《中共中央关于力争三年建成长春汽车厂的指示》

用。10 月 26 日，国内发来电报催办。苏联电站部认为，我国委托设计的大电站太多，他们任务太重，这是厂内附设的一个小电站，无关紧要，就排到了后面。苏方总交货人代表也无能为力。在这紧急关头，李强参赞通过外事途径解决了问题。苏方仅用时 10 天就交出了电站施工所需的全部图纸，保证当年开工，同时补签设备订货合同，保证下一年苏方能够按时交付发电机组，并对其进行安装调试。

和苏方签订设备供货议定书也是一个复杂的大问题。

首先，从严格意义上讲，准确的设备清册要等斯大林汽车厂“A-31”筹备组的工艺施工图设计完成后才能最终确定，但有些大型设备制造周期长，如大型模锻锤、多轴立式半自动机床、3500 吨大梁压床等，苏方要改进和试制，需要三四年时间。但为保证三年建厂进度，苏方不得不根据估算清单，向上百家设备制造厂预先订货，这就留下了一些不确定因素，如有的设备是从东欧采购，有的只能用大修后的美国设备交付我方，这当然也在所难免。

其次，是设备分交问题。中苏分交设备的工作十分复杂，事实上这项工作在 1952 年年初就已开始。当时，苏方派工程师基切夫来华，在京、沪一带考察我国国产设备的生产能力和技术性能。同年，孟少农同志到莫斯科考察斯大林汽车厂的设备后，和苏方商定中苏双方设备分交的原则意见。我们到苏联后，又多次把我国正在生产和计划生产的设备的产品目录和说明书提交给对方，供他们参考和选购。但确定全部的设备供货方案很难，最后我们不得不采用“急用先订、逐步补充续订”的方法。

1953 年 3 月 12 日，在签订全厂设备供货议定书前，我国政府授权我们和苏方总交货人先签订 091873 号设备供货合同及后续四个设备补充协议书，以确定当年苏方必须交货的 660 台设备和中方必须交货的 314 台设备。半年后，苏方交来全厂设备总清册。经中央财经委员会等部门审核批准，一汽于 10 月 31 日来电授权我们和苏方总交货人代表签订全厂总设备供货议定书。议定书指出，“本厂主厂房全部大小设备共计 10364 台，其中苏方供应 5923 台，我方供应 4441 台，苏方供图 2266 套，我方占总数的 42.85%，占总价格的 30%”。

至此，历经两年的设备分交供货工作暂告一段落。此后在 1954 年，中苏又签过多次合同和补充协议。

输送专家与实习生

一汽开工建设后，苏方派送专家来华指导也一度成为一大问题。1953 年 7 月底，我们送总专家希格乔夫到一汽。他原是莫斯科汽车厂的生产处处长，汽车生产经验丰富，解决了不少问题，但对诸如冬季表皮冻土层是否应该铲去、铁路支线是否应增加等建筑方面的问题却无能为力，一汽只好来电委托我们向苏联设计院咨询。后来，苏方请了在鞍钢的苏联专家到长春临时支援，才解决了问题。直到 12 月底，苏方才正式派两名建筑专家到一汽工地工作。

苏方对我国选送实习生的问题非常重视，曾多次催问我们。希格乔夫在离开苏联前还专门找我谈话，他特别关心实习人员的技术素质，嘱咐我们“要尽快派出，不然实习生回国后，就赶不上设备调试和生产准备了”。孟少农同志在苏联时也经常和我们讨论实习岗位如何配置的问题。7 月回国后，他又多次去学校动员，介绍苏联和斯大林汽车厂的情况，在实习人员的选择上进行仔细推敲。

根据 1952 年年底的备忘录规定，我方应派送 250 名实习生到苏联。苏方也多次催促我们签订实习生合同，甚至答应我们，不签合同也可以来。我们也频繁向国内转达苏方建议，并请张闻天大使向人事部门反映情况。但由于国内政审和组织批准等原因，直到1953年9月，我们才获得授权，与苏方签订112176号实习生合同。之后，苏方又提出将实习生名额由250名补增至630名，然而截至1953年11月，国内才送来47名实习生，与合同规定的实习生数量相差甚远。

1953年是一汽由筹建转入土建开工的开局之年，也是关键的一年；是孟少农同志的工作重点由国外转入国内的一年，也是我们小组工作千头万绪、最为繁忙的一年。这一年中，我们处理了中财委、计委发来的公文和电报22份；处理部局来往的信件和报告137件；与苏方总交货人代表正式谈判53次；与设计单位和斯大林汽车厂深入联系的工作则不计其数。

1954年2月，一汽副厂长兼总工程师郭力同志，以一汽实习团长的身份带领第二批实习生到莫斯科，开始为期一年的岗位实习工作。此后，他又疏通渠道，使选送实习生的工作逐步走向正轨。随后，他又代表我国政府和苏联汽车拖拉机工业部正式签署一汽工厂设计合同。

当年，一汽厂区和住宅区的土建工程已基本完成，只有铸造车间的地下室工程还在收尾阶段。电站首台机组已调试完毕，准备锅炉点火。工具和机修车间已投入生产，加工出第一批工具。设备也陆续到达，车箱、锻造、冲压、发动机、底盘等主要生产车间已开始安装。我们小组的工作重点也逐渐转入配合解决设备发货、催请苏联专家和协调生产调试中所发现的问题。工作虽然还很紧张，但已走上轨道。

1954年年底，我奉命将遗留工作交给一机部驻苏工作组组长吴述三同志，结束了我在莫斯科的两年生活。回国后，我到一机部汽车局报到，升为工程师，调至一汽工作。后分配到发动机车间技术科，投入轰轰烈烈的场地三通一平、设备安装和生产调试的建设工作中。

从 3 万辆到 6 万辆

第二件事是参加解放车的生产准备。

1954 年，在饶斌和郭力等同志的领导下，一汽土建工程已基本完成。随着孟少农同志和苏联总专家希格乔夫的到来，中苏双方配合得更加紧密，建厂工作和生产准备工作齐头并进。这时，各职能处室和车间（后改称分厂）已成立，人员大体到齐，各项工作开始运转。1954 年年底，我到发动机车间报到，担任技术科工程师，车间主任是周瑞锦同志，他工作起来十分果断、雷厉风行，我们共事得很愉快。

不久，苏联专家组组长梅德韦杰夫和其他专家到达车间，工艺资料也都陆续运送了过来。我们加紧进行生产准备工作，开始设备的安装、清洗、试运转和零部件的试制加工工作，终于在 1956 年 7 月生产出第一批解放牌发动机，完成了任务。

在这期间，苏联专家和我们共同工作，解决了很多调试中的难题。梅德韦杰夫给我们上课，讲解各种零件加工工序内容，教我们如何开展生产技术工作、编制工艺卡和绘制平面图以及保持产品质量，并指导我们如何做一名合格的工艺师。这也是我第一次在实践中学习如何选择设备和工艺装备、如何解决质量等问题，也认识到有节奏地组织大批量汽车生产的重要性，为从事汽车事业打下终身基础。1957 年苏联专家回国，我们依依不舍地到车站送行，梅德韦杰夫还送我一本公差手册和他随身使用的小型计算尺作为纪念。

这一时期，技术科有 29 名工艺师（员），大多是刚毕业的大学生，其中包括十几名刚从苏联培训回来的调整工（大多是有经验的老工人）。在艰苦的生活环境中，他们夜以继日，努力学习俄语，跟随苏联专家学习技术，技能得到很大提升。后来他们中的很多人成为一汽和其他兄弟

1956 年，解放卡车试制成功，报捷车队开往市政府途中

厂的技术骨干。

第三件事是参加解放卡车年产6万辆工程。

1956年解放卡车投产，当年生产1654辆。由于缺油限产，直到1960年，才生产22547辆。但是解放卡车在我国交通运输线上大显神威，受到欢迎，各地争相抢购，供不应求。但车辆由国家统一分配，急用的单位都要经过特批，甚至得走后门才能拿到，社会上便出现了要求一汽增产的呼声。

1958年，饶斌同志在底盘车间生产小组蹲点时，发现有的小组可以做到班产250辆，于是就在全厂提出“班产250辆”的口号。但如果不大量扩建改造，全面增产难度很大。

1963年“四清”运动开始，一机部部长段君毅率“四清”工作队进驻一汽，又提出增产。这时，我已调到一汽总厂规划室任主任，负责全厂生产发展规划工作。这个增产任务自然而然就落到了我头上。

在一汽副厂长王少林的领导下，规划室与各处室、各分厂技术人员深入工厂调查实际生产能力。在与设计处处长陈祖涛研究商量后，大家一致认为，按照中央“调整、巩固、充实、提高”的方针，我们在两三年内发展到班产百辆较为现实，即由年产3万辆增产到6万辆，把“班产250辆”作为长远发展目标。即便如此，我们还需要一笔国家投资，以扩大建筑面积和增加设备。我们把这种想法向段君毅部长汇报后，得到他的赞同，他还授意我们向一机部写申请报告，他在后面推动。

1965年2月24日，一汽将文件上报一机部。2月28日，一机部将文件上报给国家计委主任余秋里。4月8日，该文件被国家计委报至国务院，经周恩来总理签批，李富春、李先念、薄一波等副总理圈阅后，返回一机部。

4月14日，一机部发布（65）基密字626号文，向一汽通报具体情况，指出国家批准该项目实施，并要求一汽上报 6 万辆扩建实施具体方案。从申请投资到获得批示前后只用了 40 多天，可见国家对该项目的重视程度以及工作效率之高。现在回想起来，这个项目能快速地被批准，得益于作为一汽上级领导的一机部，以及段君毅部长与政府高层的沟通协商。段部长在一汽长时间蹲点，熟悉一汽，热爱一汽。看上去他像是行伍出身，实际上毕业于中国大学。他身经百战，既威严又认真负责，我十分敬佩他的作风和为人。

坏人怕好人

根据一机部的要求，经一汽长期酝酿，1965 年 8 月 7 日，由规划室副主任李龙天拟稿，我核稿，一汽总厂副厂长王少林签发了项目实施方案。

方案大体内容包括：一是需要的外部条件，即国家投资 7000 万元，1967 年将解放车产量翻一番，达到年产 6 万辆，包括 CA10B 型 4 吨载重车 5.7 万辆，CA30A 型 2.5 吨越野车 3000 辆，以及相应 17% 的备品；新增主要设备 1239 台，其中厂内自制 870 台；新增面积 3.4 万平方米。二是主要改造措施，其中包括尽量少建新厂房。

根据国家精简节约方针规定，不允许大量扩建厂房，怎么办？在一次技术座谈会上，一汽铸造分厂技术科科长、曾留学美国的资深专家孙以鋆同志提出，干脆我们“扩散”吧。

大家问，什么叫“扩散”？他说：“就是厂房搬家呗。”

王少林如获至宝，连声叫绝，立刻接受了他的意见。这迈出了组建专业厂的第一步，同时也符合孟少农对苏方建厂模式的评价：“今后我们应该建专业化的厂，而不是像一汽这样大而全、综合性的厂。”

为了组织扩散工作，王少林带着规划室和有关车间人员，在东北地区物色可利用的闲置厂房，近到长春北部的宋家洼子，远到辽宁省的辽阳、沈阳，吉林省的辽源、四平、吉林、桦甸。在桦甸石油化工厂的时光给我留下了深刻印象，当时正值寒冬，那里没有像样的旅馆，晚上我们睡在火炕上，白天在室外上厕所冻得发抖。

最后我们选中 8 个地方的厂房，后来用上了 6 个，把设备修造分厂和标准件、钢板弹簧、机油泵、水泵、空气压缩机、车轮、汽车蓬杆、枪架、汽油箱等加工设备搬迁出去，变为分厂。

扩散的难度和阻力不是很大，我们配备骨干力量，拿出少许搬迁改造费聘用当地职工，很快就组建起来了。当地政府非常欢迎，我们也节省了大量投资。但在吉林市劳改厂组建标准件分厂时，却出现了一段插曲。该分厂有很多自动机床、冷镦机、螺纹滚压机这样的高级设备，我担心在建厂的过程中这些设备会被犯人破坏，从而不能保证加工精度。但苦于找不到其他合适的厂房，我只能去请示在一汽蹲点的段君毅。

我说明担忧后，他问我："是好人怕坏人，还是坏人怕好人？"

我说："当然是坏人怕好人呀。"

他说："那就得了呗，按计划搬迁就是了。"

我只得勉强同意。结果"文化大革命"期间，造反派批斗我的罪行之一就是丧失阶级立场，把精密设备交给犯人。后来在吉林市政府的支持下，用正式工人替换了犯人，工厂走入常规秩序，我才明白什么叫"坏人怕好人"。

在 6 万辆扩建计划的技术改造过程中，郭力发动全厂职工大搞增产节约活动，结果丰硕。全厂实现 3000 多项技术创新，其中最主要的有 32 项。如在铸造分厂用机械化热芯盒代替手工制芯、用机械化清理笨重的汽缸体毛坯代替手工清理、用微振造型代替高压造型等，减轻了劳动强度和空气污染，提高了工作效率。

实施 6 万辆改造项目后，增产节约效果逐年显现。

1965 年生产解放卡车 34115 辆，1966 年生产 46605 辆，1967—1969 年因为受“文化大革命”干扰，产量有所下降。1970 年恢复至 50302 辆，1971 年实现计划产量，生产 60010 辆。

该项目原计划投资 7000 万元，实际花费 6700 万元就实现了产量翻番。与当年一汽建厂投资 6 亿元相比，应该说达到了既增产又节约的目的。

自己动手干

第四件事是开启第二代解放车 CA141 换型改造。

1976 年粉碎“四人帮”后，人心振奋，党中央工作转移到拨乱反正和经济建设上来。邓小平同志提出“对外开放，对内搞活经济”的号召。

社会上有些舆论对一汽不满，认为解放卡车车型陈旧，老面孔不改，实行“30 年一贯制”等，给我们造成很大压力。当时有管理经验的饶斌、郭力、孟少农等都已调离，一汽厂长是刘守华，我是第一副厂长，换型改造任务自然就落在我们两人肩上。当时一汽又确实面临产品落后、设备老化、技术后方薄弱、环境污染严重、职工生活困难、住房长期得不到解决等问题。

我和刘守华商量解决办法，时值 1978 年，应日本三菱汽车公司社长久保先生的邀请，在一机部副部长孙友渔同志的大力支持下，我们得到一个按部门和专业集体到日本 11 个汽车厂学习取经的机会。在半年的学习时间里，我们大开眼界。

1979 年，我们又邀请丰田汽车副社长大野耐一先生到一汽，现场传播丰田精益生产方式，大大提高了一汽管理水平。接着又邀请三菱汽车、丰田汽车、日野汽车、五十铃汽车这 4 家日本汽车公司先后到一汽考察，请他们提出一汽改型换代的投资方案，但最后报价竟都高达23亿元以上。这么大的投资一汽无法承担，于是我们痛下决心自己动手干。

编制方案时，我们又遇到了困难。除了没有新的换代产品，没有政府资金，还缺少人才。我们自己准备换型的CA140已在1968年移交给二汽，从1966—1970年，又支援了二汽技术和管理骨干1539人，就连开发CA140的工程技术骨干都跟随产品而去。留下的人也无心恋战，纷纷要求调往重型汽车和上汽、南汽等单位。加之国家财政紧缩，不给像汽车工业这样的民用企业进行基建投资，向政府要求给予特殊筹资政策也是未知数。

幸好我们得到一机部部长周子健的鼓励和支持。1979年7月，他到一汽蹲点一个多月，详细了解换型改造情况。8月17日，他在厂级干部大会上作出增产指示。他说："一汽要挖潜改造，用最经济的办法把8万辆搞上去，为向15万辆发展打基础。"

当我向他提出为加强一汽研究开发能力，将部属长春汽车研究所划归一汽的请求时，他当场拍板同意。他回北京后，有几位副部长和司局长对划拨提出反对意见。他讲了四个理由：一是一汽研发任务重，急需增加力量；二是只有将研发工作与制造紧密结合，才不会脱离实际；三是研发人员在企业中接触用户，满足用户需要，这是研发的大方向；四是汽研所的行业工作还可以继续做，不受影响。

1979年9月21日，一机部正式下文。1980年5月20日，第一汽车制造厂汽车研究所（简称一汽汽研所）挂牌成立。

周子健部长这种超时代的观点至今仍是汽车人的座右铭。1979年，他就向国务院及有关部委提出"加速第一汽车厂产品换型和生产发展"的报告。薄一波副总理在报告上批示："我认为改型和设备更新都是当务之急，问题在于如何着手进行。"

一汽立即响应，按照报告精神进行方案修改，上报一机部。一机部在1981年7月邀请国家计委、机械委、经委、建委到一汽做进一步调研。10月9日，国家机械委副主任吕东召集我们听取补充汇报。后来一机部和一汽多次商讨修改方案，于1981年10月14日提出四点意见后上报国家。随后，各部委纷纷表态：国家经委表示同意，并在国家节约能源措施费中拿出折旧费6000万元；财政部提出可将折旧费从3.8%提高到5%；建设银行提出，一汽所需资金可向建行贷款；一机部财政司提出，新产品试制和科研费可在成本中开支。

1980年12月13日，薄一波在北京接见我们，听取了汇报。1981年12月15日，国务院颁发了（81）国函字193号文，下发到国家计委、国家经委、国家机械委和一机部。

全文大体意思为：能源问题是一个突出问题，要抓紧以节能为中心的技术改造。汽车是耗能的主要设备，一汽要抓紧产品换型和技术改造。要利用成熟的技术与工艺，降低油耗，节约材料。以专业化为原则，充分利用机械工业现有力量，组织协作生产，提高经济效果，摸索出一条路子来。

1981年国家计委做了大量工作，牵头有关部委，联合将报告上报国务院。报告由国家计委柴树藩、国家经委范慕韩、一机部马仪签发，宋平、李人俊、顾秀莲、金熙英、吕东、谢明、武博山、李纪章等联合圈阅。

报告大体有六个方面内容：

其一，工厂改造要以节能为中心。围绕产品更新技术，改造落后工艺，不扩大生产能力，以降低油耗、节约材料、提高综合经济效果为目标。

其二，将原解放牌4吨载重车改进为5吨车。

其三，重点改造发动机、车身，并以加强科研测试手段、治理“三废”为重点。严格控制建筑面积的增加，尽量利用原有设备，以节约投资。

其四，投资定为2.14亿元。其中向建设银行贷款1亿元，国家技术改造措施费6000万元，其余工厂自筹。

其五，5吨车油耗要比原来降低25%，“七五”期间可省油80多万吨。加上节约金属、木材、橡胶等，预计可节约资金8亿多元，两年可回收。

其六，原则批准一汽进行产品换型和技术改造，争取1986年左右完成。

至此，1979—1981年，从周子健部长同意一汽上报国务院有关部门开始，经各方调查、汇报、磋商，终于作出下达执行的决定。在这个过程中，一汽规划室也作了大量汇报、反复修改方案和上报工作。

艰难的垂直换型

在1979—1981年的两年多时间里，一汽厂内的改造工作也在加紧进行。早在1980年5月27日，刘守华同志就以厂党委第一书记的身份，在第六次党代会上提出“从1980年到1985年实现老车换型，产品创名牌，品种上10个，年产过8万辆，企业管理现代化，实现利润16.2亿元”的动员报告。从那以后，一汽掀起轰轰烈烈的增产节约和换型改造高潮。

1979年1月，一汽在增产方面提出充分挖潜、向8万辆进军的口号，当年在生产这8万辆汽车过程中，遇到的薄弱环节有200多个，通过组织日本企业管理经验学习班，培训了300名处级干部和500多名政工干部，形成120项现代化管理方法。在没投入多少资源的情况下，一汽1984年产量达到7.8万辆，1985年达到8.5万辆。

在换型改造方面，我们在1979年就向研究中心下发了设计任务书。由于当时政府不允许使用柴油机，但为了将来使用，一汽就自己开发大马力CA6110柴油机。我们任命从美国回来的发动机专家陆孝宽同志全权负责此事。CA6110柴油机完全由我们自主开发，性能先进，开发工作也很顺利。1982年定型，通过一汽鉴定后，委托长春636军工柴油机厂和无锡柴油机厂试制生产，之后在第二代和第三代解放车上使用，大获成功。

CA141整车在原生产线上改造生产，涉及很多问题。我们学习日本汽车厂的主查制，任命田其铸为整车主任设计师，冯建全为CA141汽油机的主任设计师。这样做的好处是，他们不但能得到汽研中心领导和专家的支持与指导，还可以调动中心所有资源。

由于受项目资金限制，我们不可能扩大很多面积，也不能增加很多设备。尤其是多工序组合机床加工线，不能按常规方法移地重建，平行换型，只能在不停产的情况下就地改造，老线垂直换型。这样可节省大量资金，但对新产品提出了很多限制要素，新老产品要在结构上有很大的继承性，以便稍加调整工序就可加工换型。同时，新产品还必须提高性能，达到当前先进水平，这对设计师来说是极大挑战。这种方法世界上只有斯大林汽车厂使用过，一汽是第二次使用。

我和设计师及相关工艺师多次研究后，两次下达设计任务书的设计原则。

第一次是1980年7月，大体内容包括：

第一，5吨车要在老产品基础上进一步挖潜改进，总成和零部件在满足5吨车主要性能指标下，尽量不改或少改。

第二，充分考虑换型过渡的可能性和现生产工艺的继承性，充分利用现有设备和工装。

第三，通过设计改进整车性能指标，使其在动力性、燃料经济性、可靠性、使用寿命、操纵灵活性、舒适性等方面赶超二汽 EQ140 型（即原 CA140）5 吨车水平。

第四，规定新车最高时速为 90 公里 / 小时，百公里油耗 28 升，载重 5 吨，自重 4.1 吨，拖挂 9.1 吨，大修里程不少于 20 万公里。CA6102D 柴油机最大功率 135 马力，最大扭矩 38 牛 · 米，最低油耗 235 克 / 马力小时，这在当时已经是很高的水平。

第二次是 1980 年 11 月，根据国家节能方针的要求和设计工作中遇到的问题，采纳田其铸的建议，对设计书作了以下修改和补充：

第一，为简化模具制造，新 5 吨车和 6 吨车的车架与老车相同。汽车的轮距、轴距及长度不变，车架材料和厚度可略有不同，或采用加强辅板以适应不同载荷和轴距的变化。

第二，新车架可装 6102 顶置气门汽油机、6102D 柴油机和朝柴动力生产的柴油机。

第三，轮距和轴距可以根据变型车要求进行适当变动。

第四，6102D 柴油机的曲轴应与 6102 汽油机通用，保留加强的可能性，汽缸体的龙门架不加高，气阀导管中心线与汽缸底平面柴油机为垂直结构，汽油机为斜置。柴油机采用四点悬置，汽油机为三点。6102D 柴油机功率为 120—125 马力，扭矩不小于 36 牛 · 米，重量不大于 475 公斤，比油耗不大于 170 克 / 马力小时。

1981 年，我与一汽发动机分厂技术科科长臧名堂、设计师冯钊等到美国万国汽车厂考察对方汽车的性能和结构，发现大体和 CA141 相同，这更坚定了我们的信心。

第五，汽油机 1982 年上半年完成，柴油机 1982 年下半年完成。

经过设计师和一汽职工的日夜奋战，1981 年 10 月 7 日，一汽试制出第一辆 CA141 样车，台架和行车测试完全符合设计要求。当年 12 月 30 日，通过第一次厂内鉴定，开始准备第二轮鉴定。1982 年 5 月，我调离一汽，担任中国汽车工业公司总经理。但总体看，我在第二代解放车自主开发上作出了自己的贡献，甩掉了一汽产品"30 年一贯制"的骂名。

1981 年 12 月，在厂长黄兆銮的领导下，CA141 进行第二次厂内鉴定。1983 年完成第二轮道路试验，跑完 5 万公里。CA6102 发动机通过 1000 小时强化试验，9 月下旬通过国家鉴定。

此后，在厂长耿昭杰的领导下，一汽进入垂直转产实施阶段，在极其困难的条件下，终于在 1986 年如期完成换型改造工作。

1993 年，中汽公司奖励一汽一座"一吨重的奖章"石雕，国务院副总理李岚清和全国人大常委会副委员长王光英为石雕揭幕。1991 年 4 月，CA141 在"创国优"产品的评比中，以总分第一名的成绩获国家优质产品银牌奖。

口　　述 | 沈永言

采访时间 | 2012 年 6 月 8 日

燃油工程大会战

这是一汽建厂以来最大的技术改造项目。

沈永言，曾任一汽副厂长。1927年，出生于浙江嘉兴。1946年考入浙江大学电机系，1950年毕业后被分到汽车工业筹备组。1953年去支援一汽建设，一干就是42年，历任一汽动力分厂厂长、一汽副厂长等职务，退休后曾任一汽集团公司咨询委员会副主任、主任。

2012年6月8日下午，在位于长春市绿园区创业大街1447号的花园酒店里，85岁的沈永言讲述了他的故事。

战乱年代

1927年我出生在浙江嘉兴。父亲1921年毕业于南京河海大学（当时叫河海工程专门学校）。这是我国第一所专门培养水利科技人才的学校，李仪祉、茅以升都担任过该校校长，为我国培养了一批水利界重要的专家元老。

父亲一直在水利界工作，虽然搞技术，但文笔不错，抗战前是江苏省建设厅秘书长。茅以升在水利界非常有名，抗战胜利后，他立刻提出要在杭州成立浙江海塘工程局，让父亲做秘书长。

杭嘉湖这一带是黄金地段，地处钱塘江中游。钱塘江有大潮，每年8月15日甚为壮观。但因八年抗战期间无人修理，湖岸线全部瘫痪。为修理水利工程，联合国善后救济总署拨物资给中国。父亲与他们有联系，因为修理海塘需要大批进口设备。同时，父亲也从联合国救济总署处申请了一台500千瓦的发动机，由嘉兴电力公司安装，以保证嘉兴人民用电。为了感谢父亲，嘉兴电力公司便让他做了总经理。因这个缘故，“文化大革命”时，我的家庭背景就变成了资本家。

1941年，太平洋战争爆发，父亲在四川雅安西康水利局任总工程师。我、祖母、母亲、哥哥和姐姐们都在上海。1943年，形势越来越严峻，我们不能再住在租界，生活来源也断了。我还差半年初中毕业，因没钱交学费，便不再念书。父亲觉得这样下去不是办法，赶紧从雅安回到上海，到大夏大学教书。一年多后，日本人进入租界，连吃大米都成问题。我是初中生，拿个小箱子到亲戚那里借米，或者想办法去米行弄点米，还只能偷偷拿，被人看见可不行。

父亲下决心带我们离开。哥哥先走，他从浙江出发，偷渡到国民党区。我们全家从常州坐船偷渡，很危险，好在有人通信，就利用每晚

5—6 点日本人换哨这段时间，从山上堡垒下面划船穿过封锁区。天又暗又黑，比较安全。

进入国民党区后，国民党也挺厉害，他们中有些士兵本来就是土匪，我们的钱财被搜刮一空。从江苏张渚经过广德、徽州，一直走到江西南城，差不多 1000 里地。母亲租个小毛驴，带两个篮子，我们走路。

我们在南城长途公共汽车站坐车去赣州，赣州专员是蒋经国。从国民党沦陷区来的学生都集中在这里，被称为流亡学生，其中大部分是上海人。父亲逃亡到桂林，但不敢走太远，这样离家近点。他在桂林资源委员会上班，用工资养活我们。

姐姐考上泰和中正大学生物系，学校在赣州北边。哥哥比我高两届，他进了赣州联中。我和弟弟去了赣州国立第 19 中学。学校在一个破庙里，睡觉的地方是三层通铺。除了理发需要五分钱，其他基本不花钱。母亲一人留在赣州，租间房子住。每周末我们从学校走回家，大概走 1.5 小时，母亲想办法给我们改善生活。

从上海逃去的流亡老师也很多，英语、数学、语文老师的水平都很高，而且很有责任心，我们成绩都不错。那时没电灯，我们几个人就点着煤油灯看书、做作业，这样过了一年半。

1944 年，我刚念完高二上学期。日本人从南昌沿着赣江打到建安，从建安打到泰和，从泰和打到赣州，父亲和母亲逃亡去了福建永安。

这时，哥哥已考进厦门大学，大学迁到了长汀。国民党内部流行着这样的称呼：国民党军队叫“丘八”，我们学生就叫“丘九”。那时从赣州到长汀有货车，我和弟弟没跟学校逃难去江西东部，而是一人一件行李，里边装了几件衣服和一床棉被，靠“丘九”之名硬挤上货车逃到长汀。姐姐跟着学校不知逃到哪里去了。

我们头一天刚到长汀，第二天就去长汀中学报到，我继续念高二。

学校一看是流亡学生，登记好，直接就能在学校吃住。我在长汀中学念了半年书，生活很艰苦。福建兴吃竹筒饭，竹筒里面是红米饭。菜呢，用大家的话说像“猪吃的菜”，男生基本吃不饱。我和班长等 5 人成立伙食委员会，自己管伙食，也就是吃空粮，我负责做统计。所谓吃空粮，就是月底统计盖章，确保人走后还有伙食，这样才能吃饱饭。战乱期间人员杂乱，有的学生今天来报个到，明天可能就走了，只留个名字在那里，我们就赶快让其他同学补上。

大概是 1945 年 5 月，吃空粮这个事不知怎么被学校军官发现了。我这人也捣蛋，军官宿舍的窗户是用棉纸糊起来的，我就把他的窗户纸捅破。为此，军官判我军训不及格，要我留级。

我自然不情愿，便搭了一辆车到永安，投奔父亲。正是放假期间，弟弟也到永安同父母见面。这期间我把上海中学使用的物理、化学教材全部自学完毕，1945 年 9 月抗战胜利，我念高三，本来考取了永安中学，但父亲提议要回老家，便带着母亲、弟弟和我回到嘉兴。经过甄别考试，我和弟弟考进嘉兴中学，我念高三，弟弟念高二。

服从国家分配

1946 年的高考是各校出题招生，我报考了浙江大学、上海交大和清华大学三所学校。这几所大学的风格不同，浙江大学要白话文，上海交大数学较难，作文要文言文，清华大学更注重英文。

这三所大学在上海独立招生，结果我都考上了。实际上我考了四次，其中上海交大考了两次。由于报考上海交大的考生太多，学校将考试分为第一期和第二期。第一期考完后，我感觉不太理想，可能考不上，因此又报名参加隔一周举行的第二期考试，结果两次都榜上有名。上海交大规定只能考一次。父亲同事家的孩子在上海交大，他听到讨论说我违背了考试制度，言外之意是，这个考生肯定很调皮，于是录取我为造船系新生，而我报的是电机系。

我认为新中国成立后，造船业肯定要发展，学这个专业也不错，于是去造船系上了一个月。然后学校宣布，大一新生要交学费 30 万元（旧币），相当于现在的 30 元。但我家并不是很有钱，便只好放弃。

不久清华大学发榜，我榜上有名，但由于清华大学的电机系不如浙江大学和上海交大有名，我便给清华大学写信，申请保留学籍一年。等到浙江大学发榜时，我一看自己上榜了，便选择了浙江大学电机系。同样，这里除了理发要钱，其他都不花钱，家里没负担。

为何选择电机系？主要奔着三峡水利工程而去。抗战胜利后，国家曾计划在三峡拦河筑坝，兴建三峡水利工程，这是件很了不起的工程，我们都非常向往。

我在浙江大学学习的四年里，浙江大学前三年被国民党统治，第四年才解放，由共产党接管。1950 年，我大学毕业。毕业前我已应聘了好几家企业，位于租界的上海电厂、上海电话公司都不错。同时，我还去上海交大教授开办的私营单位益中电瓷应聘，教授亲自带我去看实验设备，希望我过去帮他。最后我选择了上海 SWC 公司，这是一家英国自来水公司。

1950 年 7 月 15 日，我正在 SWC 公司上班，突然接到浙江大学电机系通知，上边写道：你们这一届毕业生统一分配，请速回学校。当时我们都很年轻，心里憋着一股劲，认为一定要服从国家分配，报效祖国，但其实对于要到哪里去、去干什么都不清楚。公司觉得新中国建设需要人才，便同意让我们回学校。

学校通知我和其他三位同学到北京重工业部报到。我们从杭州出发，经过嘉兴到南京，再到北京。报到后，他们三人被分配到重工业部采购司，唯独我被分到汽车工业筹备组。

从实验室到一汽

1950 年 8 月初，我到了汽车工业筹备组。筹备组设在北京鼓楼东扁担厂里，各科室在一所四合院民房内办公。我们吃住在鼓楼东的小经厂胡同 10 号，好几人同住一个房间。

筹备组组长是郭力，副组长是孟少农。接待我们的是教育处处长，在简短的欢迎仪式后，就安排我们学俄文，为建汽车厂做准备。

我一个学电力的，为什么会跑到汽车工业筹备组来？我自己想不明白，便给燃料工业部部长写了封信。当时电力工业属煤炭系统，归口燃料工业部。在信里，我把自己的经历和所学专业作了详细介绍。我说这么分配不合适，我希望去燃料工业部工作……

信刚寄出去三天，就转到了筹备组干部处，干部处负责人把我教训了一顿。后来郭力找我谈话，让我放心，说这里什么专业都需要。郭力毕业于哈尔滨工业大学，是地下党，为人正直，是我们的良师益友。

郭力还经常对我们讲，汽车是一个综合性产品，它涉及钢铁、化工、仪表、电子等诸多领域，可以说是一个国家工业水平高低的象征。有些同志来筹备组表面看专业不对口，实际上没有一个专业同汽车无关。郭力的话慢慢打开了我的心结。

1950 年 10 月，清华大学和上海交大毕业分配的学生陆续到筹备组报到。大家被分成若干小组，派到工厂实习，实习单位是天津汽车制配厂，实习期 3 个月。我们这组共 8 个人，组长是竺培曜。他毕业于清华大学，经历跟我类似，曾在贵州国立 13 中学念书，是地下党。

我被分到电工厂，厂长是陈云衢。他 1937 年毕业于天津南开大学，是个老工程师，后被派去支援一汽建设，担任过一汽动力处处长，后来从一汽退休。陈云衢也是我的导师，我跟着他学习制造汽车蓄电池，三个月里基本弄清楚了蓄电池结构。

1951 年过完年，我们回到小经厂胡同。筹备组决定抽调我到刚成立的汽车实验室。实验室地址在北京南池子 76 号，主体是厂房，临街有办公室平房，总面积约 1000 平方米。我们这些实验室的第一批成员，每天从小经厂胡同出发，在安定门交道口搭 5 路公共汽车到南池子上班。

实验室里，一些有工作经验的老工程师、老工人带领刚从学校出来参加工作的大学生边学习、边工作。这期间，上海电机厂把他们最先进的设备——美国格里森动平衡机调给汽车工业筹备组，供我们了解分析，我学习了几个月。

1951 年下半年，汽车工业筹备组接到新任务，要在北京西郊建 752 厂，打算生产苏联莫洛托夫厂的 2.5 吨卡车嘎斯 51。实验室机构改组后，我被抽调出来，到新成立的工厂设计室。工厂设计室有四五十人，以大学生为主，也有从国外回来的留学生。设计室分成动力组、电工组等，我是电工组组长，带了五六个学生搞设计。

这其实就像练兵，当时画的那些图纸水平并不高。为设计 752 厂，我还专门到哈尔滨取经，接待我的是李子政。设计图纸出来后，由苏联专家把关。

就在 752 厂即将开工时，国家计划有变，752 厂停建。汽车工业筹备组的重点是建设 652 厂（即一汽），我直接从设计室被调往一汽。

打地基受历练

1953 年 1 月 18 日，我坐火车到长春一汽报到，火车上几乎全是支援一汽建设的人群。一下火车，我感觉无比荒凉，全是高粱地。当时宽平大桥还没修成，电车终点站只到红旗街。

一过宽平大桥，差不多500公顷的土地，除了一栋875大楼，什么都没有。875大楼是侵华日军留下的，经过建筑公司整修，后来成为人们熟知的教育大楼。这也是652厂最早的总部，我们都在这里上班。

刚来时，技术人员住得很分散，但基本都在长春市里。我住在长春市二马路，每天早晨坐7点的班车到875大楼上班，下午5点再回市里。一汽的建设者来自五湖四海，很多人对汽车知识一窍不通，因此学习成为头等大事。晚上安排学习俄语或者加班工作是常事，往往要干到八九点钟，错过班车时间的，只好走回宿舍。

工作环境很艰苦。经过西朝阳桥后，根本就没路，全是高粱地。晚上没灯光，漆黑一片，只好摸索着往前走，有时甚至还能听到狼的叫声。工资也不高，每月给分230斤小米，折合不到30元钱，买一件大衣就要18元。

想来很有意思。我们这群人学的是英文，到东北一看，电器全是日本的，而运来的资料均是俄文的。为了学俄文，我们常常随身带两本书，一本是将俄文翻译成中文的《俄华字典》，由陈昌浩主编，资料齐全，但汽车术语较少。一本是将俄文翻译成英文的《俄英字典》，可以查英文的汽车术语，再把英语翻译成中文，两者对照。自学三年后，我们基本具备了熟练翻译和校对俄文资料的能力。

为三年建成汽车厂，一汽可谓广纳人才，还聘请从国外回来的爱国人士。如已去世的孙顺理，从美国回来后，在上海电车公司当总工程师，当时工资800元，后来被抽调到汽车工业筹备组，坐在我对面。此外，从美国回来的专家还有陆孝宽、史汝楫等。我在机电设备处工作，当时的处长是刘登云。

这三年，一汽从打地基开始做起，我受到的锻炼也特别大，因为碰到的问题太多，有些事情终生难忘。

建厂初期遇到的困难是没有水，也没有电。我去找水，找到老农。老农说，日本建细菌工厂时，一号门这边好像有运水管道。我们找人来挖，还真挖到了水。我们就用水管把水接到工地上，解决了用水问题。

临时用电也是一大问题。当时需要 4000 千伏安电力，总公司考虑到宽平大路距离一汽 8 公里处有个安达街变电所，便给一汽下达紧急命令，一定要在（1953 年）5 月架好电线。一汽把任务交给了我。

我也不知道线路怎么弄，就找到长春电业局，它有个专门维护生产的装修队。我给他们讲了一汽的供电工程，他们全力支持，让我找承装部。承装部有个工程师，国高毕业，我们俩配合得挺好，一起商量怎么走线，什么地方应该升高等。

那时东北的冻土又冷又硬，我们没有水泥杆和钢管，只能用木杆去挖，结果根本挖不动。我拿着铁镐，一镐打下去，被震得虎口发麻，可地上只出现了一个白点，进展缓慢。就在我们垂头丧气时，我们突然想到可以去找当地有经验的农民工试试。农民工帮了大忙，一人一天竟然可以挖出一个坑。

我们按期把两条电源线路送到工地，满足了建厂需求。后来，我还把其中一条线路延伸到了生活区，取消了苏联设计的宿舍区供电系统，节省了一大笔钱。

1953 年 7 月 15 日，一汽开工奠基，我正好在北京出差，忙着订设备。在那前后，机电设备处一分为三，分成动力处、机电处和设备处。

第一炉铁水

可能很多人并不知道，在苏联援助我们的 156 个项目中，一汽实际上有两个项目，一是建汽车厂，二是建一汽电厂。

电厂是单独项目。这个项目由苏联电力部援建，对接口是一汽。为何是一汽？这可能与专家基列夫有关。他在苏联主管斯大林汽车厂的电厂。我的任务是按照图纸要求，让一汽电厂同东北大电网连接，这需要穿过中东铁路，也是个大工程。施工过程中遇到了麻烦，没有吊车，只好用土办法，靠绞盘来升降。

1953年年底，刘登云带我到重庆九龙坡电厂学习。这个厂动工比我们早，由中南电力安装公司承包。我们对于电厂怎么建，资料分多少部、分多少项都不知道，于是我就把中南电力安装公司给九龙坡电厂做的预算书拿过来学习。当时还没有复印机这些新玩意儿，我就下狠心用手抄，不分白天晚上，整整抄了一个多礼拜。

本来一汽电厂由上海新中公司旗下的华东第一安装公司承包安装，后来改由中南电力公司安装，华东第一安装公司只承包安装了一汽的小部分。

1954年5月4日，铸工车间开工，并规定要在1956年3月26日开炉试生产，时间紧、任务重。车间到处都是管道和控制设备，厂房高13米，分3层，地下还有6米深的配砂系统。铸工车间承担着汽车生产的第一道工序，为配合安装，厂里专门下发红头文件，任命我为铸工一车间安装动力师。我便离开动力处，借调到铸工一车间上班。

铸工车间主任是李子政，还有个老总工程师，叫孙以鋆，是铸造专家，其业务能力和组织能力都很强，深得李子政的信任。

铸工车间的动力设备都在国内采购，安装图纸则由苏联提供，因此双方经常会有争议。我白天在现场协调解决问题，忙得不可开交，晚上就住在现场工段办公室里，连夜奋战。为在3月26日生产出第一炉铁水，我们三天三夜没有合眼。有个配合我工作的新来大学生，早上吃馒头，吃着吃着就睡着了。但没有人抱怨，谁也不觉得累，大家都为出炉水而自豪。

有一天，我们正在现场忙碌，苏联援建一汽的动力专家基列夫来检查工作。基列夫 1953 年到一汽，亲手为一汽铺设了第一根电缆。他工作认真负责，总随身带个小本子，随时随地把工作安排和进度记下来。随基列夫一起来现场的，除了翻译刘人伟，还有一个穿着蓝大褂、戴着黑宽边眼镜、浑身洋溢着学者风度的年轻人。我站在冲天炉旁边，第一眼看到他，顿觉眼前一亮。刘人伟向我介绍说，他叫江泽民（此文中的江泽民是指原国家主席江泽民），刚从苏联李哈乔夫汽车厂实习回来。

我早就听说处里要来一位革命资历很深又有业务专长的领导。江泽民没等刘人伟介绍完，就走上前紧紧握住我的手，说他到处里就听说了我的名字，都说我很能干、能吃苦。我说我也早就听说他了。说罢，我俩不约而同哈哈大笑。这是我第一次见到江泽民。

出炉水当天，厂领导和苏联专家都赶来看望我们。基列夫说“你们辛苦了”，我们累得嗓子都哑了，一句话也讲不出来。

我结束了铸造动力设备安装工作后，回动力处任动力科科长。

燃油工程会战

燃油工程于 1961 年秋天进行，是一汽建厂以来最大的技术改造项目。所谓燃油工程，就是将原来热电站燃料系统进行改造，在保留原有燃煤系统的情况下，重新设计和安装燃油系统。

当时正是三年自然灾害最严重的一年，全国煤炭供应紧张，一汽生产处于半停产状态（全年共生产解放牌汽车 1000 多辆）。全厂职工下班后都在分小组讨论“吃得饱”还是“基本吃饱”等问题。

在寒冬到来之际，动力分厂热电站用煤处于“断粮”边缘。如果不能解决问题，全厂生产就会瘫痪，无法取暖，一汽十万职工和家属将无法过冬。时任动力分厂厂长江泽民深知形势的严峻。

另一个背景是，大庆油田开始出油，但由于炼油能力跟不上，原油大量堆积。因此，国家决定让大企业将动力系统改烧煤为烧油，一方面缓解煤炭供应不足的问题，一方面解决原油堆积问题。

指令下达后，一机部决定让一汽用最快的速度对热电站的燃烧系统进行烧油改造。为此，一机部副部长周建南多次到一汽督战。一汽成立燃油工程指挥部，由江泽民担任总指挥。

我们确定了会战方案：第一，将动力分厂内部的技术力量进行调配，将生产技术科副科长周怀飞和清华大学毕业生单文昌等技术骨干抽出，全力参加会战；第二，我在负责日常生产的同时，参加会战；第三，将热电厂“四班三倒”的运行方式，改为“三班三倒”，抽出一个班次参加会战。

我带队到大庆油田学习考察。一方面，我向大庆油田提出原油用量计划，该计划得到了大庆油田的认可；另一方面，我参加跟原油知识相关的讲座，深入了解原油性能，掌握原油在燃烧过程中的变化情况，使工程改造能适应原油燃烧的特性。

在土建施工队进入施工点前，我们就成立“燃烧小组”，拿出一台锅炉，对改造后的燃烧方式进行试验。

燃油工程开始时，由基建处处长曹新带着土建队伍进入施工点。曹新是从白洋淀里走出来的抗日英雄，是电影《小兵张嘎》里那位机智勇敢的侦察员罗金宝的原型。作为冀中抗日百步穿杨的神枪手，他一身铮铮铁骨，所带的队伍敢打敢拼。

当时在工地上施工的土建和设备安装队伍近 200 人，最多时上千人。整个会战有许多关键节点，其中最为关键的是 4 个 1000 立方米、离地 10 米高的油罐怎么竖起来。按照常规，需要先搭个脚手架，再往上一片片焊钢板，这样不仅进度慢，质量也差。

江泽民围着工地转来转去，去和技术员、工人商量，后来想到大庆是石油工业，经常接触这类工作，于是带队到大庆取经，并邀请张昭明工程师带队的焊工队伍来一汽参加会战。

张昭明改高空作业为平地作业，将钢板放在平地上焊接好后，用卷扬机卷起，再将剩下的一条立缝对起来焊，这样一来，一个筒状大罐就竖起来了，速度快，质量也好。

经过三个半月的日夜会战，燃油工程如期完成。

1981 年年底，我被调任一汽副厂长，负责建设二厂区。

口　　述 | 徐兴尧

采访时间 | 2018年5月28日

被逼出来的垂直转产

一汽的解放CA141产品换型、工厂改造，是摸着“钱”过河的。

徐兴尧，一汽原副总经理兼总工程师。1938 年，他出生在辽宁省海城县的一个农村，1958 年考上吉林工业大学内燃机专业。

1963 年 8 月，徐兴尧大学毕业。在一汽设计处，他从一个普通技术员做起，历任科长助理、设计处副处长、长春汽车研究所（本篇后文简称“汽研所”）副书记、第一副所长、所长。

在设计处工作期间，徐兴尧参加解放 CA140 发动机设计，主要承担配气系统设计和整机试验工作。1968 年年底，他被借调到一汽轿车厂，参加红旗 CA772B 保险车大马力发动机设计。

1982 年，徐兴尧被任命为汽研所第一副所长。此后 10 年，汽研所重点完成解放 CA141、CA142、CA150 等中重型及轻型系列产品的研发工作；奥迪轿车图纸国产化转化工作；汽研所和一汽设计处的合并管理工作。

1990 年 8 月，徐兴尧调任一汽副厂长。1999 年年底，他退居二线，2003 年 3 月退休，时年 65 岁。

2018 年 5 月 28 日上午，在位于机械工业第九设计研究院的办公室里，徐兴尧接受访谈，对解放 CA141 换型改造进行回顾与反思。

初入一汽

1938 年 7 月，我出生在辽宁海城县的一个农村，家有姐弟八人，我排行第七，上有六个姐姐，下有一个弟弟。作为长子，我比较受父母宠爱，是我们家唯一念过大学的幸运儿。

1946 年，国民党在村里建了一所小学，我开始念小学。过了半年多，八路军打跑了国民党，学校停课。直到 1948 年，八路军站稳脚跟后，村里学校才恢复上课，我直接跳到三年级。一年后，我去了南台完全小学读高小[1]。我初中和高中都是在海城县里念的。1958 年，我考入长春汽车拖拉机学院（现在的吉林工业大学）内燃机专业，听说该学院第一任院长是饶斌。

进入大学后，我一直是学生干部。1959 年，我们 20 多人获得到一汽参观的机会。参观完开座谈会，饶斌接见了我们，并作了热情洋溢的讲话。

他讲了一汽的由来，讲了一汽在社会主义建设中的作用，还讲了一汽发展的目标，将来产品要换型，工厂规模要扩大，还要上轿车等。他希望我们努力学习、掌握本领，扛起建设中国汽车工业的担子。最后，他还欢迎大家到一汽工作。这次见面，让我对饶斌不仅仅是尊重，简直是崇拜。

1963 年 8 月，我被分配到一汽产品设计处，在发动机试验室当见习技术员，每月工资 46 元。产品设计处是个大处室，有 300 多人，主要搞产品改进和产品研发，包括产品设计、试制和试验。产品设计处又细分为车身设计科、发动机设计科、底盘设计科、电气与非金属综合科等。

---

1 编者注：小学一年级到三年级叫初小，小学四年级到六年级叫高小。

产品设计处处长是陈全（已去世），他也是个传奇人物，听说是印度尼西亚华侨。抗战时，海外爱国华侨为支援抗战，有钱出钱，有力出力。他是出力者，将一辆救护车送到延安。发动机试验室又分三个专业组，有 30 多人，试验室主任是沈同文和黄厚元，后来，他们都被抽调去参加二汽建设。

做见习技术员，首先要到试验室劳动，即当试验工人。当试验工人的第一件事就是借读试验报告，学习各项试验是怎么做准备工作的，如何编写试验大纲。第二件事就是配合试验员做试验。我接受的第一项试验任务是发动机冬季冷启动预热器。先在台架上进行常温状况下的试验，调试冷启动预热器性能，测试各项数据，并与设计指标进行对比，为改进设计提供参考。

我在冬季还参加了根河（最低气温零下 40 摄氏度）整车冷启动试验。军用越野汽车要想在零下 20 摄氏度以下启动，就要解决发动机启动和传动系统润滑油凝固问题。现在这些问题都能迎刃而解，在当时却是拦路虎。

我们这些试验人员，冬天去最冷的地方，夏季去最热的地方，尽管很辛苦，但也乐在其中，尤其是现在回忆起来，觉得很有意思。

设计革命化

我接受的第二项试验任务跟解放 CA140 有关。

1964 年，一汽开始搞“四清”运动（清政治、清经济、清思想、清组织），一机部部长段君毅作为“四清”队长在一汽蹲点。“四清”运动搞得好不好，有验收标准：一看大伙的精神状态，干劲是不是起来了；二看产品是不是实现换型；三看产量是不是有所提高。当然还有其他标准，但主要是这三条。

解放要换型，但计划经济时代国家没钱，换不换型，一汽说了不算。当时国家希望一汽将年产量从 3 万辆提高到 6 万辆，在我印象中，给一汽拨款 7000 万元。一汽决定用这笔钱既实现换型，又实现产量的提高。第一，对驾驶室进行换型改造，改变形象；第二，对发动机进行换型，将侧置气门变为顶置，提高动力性和经济性；第三，改进设计其他总成。为此，全厂上下一片欢腾，呈现出一片大干快上的气氛。

当时政治、思想气氛较好，全国都在开展革命派与改良派的大讨论：孙中山是改良派，改良派没有取得革命的彻底成功，所以只能做无产阶级革命派。当革命派就不能脱离实际闭门造车，不能脱离群众，技术干部要下楼出院，走“三结合”革命路子。在这种背景下，提出了“设计革命化”。像我们做发动机设计的就要到发动机厂，做车头驾驶室的就要到车身厂，做底盘的到底盘厂，做车厢的到车厢厂……结合一汽实际，就是说解放牌汽车不能总是修修补补，得彻底换型。

我是搞发动机的，就到发动机厂参加由领导、技术人员和工人组成的解放 CA140 发动机设计小分队，地点在发动机厂。毛德犹（发动机厂厂长）是队长，张曰骞（设计处发动设计科科长）、陈希良（设计处试制车间副主任）是副队长。

由领导、设计人员和工人一起讨论设计方案，包括技术的先进性、可行性，生产的工艺性，原材料来源和成本等。设计人员出完图后，马上配合试制，用小车将上道工序加工完的工件送到下道加工工序，尽量缩短加工周期，当时人们称之为“小车精神”。设计人员也要参加试验，看设计的零件好不好用、好不好造、好不好修，性能怎么样，可靠性如何。一旦某个零件出问题，设计、试验和加工人员一起分析原因，马上改进。

这种“三结合”方案很有成效。现在回忆起来，还感到很有滋味。

徐兴尧（图中）陪同饶斌（图右一，被誉为“中国汽车工业奠基人”）参观长春汽车研究所

我是发动机试验技术人员，参加了解放 CA140 发动机的配气系统设计，包括台轮轴、挺杆、气阀、气门弹簧、摇臂和进排气管等部件。

发动机试制出来后，就要做台架试验，我负责性能开发和可靠性试验。发动机在台架试验证明达到设计任务要求后，进行装车路试和试验点使用试验，当时一汽在海南、云南、新疆、湖北、黑龙江等地都有使用试验点。这些试验通过后，再进行产品设计验收。

解放 CA140 的整个开发过程，始终坚持“三结合”路子。在使用试验阶段，许多设计师轮流到试验点跟车试验。他们可以看到汽车在什么环境下、什么道路上行驶；可以看到汽车在林区装卸的全过程，可以看到弯急坡长、风沙飘扬。

经过这些实践，他们就知道汽车该如何设计。这个过程可以说让人受益颇多，很长知识，设计师在思想感情方面的变化也很大。

举几个例子。云南高黎贡山很高，弯急坡长，刹车很重要。师傅逗做刹车的设计师说“你调下刹车吧”，设计师说“我不敢，师傅，还是你来调吧”。路边就是万丈深渊，真要出问题，可能就是车毁人亡。

王秉刚和冯建权在新疆跟车试验时遇到沙尘暴，风沙过后，迎风侧车门的漆都没有了，钢板像喷过漆似的雪白。他们听师傅说，新疆还有能致人命的“白毛雪”。“白毛雪”不是天上下大雪，而是风把雪刮起来，一时半会儿停不下来，车又开不走，雪差不多能把车埋上。这个时候车行驶在半路上，要是暖风坏了，弄不好会冻死人。

我有一次跟着车队出行，上坡时发动机开锅，水箱缺水。师傅故意说，“那边河沟有水，你去拎桶水给水箱补点水”。看着河离得很近，往下走，却一时半会儿走不到。从河里打一桶水往上提，穿着短裤背心，腿被毛草树枝拉得一条条的。走到车前，一桶水只剩下一点。师傅说：“发动机总开锅，你知道我们这帮开车的要费多少劲、吃多少苦了吧？发动机要是不好，我们开车的可遭罪了。”

参加社会实践，实际就是给我们这些技术员上了一堂思想教育课，效果非常好。

“独立大队”造反

发动机设计小分队虽然在发动机厂上班，但实际上还是设计处的人。“文化大革命”中，知识分子的名声很臭，设计处不想管我们；发动机厂说我们是设计处的人，他们不能管。这样，我们就成了“独立大队”。

1967 年，设计革命化新产品的成果几乎都出来了，如在四平汽车厂做 3 吨载重车，在四平客车厂做城间运输客车，为满足军队大炮上山要求而在大连做的 4×4 机械骡，以及在丹东汽车厂做的 6×6、8×8 军用越野车。有的已经开始做试验，新产品开发形势一片大好。

解放 5 吨载重车 CA140 也已定型，得到使用试验点的肯定。大家都说 CA140 整车造型美观大方，动力强劲，油耗低，舒适耐用。当时生产准备工作已全面展开：发动机生产厂房已盖好，一些设备都运到厂子里了，车头驾驶室冲压件模具已开始生产，铸造件模具开始投入。

生产准备工作形势喜人，全厂一片大干快上热气腾腾的景象。但就在这时，“文化大革命”开始，抢班夺权，换型工作没人抓，生产准备工作停摆。我们实在接受不了，决定向中央反映情况，希望把换型工作继续下去。

“造反小分队”应运而生。小分队由设计人员、工艺人员、领导干部和生产准备办的人组成，有十来人，由我带队。

当时一汽厂领导，比如刘守华他们都在被批斗，我去找他们。他们说：“徐老大，我们也想换型，但首先得把我们解放了，否则我们也没办法啊。”我们决定继续找上面的领导，小分队十来个人跑到北京去找郭力。结果不凑巧，郭力去了二汽。我们又追到二汽，郭力又去了上海。我们只好在二汽等他回来。

这期间，我们看到了饶斌厂长。我记得很清楚，他不修边幅，衣衫破旧，头发白了不少，满脸憔悴，穿着一双懒汉鞋，鞋后跟都掉了。他白天组织二汽建设，晚上受批斗。

我们把一汽换型情况向他作了汇报，他当即给我们开座谈会。他说："关于产品换型，我在一汽时就想搞，所以我支持你们。但现在这种情况谁都不能做主，这事找谁都没用，你们回去把造好的设备模具涂上油，别让它锈了，先收起来，等情况好转后再启用。"

我们就把准备换型的设备和模具收起来。到了"文革"后期，二汽上马。二汽由一汽包建，本来原汽研所所在的南汽帮二汽开发产品，做的是嘎斯 51。后来又说，二汽还是做 5 吨车型合适。要重新开发肯定来不及，正好一汽有现成的 5 吨车型，就把准备换型的产品 CA140 做适当改进后，无偿拿给了二汽。

回头看

"造反"没能使 CA140 换型工作免于"流产"。

一汽想将 CA140 发动机 CA10B 装在 CA30A 军用越野车上，以解决动力不足的问题。CA30A 装上 CA10B 发动机，车型代号为 CA30B，在 CA30B 基础上改装 CA140 驾驶室车头，就叫 CA30C，将内充气装置变成必装件。

为实现这个目标，一汽总厂还下了生产准备通知书，设计处专门成立生产领导小组，负责日常生产工作和 CA30B 与 CA30C 的设计、试验及换型准备工作。1968 年年中，一汽开始精简机构，下放人员，设计处大部分知识分子被下放到车间劳动，这项工作也就不了了之。

我被抽调到一汽轿车厂红旗保险车项目组，参加红旗 CA772B 300 马力发动机设计和试验。该工作被列为国家一号工程，进展非常快。一年后，我们就做出了 300 马力发动机，在台架试验的基础上，开始装车进行道路试验。

1972 年，我调回设计处发动机室。

1980 年 5 月，长春汽车研究所与一汽设计处合并，对外仍然叫长春汽车研究所，对内叫一汽汽车研究所。一个单位，两块牌子，承担两种职能。

1982 年，我由汽研所党委副书记升为第一副所长，1984 年提任所长。1990 年调到一汽总厂工作，担任副厂长兼总工程师。

我在汽研所整整干了 10 年，最主要的工作有 3 项：解放 CA141 产品换型；对合并后的汽研所进行整合；加强汽研所自身能力建设。

“文革”结束后，一汽产品换型和工厂改造工作又重新被拾起来。解放 CA140 已经给了二汽，以当时的国家财力，建设二汽都很困难，根本没有能力考虑一汽的问题。但一汽上上下下并不甘心，准备内部挖潜，在保证老解放产品增产的同时，搞产品换型和工厂改造。另外，二汽产品上市后，对一汽产品的销量冲击很大。一汽的商品车存放在机场，从飞机上往下看，简直是一片“蓝色的海洋”。在这种情况下，一汽产品换型和工厂改造工作已不能再拖。

可没钱的问题怎么解决？于是就有了多种方案。

一是换发动机。在老解放缸体不变或少变的情况下，做缸盖改进，使发动机由侧置变为顶置，提高老解放车整车动力和经济性，投资少、见效快。但这个方案反对的人很多。原因之一是增加了发动机的重量，做得有些“四不像”；原因之二是整车形象没有改变，仍然是几十年不变的“捷克式”尖头。

二是发动机仍然侧置，但烧 70# 汽油，提高压缩比，提高发动机动力性和经济性，更换驾驶室车头。这个方案拥护的人较多，认为这是当前情形下较为理想的方案，一方面解决了形象问题，另一方面改进了动力性能。

一汽上下对产品换型和工厂改造的认识一致，都认为很有必要，但缺钱是现实。当时时任国务院副总理李鹏来一汽考察，一汽提出产品换型和工厂改造需要国家支持。李鹏提出，可以给一汽一个政策，即计划经济与社会主义市场经济（当时“市场经济”的概念刚提出来，在国内尚未执行）相结合。计划外可以买一些原材料，销售一些产品，让一汽挣点钱。后来，国家又出台“拨政贷”政策。项目经国家批准后，可以得到一些贷款。

从 1983 年开始，一汽产品换型和工厂改造项目开始推进。经过三年日日夜夜的奋战，1986 年 7 月 15 日，一汽的新车型从总装线上驶下来，实现不停产、不减产的垂直换型。这是一个伟大创举。

总结过去是为了有更好的未来。回头看一汽换型改造过程中遇到的问题，如果不是“摸着‘钱’（石头）过河”，我想一汽这次产品换型和工厂改造将更精彩。

一是使用前翻车头驾驶室带来的问题。1983 年对解放 CA141 进行换型改造时，前翻车头驾驶室设计和试制工作已经进展得很深入，甚至某些工装工作也已开始。但为省钱省时，最终还是决定就用前翻的车头驾驶室。这样至少带来三大问题：结构复杂；重量增加；给新发动机的气门间隙调整增加困难，而且调整人员只能在很脏的环境里工作。

二是在“三不变”要求下产生的发动机结构无法改变的问题。为节省投资，尽量用老设备，一汽提出“三不变”（缸径不变、缸心距不变、凸轮轴与曲轮之间的距离不变）要求，当时认为有 99% 以上的加工设备可用。但发动机造出来后，功率大幅度提高，对加工精度要求随之提高，几乎所有设备后来都有更新，但发动机结构却不能再改。

“三不变”给发动机设计增加了很多困难，给制造增加了很多难点。加之当时使用环境恶劣，发动机在使用中出现了很多问题，导致了大量攻关工作。市场反馈意见是解放 CA141 造型美观大方，司机座位舒适，拉得多、跑得快、走得稳，就像“漂亮的小媳妇”，却有心脏病。

三是为迎头赶上国际新技术所带来的问题。产品设计说明书要求使用 80# 汽油，但 80# 汽油当时只在国内几个大城市供应，大部分地区甚至西北地区还普遍使用 56# 汽油，爆震敲缸、烧活塞、烧排气伐等情况多有发生。此外，一些国内开发的新部件，如卤素灯泡、电线插件、硅整流交流电机等，质量不过关。因为采用的是新标准，随车工具的互换性很差，替代品也很难买到。

这些问题对一汽的销量影响极大，即使问题解决了，质量提高了，但先买车的客户也不敢再轻易相信我们了，都要张望一番。因此，汽车工业技术的进步与否，不是单单由汽车企业自身决定的，它取决于整个供应链的技术水平。只有供应链上的企业技术进步了，汽车工业才会进步。

四是缺乏顶层设计方案所带来的问题。一汽的产品换型和工厂改造开始并没有一个完整的顶层设计方案，一汽也不可能有一个完整方案。这次换型、改造的全过程，是随着国家改革开放逐步深入而逐渐完善的，随着资金和政策的到位而逐步进行的。一汽曾一度想引进美国罗克韦尔单级后桥和楔形刹车器，该产品技术水平高，可靠性和使用寿命都很好。在中国使用试验点跑过 50 万公里，甚至 100 万公里，都没有出现任何问题。双方工作进行近一年，各方面沟通已经相当深入了，但又因为资金的问题，最终还是以“流产”告终。

五是垂直换型转产带来的问题。资金紧缺、销售形势严峻、时间紧迫导致垂直转产成了一汽产品换型和工厂改造的唯一举措。这种换型转产方案的实施风险极大。一汽在不停产、不减产的情况下，完成了这一与当时建厂工作量相当的伟大工程，可谓“壮举”。换型转产的方案应该很多，垂直转产算不上最佳方案，也不应是唯一选择。不管以哪种方式换型转产，该花的钱一分不能少，该做的事一件不能缺，否则补课的代价往往更大。

口　　述 ｜ 范恒光

采访时间 ｜ 2018 年 5 月 24 日

长子的荣光与艰难

一汽的故事比《远离莫斯科的地方》更壮观。

范恒光，1930 年出生在汉口，6 岁后随家人迁到浙江宁波。1948 年从上海陆行中学毕业，考入上海国立高机学校。1951 年，被华东工业部领导作为留苏培养对象暂留人事处工作。

1952 年年末，范恒光到大连工业俄文专修留苏预备班学习，后因华东工业部撤销，于 1953 年 6 月转入一汽俄文班。1954 年，他赴苏联实习，回国后进入一汽生产调度处工作，曾担任一汽轿车厂厂长和一汽副厂长。

2018 年 5 月 24 日，88 岁的范恒光在其长春寓所接受访谈。

我心情复杂

听说你（编者注：指本书作者）要整理《解放》口述文集，我心情复杂，一方面挺高兴，一方面有些担心。高兴的是这个题目有意思，应该写，也值得写。担心的是这个题目比较大，不知道你怎么写，是史料、文集、故事，还是小说？

如果从头写，年代已久远，当事人中的重要人物都已故去。比如1953年参加一汽开工典礼的很多人的照片都已挂在了墙上，找亲历者讲述当年的鲜活故事已经比较难了。但也有有利条件，一汽出版过很多书籍、回忆录和纪念文集。要数字有数字，要故事有故事，要人物有人物。如果写小说，可以写得比《远离莫斯科的地方》更壮观、更好看，我还可以提供很多资料。

至于找我谈解放，我真有些顾虑。我虽是老一汽人，1953年开工典礼前到一汽，但我干解放的时间并不长。我1958年开始干红旗，1984年调任一汽总厂，有一年多时间在管解放生产。之后又改管轻型轿车，干到1988年。一汽－大众项目谈成后，我被指定为一汽奥迪KD[2]生产项目负责人，在"一仆二主"的情况下奔波了五年。

"一仆二主"是哈恩博士（Carl H. Hahn，卡尔·H.哈恩，曾担任大众汽车集团董事长）提的。当时，耿（昭杰）厂长向他介绍我，他说："你是一汽奥迪项目负责人，我是奥迪的老板，那么我也是你的老板，所以从今天起，你有了两个老板，一个是耿昭杰，一个是我。"这样我就一下子有了两个领导。

5年后，我已经62岁了，到了应该退出一线的年龄。1992年年末，

2 KD的全称是"Knocked Down"，是"散件组装"的意思，按照国际通行的说法，简称"KD"。

我被派往广东，到与一汽合资的一汽顺德汽车厂做协助工作。1994年，我在长春办理离休手续，但因该厂引进一批都市高尔夫KD生产项目，我没能离开。直到1997年年末，我才离开广东回长春，真正过上离休生活。

这是我在一汽的大致工作经历，年数不少但大多都跟解放无关。隔行如隔山，因此我真不是谈解放的合适人选，要谈也只能滥竽充数。但也有好条件。我是一汽的老职工，现在还是一汽咨询委委员，我对一汽比较关注，算是一个活着的亲历者。

既然要谈，我有些想法。解放是车，单写车意义不大。解放车是一汽的主产品，一汽为生产解放而兴建。谈解放必须先谈一汽，谈一汽显然是比解放大得多的题目，所以我想从一汽角度谈谈我知道的一些事情和想法，而不纯粹谈解放。

一汽从1953年开始筹建，迄今已65年。其中，从1953年到1956年是三年建厂阶段。从1956年到1986年是解放投产后第一个30年，也是一汽作为我国汽车工业“长子”挑起重担的30年，我把它称为“30年长子生涯”，也是一汽的第一次和第二次创业。

也有人把这30年称为解放“一贯制”的30年，但我认为给一汽戴这顶帽子有失公平。这30年来，一汽从初生到成长，头顶是风云多变的年代，肩上又有“长子”的沉重负担，物质条件极度拮据，但它坚强地走了过来。在改革开放的年代，一汽又急起直追，完成解放换型和工厂改造的重大任务，开启第二次创业。“长子”生涯充满荣光，也充满艰难。

1988年后，一汽开始第三次创业，主要做轿车，从单一品牌到多品种发展。这个题目跟解放离得有些远。我主要讲前面两段。

一汽为什么能三年建成

先说三年建厂阶段。

一汽从无到有，在远离北京的东北荒原上拔地而起，只用三年时间就建成了一个现代化的、年产 3 万辆载重车的工厂，成为中国第一个生产汽车的基地，确实不容易。这个业绩值得骄傲。

一汽为什么能三年建成？我认为有四个条件。

第一个条件，国家领导重视。这可以从一汽项目开始说起。

其一，一汽项目是毛主席和斯大林这两个大国的领导人共同商定的，是我国第一个五年计划期间苏联援建中国首批项目中的重点。而且斯大林说了，他将全力支持这个项目，像支持斯大林汽车厂那样来建一汽。

其二，中央为一汽项目专门发文，号召全国人民支持。

其三，一汽厂址是周恩来总理定的。这个项目定在吉林有几个好处：离沈阳近，离钢铁基地近，离苏联也近。当时吉林省没有工业项目，周总理高瞻远瞩，将项目定在了长春。

其四，一汽厂名和奠基纪念题词是毛主席亲笔写的。

其五，建一汽时，许多重要问题都是中财委（中央财政经济委员会）领导陈云同志拍板解决。

其六，一汽厂长人选由国家最高领导人亲自审定。一汽厂长最初是郭力，郭力提出要找比他更合适的人当厂长。这事很快被报送到中央，最终确定饶斌当厂长，这也是毛主席点头同意的。能受到国家领导人的如此重视，应该是一汽项目能三年建成的重要因素。

第二个条件，全国人民拥护。

其一，汽车在当年虽然还没有普及，但它是国计民生中很重要的运输工具，所以受关注度高。

一汽建设工地

其二，当年中国没有造车能力，满大街跑的都是从国外进口来的万国牌汽车，数量少，价格高。现在要自己造车，老百姓都拥护。

其三，那个年代人民群众政治热情高涨，对党的号召一呼百应，要钱给钱，要人给人，从四面八方赶来支援。据说当年一汽叫 652 厂，是与计划投资额度有关，“652”是 6 亿 5200 万元的缩写，当年全国总人数是 6 亿 5200 万人，相当于全国每人出一元钱建汽车厂。

第三个条件，建厂领导班子优秀。一个企业有没有战斗力，领导班子很重要。一汽三年建厂期间，担任领导的人并不多，党政加一起只有十来个人，其中行政 7 人——饶斌、郭力、孟少农、宋敏之、马诚斋、黄一然、刘西尧，党委 5 人——顾循、方劼、牛长学、史坚、赵明新。这 12 人并不是同时在一起工作，你来我走，同时工作的基本在 10 人以下。但应该说，这是 60 多年来一汽历史上最强的领导团队。

在这个团队中，大家公认的三个核心人物是饶斌、郭力、孟少农。对他们，我不敢妄加评论，只谈谈个人看法。

饶斌英俊大气有风度，聪明，有前瞻性，有较强的号召力和指挥力，是一个称职的指挥员、一把手。我在纪念饶斌的文章里写过，在斯大林汽车厂生产处实习期间，饶斌到生产处参观并发表即兴讲话，陈祖涛当翻译。他离开后，在场的苏联同志都说，“你们厂长真有风度，英俊潇洒，确实是个领袖人物”。

对郭力，我在纪念文章里写了八个字：睿智、豁达、谦虚、求实。1953 年年末，他到一汽俄文班宣布我和唐云显到苏联实习的职务时，我第一次跟他接触。他对我俩去苏联怎么学习做了嘱咐，话不多，但句句精明深刻，是一位有才气的领导干部。后来通过长期接触，我感觉他不仅是一位学识渊博的工业管理专家，更是一位品德高贵的干部楷模。

社会上很少有主动谦让官位者。郭力当一汽厂长是中央任命，他完全可以堂堂正正当下去，但他感到一汽项目繁重复杂，又地处东北，而他长期在河北一带工作，对东北人事关系不熟悉，对开展工作不利，因此一再要求上面找个熟悉东北且能力比他强的同志当厂长，他当副手。

“当着厂长找厂长”成为美谈，这说明他确实是大公无私。建厂初期，一汽干部职位紧张。郭力的爱人到一汽后，他坚决不让她参加工作，只让她从事厂区妇女扫盲等公益活动，他的子女也没沾过他的光。所以，我认为郭力是当之无愧的干部楷模。

孟少农是有真才实学的汽车专家，他为人厚道，胸襟坦荡，不太关心政治，是一汽新老知识分子公认的技术权威和核心。我跟孟厂长接触得比较早。1954 年春节，生产处党支部书记丁方同志挑头，带着处里一帮爱热闹的年轻人去孟厂长家过节。孟厂长的爱人在苏联学习，家里没有女主人。大伙进门就嚷着说想吃饺子，要他出钱我们出力。结果我们真吃上了一顿全虾肉的饺子，我们一起过了一个愉快的除夕夜。后来一汽做红旗他不太赞成，他主张做东风。

这三人各有所长，且相互尊重，能真诚合作，组成了难得的领导核心，把大家团结起来。

一汽不光核心人物优秀，领导团队中的其他同志也都优秀。赵明新有很高的政治水平，为人厚道，能联系群众，团结同志。一汽第一批职能处室和车间（分厂）负责人都很能干，如孟戈非、王少林、李代胜、刘守华、李子政、赵润普、陈子良、王景侠、吴敬业等。

这些人年轻有活力，又有实际工作经验，有组织和指挥能力。他们当时都在各自的处室、部门工作，后来都成了汽车行业的重要骨干和领导人。比如供应处处长王景侠，我就听饶斌厂长表扬过他。

建厂时需要大量建材，这些材料从四面八方运来，长春车站和孟家屯车站都是重要集散地。特别是孟家屯车站，大批砖瓦沙石经火车运

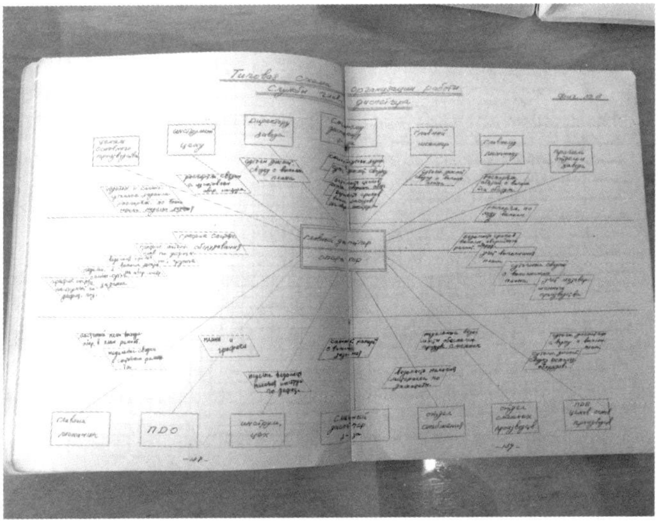

范恒光留存的笔记本及手稿资料

过来，堆放在车站里，再用汽车和马车往一汽各工地运送，工作量非常繁重。

饶斌厂长说，他常去孟家屯车站，在那里总能看到独臂的王景侠站在高高的砖瓦堆上，指挥搬运工和马车队（当时运送建材主要靠马车）工作，就像军队指挥士兵打仗的将军一样。

第四个条件，苏联无私援助。一汽是斯大林亲自许诺的重要项目，要把一汽建成像斯大林汽车厂那样的工厂，斯大林汽车厂有的一汽都有，斯大林汽车厂能干的一汽都能干。因此，斯大林汽车厂全力以赴，动用全厂力量帮助一汽。

根据一汽竣工验收总结材料的记录，苏联援建提供的帮助主要有七项：一是提供关于工厂设计的全部图纸资料；二是提供整套吉斯 150 产品的图纸和相关技术文件；三是提供全部工艺设计文件和图纸资料；四是提供 80% 的通用设备和全部专用设备、关键设备[3]；五是提供第一套生产用的工装、模具；六是派送 188 名苏联专家到一汽指导；七是组织 518 名中国实习生进行成建制培训，实习岗位从厂长到调整工都有。

我是这 518 名实习生中的一员，被派到斯大林汽车厂实习一年。在此期间，深刻体会到苏联对中国的无私援助，了解了当时的真实情况。

比如，无私提供设备给中国。冲压汽车大梁需要大型压床，当时斯大林汽车厂只有一台大型压床，是从美国福特公司买来的旧设备。他们要让一汽也有这样的压床，但苏联没有单位能制造。斯大林汽车厂就自己制造这台设备。他们专门盖了一间厂房，制造出来的 3500 吨大压床比他们自己的都好，却无私给了一汽。

---

3 抗美援朝后，西方对中国进行封锁，到西方购买设备根本不可能，只能以苏联的名义订货，订完后再转手给一汽。比如格里森齿轮加工设备，都是以苏联名义订货，再转到一汽的。

还有管理方面的帮助。我们实习时，正赶上斯大林汽车厂建厂 30 周年，斯大林汽车厂发动全厂干部，让他们把 30 年管理工厂的经验总结出来，编辑成《生产组织设计》的书稿，其中包括工厂的组织机构设置、工厂设计、工厂生产管理以及所涉及的具体工作。这些内容在书中都写得清清楚楚，解决了一汽不会管理工厂的难题。

至于在派遣专家指导和接待一汽实习生方面，斯大林汽车厂真正做到了热情友好、真诚无私。我的感受就像潘承烈说的一样，“一年实习，终身受益，永远难忘”。

这是一座汽车城

在这些重要因素的共同作用下，一个现代化的一汽工厂三年建成。建成的不只是一个工厂，还有公用动力、电讯、道路等配套设施和一大批职工宿舍，这里变成了一座汽车城。一汽建成后确实巍峨壮丽，比斯大林汽车厂更大气、更漂亮，达到了当年的世界先进水平。

即使是 30 年后，一汽工厂仍能得到国际汽车同行的赞赏。1984 年，我接待美国克莱斯勒第一个来厂访问团时，团长凌费先生激动地跟我说，一汽是他在中国看到的真正的汽车制造厂，他为此感到振奋。凌费是克莱斯勒公司国际合作部部长，他表示愿意与一汽商讨合作业务。凌费回国后马上发来正式邀请函，双方很快签订四缸发动机技术和生产设备转让协议。这事充分体现了一汽工厂在他们心目中的地位和价值。

随后，我在接待德国大众几位来厂参观访问的专家时，也听到同样的感慨。他们都说，如果早几年看到一汽，大众公司与中国合作的第一个项目一定是在长春，而不是在上海。

建一汽实际总投资 6.087 亿元，比计划的 6.5 亿元节省四千多万元。为何节省？主要是受新中国成立后第一次反浪费运动影响。1955 年

3 月 7 日，《人民日报》发表文章《重点工程的特殊化》，一汽被点名批评，配图是一汽的大屋顶设计。同年 6 月，在全国人民代表大会一届二次会议上，李富春副总理两次点名批评一汽兴建大屋顶宿舍，擅自提高建设标准等。随后饶斌厂长带头作检讨，非生产性建设项目被大量削减，原计划中的厂部办公楼和俱乐部等项目都被砍掉，同时还减少了一批宿舍楼项目。

回头来看，一汽当年建厂节省了 4000 多万元投资，也留下一些遗憾。

厂部大楼没了，各职能处室放到哪里？厂里只有设计处和工艺处有工程大楼，其他几十个职能处和工厂领导都没有办公室。

结果厂办、党办、厂长和书记的办公室，生产调度、计划、财会等职能处就占据铸造车间大生活间楼的二、三楼。供应处、协作处安排在车身车间的生活间里。几十个职能处室东一摊、西一摊，分散得到处都是，工作难免受影响。

一汽什么时候才有第一个厂部大楼？包建二汽期间，一汽为二汽培训了一大批实习生，专门盖了一栋实习生宿舍楼，编号为 123 栋。培训任务结束后，这栋楼被加固改造，成为一汽厂部大楼，但也只能解决部分问题。

这么大一个工厂，职工开会、业余生活总得有个地方。1955 年 10 月，在饶斌厂长、赵明新书记和工会主席的带领下，一汽集合各职能处室和车间职工 4000 多人，利用业余时间，以工地上剩下的砖瓦沙石为材料，自力更生地修建俱乐部。

经过两个多月的劳动，建成了一个简陋低矮的俱乐部。因为小，职工都叫它小俱乐部。这是当年一汽唯一能看电影、听报告的场所。直到“文化大革命”结束，经济情况好转，一汽才建起正规的俱乐部，小俱乐部被推平。

1953 年，实习生赴苏联学习

建厂区街心花园也没有基建费用。全厂青年团员在团委书记的号召下，自己动手建成街心花园，定名为共青团花园。

因规划面积减少，一汽的职工宿舍供应量从投产开始就很紧张。原计划是一套房住一家人，因盖得不够，除了部分干部能分到一套房，大部分职工只能分到一间住房。这样导致多人共用一个生活间，上厕所得排队，烧煤气炉得抢，一汽的职工宿舍内纠纷不断。随着职工人数的逐年增多，宿舍短缺也越来越严重。

因僧多粥少，竟然出现一间十几平方米的卧室分给两家人住的情况。一个房间里，并排放着两张大床，中间就靠挂一条床单遮羞，真是达到了极度难堪的程度。

为了与职工同甘共苦，“文革”前，一汽厂级领导都从标准宿舍搬到了厂里废弃的鸡舍居住。直到 1979 年，一汽有了留利（指留下一部分利润）政策和自主权后，允许专业厂和有能力的职能单位自己盖房子自己使用。全厂随即掀起建宿舍楼的小高潮。

远离莫斯科的地方

这里说一些个人感受和回忆，按时间分为三段。

第一段，初到长春。

1953 年，我第一次到长春。虽然 1952 年我曾跟随华东工业部副部长马天水在东北参观学习近 40 天，去过沈阳、哈尔滨、鞍钢、大连、本溪等城市，但没去过长春。

6 月的一个早晨，我们乘火车到长春站，车站冷冷清清，但卖熟鸡蛋的挺多，而且是串着卖，像串糖葫芦那样。这是我到长春后的第一个印象。

第二个印象——“皇宫”也能如此简陋。溥仪住的地方，当时还没有修缮，房子破破烂烂的，院子里荒草丛生。

第三个印象——工厂建在农田里，分不清南北西东。大客车把我们从老“皇宫”送到厂区参观，我们下车一看，全是高粱地。

第四个印象——百货公司只卖百十种商品。红旗街上的百货商店是我到长春后逛的第一个商店，店面挺大但商品奇缺。大厅只摆了一排货架，上面只摆一种同类商品。偌大的商场似乎只卖洗脸盆和热水瓶，顾客很少，冷冷清清。

第五个印象——在白雪皑皑中推着电车过大桥。1953 年年末的一天，我从俄文班到绿园厂部大楼办事。那天长春刚下过大雪，我乘坐的电车从西安大路上桥，几次都滑了下来。最后车上乘客全部下车，一起推着电车过大桥。

第六个印象——一位好厂长。1953 年冬天，郭力厂长到俄文班找我和唐云显谈话，说“你俩学俄语已经一年，现在可抽时间到厂里转转，见见你们处长孟戈非，他正忙着编明年的生产准备计划”。郭厂长说话简洁明了，两眼发光。第一次面对面谈话给我留下的印象是，他是一位能干的好厂长。

第七个印象——孟戈非有一双炯炯有神的大眼。和郭力厂长谈完话，我和唐云显到厂里去找孟戈非。他正在开会，丁方接待我们。丁方说，“你们可以进去听，帮着做会议记录”。就因为这份随手写的会议纪要，孟戈非觉得我不错，与我做了一次长谈。从此，我和他结下了长达一生的既存长幼之别又是知己的深厚友谊。

第八个印象——爱武装的总工女秘书。当年总工程师孟少农的秘书是天津大学毕业的女学生陈纫秋，她后来担任二汽副总工程师。她给我的印象是年轻有活力，既有女青年的秀美，又有男孩子的胆量。冬天上下班时穿着军大衣，戴着狗皮帽，看不出是男是女。

这些是我初到长春时的印象。林林总总，让我感觉似乎走进了苏联小说《远离莫斯科的地方》。

第二段，赴苏联以后。

第一个印象——歌词是真的。有一首赞美俄罗斯的歌，第一句就是“俄罗斯宽广美丽”。我们乘坐北京至莫斯科的列车从满洲里出发，一直在无边无涯的森林草原里行驶。七天七夜后才到达莫斯科，苏联真大。

第二个印象——莫斯科好美。特别是红场，真是威武雄壮。

第三个印象——难忘的莫斯科郊外的晚上。我们住在斯大林汽车厂小村，这是莫斯科边区，到处绿树成荫、鲜花盛开。到了夜晚，在银色的月光下，听着欢乐的手风琴声，景境和《莫斯科郊外的晚上》一样，使人难忘。

第四个印象——斯大林汽车厂。我在国内见过许多大工厂，所以见到斯大林汽车厂时并不感到惊讶。但这里的人很好，大部分干部都是工人出身，且有业余大学毕业文凭，工作经验丰富，又有良好作风。他们的年龄都比我大，称我为“娃娃科长”。一年时间不长，但我收获很多，不仅学到了业务知识，也学到了他们深入生产现场、结合实际、联系生产工人的好作风。

第五个印象——天堂之梦。新中国成立前，上海上映过一部电影《天堂之梦》，片中是这样描述天堂的：世界是美丽的，青年在工作，主妇有新房，但最后却是一场梦，而我们在莫斯科看到的并不是梦。苏联人生活得似乎比天堂还好，他们实行全民免费医疗，住医院还能攒钱。与我一起实习的唐云显学滑冰时摔得小腿骨折，住院一个多月，不仅没花医疗费，还省了一个多月的伙食费。

第三段，回国以后。

第一个印象——一汽比斯大林汽车厂更美、更壮观。这是回国后见到新厂的感觉，尤其是中央大道两边的房子，甚是气派。

第二个印象——一汽是一个大工厂，也是一所大学校。全厂员工上班时是厂长和工人，下班后都成为老师和学生，很多人既当老师又当学生。学校从文化补习班到夜大，层次齐全，还有各种专业学习班，全厂职工都在努力提高技术水平和文化水平，学习气氛热烈。我实习回厂后，也立即卷入这一学习热潮之中，成为培训班的老师和吉林工大夜校部的学生，几年以后也得了张文凭。

第三个印象——这里有长春郊外的晚上。长春郊外夜晚很宁静，长春的夏天绿树成荫、花香沁人。当年汽车厂区里的居民多数是还没有结婚的年轻人，他们忙工作、忙学习，也忙着找对象。花前月下不乏年轻人的身影，有歌声，也有细语，情景与苏联歌曲《莫斯科郊外的晚上》相仿。

第四个印象——为我们的车欢呼。1956 年 7 月 13 日，第一辆解放汽车下线，全厂职工站在中央大道为之欢呼，一汽在欢呼声中结束了三年建厂阶段。

这三个阶段随着时间和环境而变迁，我的思想和心态也随之发生变化。从长春到莫斯科，又回到长春，就像是从“远离莫斯科的地方”到“莫斯科郊外的晚上”，又回到“远离莫斯科的地方”，只是所回之处变成同时拥有这两种氛围的一汽。

同时，在中央大道上为解放欢呼的人群也变了，从外地人变成一汽人。我也一样。

责任与帮扶

一汽竣工投产以后，就进入第二个阶段，我称为“30 年长子生涯”。1983 年 7 月 15 日，一汽举行建厂 30 周年庆祝大会。老厂长饶斌同志作了重要发言，题目是“大家动手，总结经验，实现汽车工业现代化”。

他针对国家和人民对一汽提出的“出汽车、出人才、出经验”3个主要任务谈了些看法，用3句话和15条主要经验，概括了一汽30年走过的路和取得的成绩。

3句话是针对3大任务讲的。

第1句话是出汽车方面：能力翻一番，出车100万辆。

第2句话是出人才方面：职工5万人，向外输送人才1.7万人。

第3句话是出经验方面：三年学会建厂、管厂，学习是伟大动力。

他用15条主要经验对一汽30年的成就作了概括，讲得很到位，也很亲切，是对一汽人的鼓励，也给了大家动力。我也认为，一汽在这30年里没有忘记“长子”的责任，一直在为帮扶“兄弟姐妹”和修身立业努力工作，作出了许多贡献。

我结合实际工作，再做些补充。我画过一张一汽历年汽车产量的图表，同时，把30年来国家对一汽的投资金额和一汽上交利税的情况作了标注。

从表上可以看出，一汽竣工当年出车，往后出车数量逐年上升。中间有几个波折，都与当时的国家大形势有关。第一个波折是1961年国家经济最困难那年，一汽只生产了1146辆汽车。第二个波折是“文化大革命”期间。

尽管一波三折，也没有改变上升总趋势。1985年，一汽年产量达8.5万辆，是设计纲领的2.8倍，总产量超过100万辆，达到122万辆。

上交国家税额方面，1963年解放投产8年，累计上交国家的利税已超过国家投资数量，具体数字是61828.6万元，国家累计投资金额是51671万元，利税与投资之比是119.7%。1985年上交国家税额554482.3万元，国家累计投资金额为72636.9万元。

这些数字说明，一汽作为“长子”，多出车、多挣钱、挣钱多交国家的具体贡献。这是第一个补充。

第二个补充，我用一些项目来说明一汽帮扶与我国友好的国家及国内“兄弟姐妹”的情况。

一是支援朝鲜。1957 年，一汽刚开工生产就承担了培训 96 名朝鲜实习生的任务。1962 年，一汽为支援朝鲜，建设了一个年产 33 万个气门嘴和 200 万个气门芯的生产车间，提供了 82 台设备和 408 种工艺装备以及技术资料。1972—1973 年，一汽支援 40 辆红旗 CA770 三排座轿车给朝鲜，而那两年一汽总共生产了 110 辆红旗 CA770 轿车。

二是支援古巴。1962 年，为援助古巴兴建一个生产汽车减震器和活塞环厂，一汽提供所需生产设备、工艺装备、机修工具以及公用动力设施。

三是支援阿尔巴尼亚。这个项目很大，要给他们包建一个汽车厂。1972 年，对外经济贸易部把包建任务交给一汽，一汽为此成立筹建工作领导小组和援阿办公室。一汽从图纸资料开始，绘制编写了大量技术文件，承担了提供 2412 台设备和 76 台非标设备、制造 22605 套工艺装备、派遣专家前去指导和培训实习生的任务。一汽还专门盖了一栋阿尔巴尼亚实习生楼，就在一汽 74 栋旁边。这项工作从 1972 年 9 月一直干到 1978 年，后因世界风云突变，国际关系变化而中止，当时已做到设备调试阶段，但还没竣工。

四是支援罗马尼亚。项目从 1973 年开始，一汽承担了援助罗马尼亚筹建一个大型冲模制造厂的任务。工厂生产能力为年产 1600 吨冷冲模，规模比一汽模具厂还大。一汽做了全套工作，提供了从工厂设计到制造工艺、工艺装备的全部图纸资料，派专家协助安装和调试各类设备及工艺装备的工作。

五是支援二汽。这是一汽最大的外援项目。1966 年年初，一汽工厂设计处就成立了二汽设计室，陈祖涛是设计处处长，负责二汽工厂设计。6 月，一汽根据一机部指示，把全厂所有管理干部和技术骨干分成三股，由二汽任选一股，抽调去二汽工作。此后又按工作需要，抽调了大批技术工人，向二汽支援的技术职工干部和工人达 4200 多人。

1966 年 12 月，一机部下达包建二汽 11 个专业厂和 2 个系统的任务。包建要负责到底，从工厂设计开始，直到调试投产出合格产品，工作量很大。这个过程中，一汽还给二汽培养了大量实习生，还在一汽大门前专门盖了一栋实习生楼。

在产品设计方面，一汽把自己准备换型的新车型 CA140 的图纸资料提供给二汽。

甩掉“30 年一贯制”的帽子

第三个补充。社会上一直有批评一汽的声音，说一汽产品实行“30 年一贯制”，对此我想说说。

一汽不是不努力，不是没出新产品。

第一个增加的品种是红旗。毛主席 1956 年 4 月提出要坐上我国自己生产的小汽车。1957 年 5 月，一机部给一汽下达试制轿车的任务。一汽立即开始试制工作，1958 年 4 月试制了第一辆东风牌小轿车，并在 1958 年 5 月的八大二次会议期间送到北京，让毛主席等中央领导审阅。毛主席亲自试坐了东风小轿车。

1958 年 8 月，一汽又试制出第一辆红旗牌轿车，随后又根据中央领导的指示，集中力量进行红旗轿车试制定型和批量生产工作。经过近一年努力，1959 年 9 月，一汽将一批红旗牌高级轿车送到北京，参加国庆 10 周年庆祝活动，受到广泛赞誉。

以后，又经过几年的不懈努力，一汽推出新车型红旗 CA770 三排座轿车和多种变型车，出了专供高级领导乘坐的保险车。红旗车在国家外事活动中受到好评，获得声誉，进入世界高级轿车品牌行列。

红旗轿车从 1959 年批量出车，到 1985 年，累计生产 2210 辆，有两排座、三排座的轿车，有敞篷、活动篷的检阅车，有救护车以及防弹的保险车等十余种，基本满足了中央领导人乘用和外事活动的要求。

但红旗是赔钱的，到停产时累计赔了 5000 万元，是解放牌汽车承担着红旗亏损的全部压力。

第二个增加的品种是解放 CA30 越野车。一汽从 1957 年开始设计试制越野车。1962 年 6 月，周恩来总理视察一汽时，交给我们两个任务：一是为加强国防建设，要加快生产出越野车；二是要集中力量支援农业，在东北建一个拖拉机厂。

越野车从这时候开始快速起步，一汽很快上报年产 3000 辆 CA30 型越野车的建设方案，并指定一位副厂长专门负责此项工作。1962 年 9 月，国家计委批准此方案，一汽立即开始新建越野车车间，以及配套铸钢、有色铸造等工程。

1964 年 7 月，越野车厂建成，面积 2 万平方米，有职工 800 名，拥有设备 352 台。当年生产 317 辆，超额完成国家规定的生产 300 辆的任务。后来，一汽陆续改进、提高了越野车的质量，到 1985 年年末，共生产出 8.4 万辆越野车，为国防建设提供了装备力量。

再说说老解放汽车换型和工厂改造问题。

解放是一汽牵一发而动全身的产品，要改型整个工厂都得改造。这个大项目不是一汽不想干，而是国营企业花钱得报计划，需要上面审批。“文化大革命”前，国家很困难，哪有这么多钱给一汽？所以是可望而不可即的项目。

“文化大革命”结束后，国家工作重心转移，要搞经济建设。1979 年 7 月，国家出台新政策，要将一批企业列为扩大自主权首批试点单位，一汽是其中之一。扩大自主权就是实行利润基数留成和增产留成。

有了这个政策后，一汽上报了技术改造初步设计方案。1982 年 8 月获批，一汽换型改造工作随即启动，成立产品换型指挥部，由一汽常务副厂长黄兆銮担任总指挥，副厂长胡传聿担任副总指挥，集中领导和指挥换型改造工作。到 1983 年，国家又批准一汽实行利润新增包干和折旧基金全额留成等新办法，并给了一汽低息贷款等一系列优惠政策，一汽换型改造有了强有力的资金保证，工作得以全面铺开。

1983 年 9 月，5 吨载重车解放 CA141 通过国家鉴定，在产品技术指标上达到换型的要求。

1986 年 7 月 15 日，第一批解放 CA141 下线，老解放车逐步减产，9 月 30 日在总装线上装出第 1281502 号车后，老解放停产，甩掉了“30 年一贯制”的帽子。

1987 年 7 月，一汽换型改造工程通过国家验收。从产品换型到工厂改造历时 8 年，这 8 年一汽人历经千辛万苦，使出全部智慧和力量，在不停产、不减收的条件下完成了一项大工程。

要细说这一工程，我不是合适人选。虽然这一工程最早的发起者和领导大多已去世，但有部分重要领导还健在，如李刚、耿昭杰等同志，应该请他们讲讲。

如今，一汽已大变样，口号也很响亮——产品达到国内领先，国际一流，向世界一流大企业进军。这是现任领导提出来的，很振奋人心。

作为一个垂垂老者，我希望能在有生之年看到这一荣光。

口　　述 | 刘经传

采访时间 | 2018 年 5 月 26—27 日

鲜为人知的产品规划

解放改进，解放换型，做中级轿车和高级轿车。

刘经传，曾任一汽总设计师、副总工程师。

1930 年，刘经传出生在江苏仪征，在战争年代度过颠沛流离的童年。1948 年，他不顾家人劝阻，考取清华大学电机系，后转念机械系。

1952 年，刘经传毕业，被分配到汽车工业筹备组，1953 年作为一汽“第零批实习生”被派到苏联斯大林汽车厂实习。

1954 年，刘经传回国，被分到一汽设计处。他从一名技术员干起，历任设计处副处长、处长，汽研所所长，一汽总设计师、副总工程师，解放汽车联营公司总工程师、常务董事等。

2018 年 5 月 27 日，刘经传在其长春寓所接受访谈。

战乱中的学生生涯

我父亲在南京中央大学念商科系，毕业后到上海谋生。父亲的第一份工作是在上海兰格木行，后转到永泰和烟草公司，在那里做秘书兼英语翻译。1930 年，我在江苏出生。我是家里唯一的男孩，有两个姐姐和一个妹妹。父亲英语非常好，能直接跟外国人交流，他对我影响较大。

1948 年，我参加高考，填报了三所大学：清华大学、上海交通大学和武汉大学。这三所大学都录取了我。父母不希望我去清华大学，因为新中国成立前夕，社会动荡不安，当时京沪铁路已中断，他们认为离家太远，将来联系会有问题。

但我向往清华大学，向往北方，觉得清华大学空气自由。我的一个姐姐在保险公司工作，是地下党；另一个姐姐结婚后，跟着家人去了台湾；妹妹还在上海上学。父母虽然舍不得，但我坚持要去清华大学，他们也没办法。

当时上海到北京的交通只有海运，大姐送我到黄浦江坐轮船。第一天遇到大风，船不能起航。第二天又去，登船后，经过黄海、渤海，进入天津大沽港，然后进入海河，我上岸坐火车到北京。

我考的是清华大学电机系。一段时间后，我感觉电机系功课繁重，得肺病的同学较多，便申请转到机械系。清华大学确实比较自由，有民主墙，也有社团活动。社团很活跃，基本上都由地下党组织。起初，我还能和家里保持通信，但到了 1948 年 11 月，国民党强行进入清华大学，架起三尊炮，其中一尊以我们宿舍为掩体，交通和通信就完全中断了。有几个上海同学在交通中断前回去了，我不想回去，就留在了清华大学。当时想法很简单，就想见见世面。

解放军包围北京城后，双方进行谈判。我们住在清华大学的善斋，能听到外面的枪声。炮兵撤掉后，以机械系教授钱伟长为首，组织了护校队，我也参与其中。护校队在夜里轮流巡视，围着清华园绕一圈。护校时我们在机械系的一楼打地铺。晚上起来巡逻，天气很冷，包括钱伟长在内的教授就轮流接待我们。轮到哪家接待，就煮一锅粥给我们喝，再吃些点心。钱伟长是火箭专家，每次到他家里时，他就跟我们讲火箭。那时候火箭还叫“rocket”，他就讲“rocket”怎样怎样，讲得很起劲。钱伟长还教我们材料力学，我成绩非常好，他们都说我是钱伟长的得意门生。

后来枪声渐渐小了，清华大学解放，国民党退守城内，解放军接管清华大学。我出于好奇，翻到墙外去看战场。去墙外的同学从战场上捡回好多枪支弹药，还有一箱一箱的迫击炮弹。按规定，解放军要回收这些武器，并堆放在大操场上烧掉。

解放军接管清华大学后，并未进校。护校结束后，我们就在校园里自由自在地活动。

新中国成立后，我们搬回善斋，老师已经走了不少，课也停了。校委会开始组织宣传解放军的“三大纪律、八项注意”。一段时间后，有个解放军团长带着警卫员，骑马来到清华园。同学们都很好奇，想看看解放军长什么样。

团长戴着东北大皮帽子，借机发表演讲，讲国内形势，也讲共产党的方针政策，但我当时并不完全明白讲话内容，只是觉得解放军很亲近，给我们留下了很好的印象。

有一天，我们得到消息，说中央领导要来清华大学，我们就聚集在操场上。领导来的可真不少，有叶剑英、彭真、艾思奇等。艾思奇给我们讲辩证唯物主义，讲社会发展史。陈毅也来过，他在大操场上给我们讲全国形势。

学校地下党也组织学生进城宣传，每个人手里都拿一面旗帜，给老百姓讲党的政策。我也跟着进了城，随解放军的装甲车和坦克游行，经过前门接受检阅。

教授们也都很活跃。我记得有个夏天的夜晚，哲学家冯友兰把同学们聚集到操场上，讲蟾宫折桂的故事，他实际是在讲哲学。还有机械系教授宋镜瀛、物理学家钱三强等都来讲课。钱三强讲原子能，华罗庚讲统筹法等，使我们受益匪浅。

学校恢复秩序后，彭珮云代表清华大学校委会讲话，宣布学校复课，但宣传活动还是很多，我参加了新民主主义青年团。在农村做宣传时，我被查出患有肝炎。大夫说没有好办法，只有新中国成立前留下来的一些药粉可以溶解成针剂，但都过期了，问我打不打，我同意打。当时营养品很少，天天吃白薯和红山芋。大夫叮嘱我不能吃油，所以我不敢进食堂，只能到饭店要一碗没有油的鸡蛋面条，慢慢养好身体。

我跟家里恢复了联系。上海还没解放时，大姐去了苏北解放区，她给我写过信。我把大姐寄来的信，封在我的信里寄回家。后来才知道，这样寄信很危险，新中国成立前上海对共产党防范严密，大姐原来在上海，正为将来接管上海做准备。

“你们别走了，都留下”

1951 年我念大三，开始上像内燃机这样的专业课。我成绩一直比较好，还给别人辅导功课。有个地下党被派到解放区，回来后课程跟不上，我就辅导他。

当时，中苏已经签订了 148 项援助协议，其中一项就是要建一个汽车厂，于是重工业部就成立了汽车工业筹备组。当时筹备组副组长是孟少农，他是汽车技术权威人士。他认为，汽车工业相当复杂，需要大量人才，所以筹备组的第一件事就是培养人才。

于是筹备组就提出，要从清华大学、上海交通大学、山东工学院和东北工学院等学校招人。1951 年 7 月，筹备组到这些大学里去动员大三学生，表示学校实行教育改革，可以先到筹备组实习一年，下工厂锻炼，再回来念大四。

我们被当作未来汽车工程技术人员培养，为将来建一汽做准备。我所在班级有 80 多人，其中 2/3 的同学被抽调到筹备组。我们分别被派到上海、天津、北京等地较大的工厂实习。

我被派到天津汽车制配厂（天津拖拉机厂前身）实习，这个厂有 800 人，厂长是个解放军团长，大家都叫他“李麻子”。我在这里实习了三个月，铸造、钳工、车床、机床等各个工种都学。在这期间，我认识了李刚，知道他也是清华大学毕业的，他当时是车工部主任。实习到车工组时，他教我们车床，还有工具、刀具等操作知识，还让老师傅带着我，加工一个双拐小曲轴，谁知加工到最后，曲轴中间一下就断了，这是实训。

天津汽车制配厂知道中国将来要造汽车，而且要建一个大汽车厂。这时，制配厂独立做出一款小发动机。他们认为，能做发动机就能造汽车，因此要造中国第一辆汽车。

于是，他们开始设计图纸，让钣金工按照图样敲出一个车壳子。设计图样的是吕彦斌，他后来去了一汽。他们拿来美制吉普车的底盘，配上自己做的四缸发动机，做出两辆样车，一辆是钣金工按照图样敲的，另一辆相当于小旅行车。

我在制作过程中也作了贡献，原本齿轮应该用机器加工，但当时机器质量不好，只好用手工做，但做出来的齿轮齿子肥大，我们就挨个把它锉瘦，直到检查通过。他们装出车到北京献礼，受到朱德总司令接见。

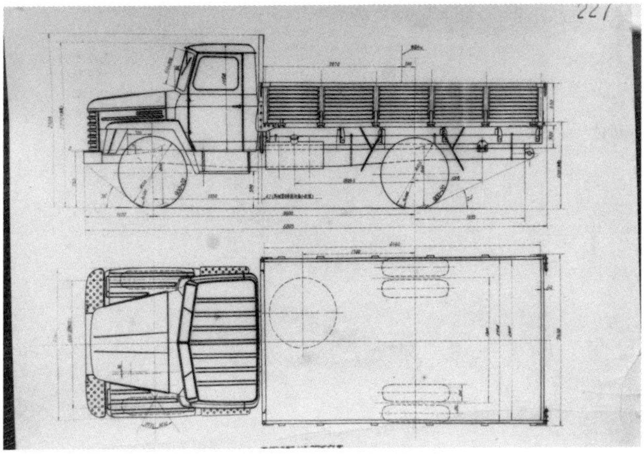

1. CA140 型 5 吨载重汽车总图
2. 刘经传在苏联实习期间（中间戴眼镜者）

这两辆车做成后引起了轰动，还在报纸上作了宣传。

三个月后，我结束了实习。

实习回来后，我被安排到南池子试验室实习。试验室隶属汽车工业筹备组，聚集着全国有名的机械业专家，实习生分别来自南开大学、上海交通大学以及山东工学院、河北工学院、沈阳工学院等，加起来有近百人。

试验室下设设计室、加工车间、精工、材料等科室，主任是吴敬业。他热情地接待我们，并勉励我们说："别看我们现在人少，也没有太多装备，你们在这里好好学习，将来汽车工业就要靠你们这批人了。"

我被分到设计室，负责人是张世英。我的主要工作是为天津汽车制配厂制图，也就是测绘苏联的嘎斯 69 越野车。这次测绘比较正规，要挨个测绘每个零件。分工时，我被分到底盘后桥组，主要负责设计后桥伞齿轮，也就是格力森这一套机器。这时，蔡传平要求加入设计组。他 1951 年毕业于上海交通大学，认为设计螺旋伞齿轮是高级技术活，他很有兴趣。张世英就让他代替了我的位置。

我被调去测绘嘎斯 69 越野车的车架大梁。当时没有人知道怎么测量，只能自己想办法。我就在试验室找到一块水磨石地，把它作为平板，拿线一点一点地吊，大梁是三维，弯弯曲曲的形状，我就根据尺寸画出大梁。

实习的最后一个项目是将汽车解体。1951 年夏天，我们 100 多名大学生被集中到位于东四北大街的北京中法大学（1950 年，其本部及数理化等院系并入北京工业学院，1988 年更名为北京理工大学）大操场上，筹备组提供了两辆车，一辆吉斯 150，一辆美国中吉普。筹备组让我们对汽车进行解体，并安排比我们高两届的学长以及开这两辆车的老师傅作为导师，让我们有不懂的地方就向他们请教。

拆变速箱里的同步器时，我还问这零件干什么用？沈同文（后来去了二汽）说，“你自己琢磨，琢磨完了再解答”。当时的教学方法就是这样的，他不告诉我，让我自己琢磨。我还真琢磨出来了，同步器是起同步作用的。沈同文说，“对了”。

我们把汽车拆完，再组装起来，大概用了一个月时间。这期间，老师傅帮着我们作调整。组装完成后，汽车一启动，还能走。拆散、组装、启动、开走，这堂课很有意义，比学校里教的汽车构造要深刻得多。最后，老师傅还教我们开中吉普车。学车的地方在老的天安门广场，正对着紫禁城的地方，当时只有大红墙，人民大会堂还没有建。我们一次学半小时，共学了八次，就从不会开车到能开着车钻杆的水平了，这同样也是实践教学法。

一年实习期结束后，我们等着回校继续念大四。这期间的一天，汽车工业筹备组的老江泽民通知我们到中法大学礼堂开会。老江泽民胳膊下经常夹着一个皮包，说一口四川话。他上来讲的第一句就是："你们别走了，都留下。"我们听得莫名其妙。他接着说："你们不回学校了，就留在筹备组。"我们当时也没觉得太震惊，只是觉得要一切听从组织安排。

后来，学校为我们颁发了毕业证书。同学们被分到洛阳轴承厂、洛阳拖拉机厂、机车厂等地。筹备组留下了七八十人，接着再分配，我和另外七人被分到教育处。

我们住在崇文门的一个四合院里，开会和吃饭都在扁担厂，交通工具是一辆中吉普。上面安排我们先学俄语，给每人发了一本清华大学的俄文速成课本，但教材没有讲发音。筹备组有个叫江朝西的老工程师，他说他懂八国语言，可以教我们俄语。其实他对俄语不太懂，发音蹩脚，文法也不通。我们就向筹备组教育处反映情况，让江朝西停止授课。后来我们就开始自学，稀里糊涂地背俄文单词，发音也不标准，读什么的都有。

1951年筹备组主任郭力宣布中央文件内容，要在长春建652厂。大家知道建厂地点后都非常兴奋。当年年底，筹备组告知我们八个人，说让我们学俄语是为了去苏联，而且我们将来都要被分到652厂。接着，筹备组开始给我们置装，每人一套西装，一套中山装，外面有羊皮呢子大衣，一个貂皮帽子，一个普通帽子，还有一副手套。

翻译苏联图纸

1952年2月，我们被派到苏联实习，一年后回到一汽，受到饶斌厂长的接待。他热情地跟我们介绍一汽情况，让我们把从苏联学到的知识传授给大家。在一汽的资料里，我们被称为最早的实习生，后来有文章说我们是“第零批实习生”。这时，一汽也已破土动工了。

我被分到设计处。设计处约有一百人，有设计科、试验室、试制车间、文件科、行政科等科室。设计科和试验室的骨干大多是从南池子试验室调过来的，如叶智、王汝湜、沈同文、蔡传平等，还有从天津调来的吕彦斌、胡同勋等，我都熟悉。

我的工作内容主要有两项。

一是给设计处的同事讲课，他们来自五湖四海，对设计处的工作并不太熟悉，我就给他们讲苏联设计处的组织结构、组织分工、工作程序以及管理工作等。我先在设计处科室讲，然后到一汽其他处室讲，再后来，也到外面其他单位和学校讲。国内的同志对苏联的了解大多来自书本，听我讲的东西感觉很新鲜。

在苏联实习时，我们都攒了些钱，准备买些东西回来。我经常到红场附近的书店买书，主要是产品设计、产品试验方面的书籍。我把这些书都带回一汽，在设计处成立了一个图书馆，朱德照把这些书全部编号，谁要借书就登记。大家都很喜欢这些书，借走后针对专业看内容。

二是翻译带回来的文件。设计处里 30 多个设计师全部投入图纸翻译的工作中。翻译这些图纸时，也遇到了大量问题：有看不懂的地方，我就给他们解释；苏联图纸上有错误的，我就按照苏联的程序，给他们写信，让他们更正。

这期间，我建立了设计处流程管理。

翻译图纸要抓紧时间，大家都工作到很晚。有时晚上累了，就在单位打地铺，或者把办公室桌子拼起来睡觉。那时我们住的绿园，是日本人留下来的一些砖瓦平房。房子里没有地板，地面潮湿，箱子放在地上会发霉，夏天还好，冬天得烧火墙。绿园离我们工作的地方很远，很荒凉，路上没有灯，远处会有野狼，有时都能听到狼嚎，大家晚上都不敢一个人走。生活虽然艰苦，但我们都专注工作，一点都不在乎。

1953 年年末，设计处搬到老“皇宫”，我们的办公室是一个小四方的带天井的地方。苏联专家专门有一间办公室，后来我们才知道，这是溥仪登基的地方。

产品设计图纸被称为绝密文件，在孟家屯时由保卫部专门站岗守卫。我们新搬的地方很偏僻，北面基本没什么人。为保卫图纸，夜里我们都出来巡逻，每两个钟头换一次人。睡觉前，我们抽签分配房间，我抽到的是婉容寝室里的小套间，有五六平方米。

1955 年，苏联专家到一汽援建。设计处来了一位专家，叫费思达（音译），他是吉斯 150 卡车的总设计师。在苏联实习时，我就跟费思达认识，也在他那里实习过。

一汽对苏联专家非常尊重，派专人负责每个专家的工作。我被指定为费思达的工作人员，相当于他的助手。别人要找他，得由我安排；向他请教的问题，我得做好记录，这些记录还要复印上报，作为正式文件存档。费思达在中国待了两年，我跟着他继续学习了两年。

破坏性试验

后来，一汽开始做解放汽车的生产准备工作。首先需要调试零件，每调试出一个零件就要检查，检查合格后再由苏联设计专家和工艺专家鉴定。我记得调试最早的成品，是由金属品车间生产的气门芯。零件调试出来后，我陪着苏联专家鉴定，检验合格后才能生产。

当时我国的技术较落后，有部分外协产品，大概占比 30%。外协产品要在中国本土购买，具体选什么配套企业，要实地考察，工作量很大。对外协产品的质量要求也很高，要符合技术条件，还要做试验，很多工厂都达不到要求。如当时刹车摩擦片做得最好的是南京的一家企业，他们是用石棉裹着铜丝，然后用树脂压成片，而我们规定汽车上要用压制成型的石棉加树脂。苏联专家很仔细，他们虽然对专业厂不甚了解，但熟悉技术，也知道配方，就让他们按要求做。

这些配件厂也很努力，听说要为中国造汽车，便全力以赴支持，按照图纸要求和苏联专家的提示做。就这样，后来真培养出一批正规的配套厂。

解放投产时，自制零件和国内配套件数量很少。1956 年生产的第一辆解放牌汽车大部分用的是苏联零件，从苏联运过来，然后生产调试，在总装线上装配，只有很小一部分是国产零件，但要说具体用了多少苏联零件，用了多少国产零件，还真讲不出来。

我们在老“皇宫”待了半年，就搬到位于东风大街的 53 栋，上面有个小角楼，是设计处办公室。我们搬到了昆仑路 96 栋居住，生活条件就好了很多，有暖气，也有热水。

刚搬回来时，工地还没完全建成，厂房也没建完，我们就到工地干活。苏联有个义务星期六，我们跟着苏联学，积极参加劳动。共青团花园和汽车工人俱乐部就是靠大家的义务劳动建成的，反映了建厂时一汽人的精神面貌。

第一辆解放牌汽车制造出来后，要由设计处道路试验室做汽车道路试验，测试汽车性能是否达到技术标准。做试验要有试验道、车道、跑道，也要有直线路段。直线路段约一公里，全加起来至少三公里长。当时没有试验条件，就在长春市南湖附近找了一条路，在土石路上做试验。做试验时，两边站着警察，不让其他汽车经过。常规试验做了很多，均达标了。

这时，不知是谁建议，说要做一次破坏性试验，看汽车能不能抗震，总厂采纳了该意见。破坏性试验不是常规试验，就选了废弃的、坑坑洼洼的西四环路中的一段。试车司机头戴坦克帽，以尽可能快的速度行驶。行驶结束后，检查有没有地方破裂，做好记录，当作之后汽车改进的依据。

我一直佩服孟少农

解放车刚投产时，孟少农就提出建议：一是把驾驶室缩短，加大载货面积；二是要做解放牌改装车或者变型车，如用解放牌底盘做公共汽车和客车。最重要的是，解放车生产出来后，要立即做牵引车和翻斗车，当时牵引车可载货 20 多吨，中国要搞建设，需要大量翻斗车。

1956 年，一汽副总工程师孟少农找设计处商量。他说，解放牌要做改装，要为翻斗车和牵引车做准备。当时改装车在社会上并不多见，且解放投产还不到一年，还需要改进。更多人想的是好好干，把产量提高。所以我一直佩服孟少农，他真是学术泰斗。在孟少农的领导下，设计处提出产品规划。其实就是一张 A4 纸，纸上有个表，列着几项任务：一是解放要做变型车，包括牵引车和翻斗车，还要做公共汽车，同时提出，解放牌要换型；二是提出要改进解放汽车，消除三大缺陷，通过做试验，造出符合中国国情的解放牌汽车，这是当时的说法；三是要做中级轿车；四是要做高级轿车。

这个规划了不起，别看只是一张纸，但一汽后来就是走的这样一条路。一汽的产品改造，改的其实就是这些内容。

针对孟少农提出的把驾驶室改短的建议，苏联专家说过一句话——解放牌驾驶室一毫米都不能缩短。因为解放牌车身靠主模型，这个主模型是模子的基础，模具制造都靠它，动一毫米，主模型就要动，装配也得跟着动。所以从技术层面上讲，苏联专家的说法是正确的。孟少农跟苏联专家商量后，还是决定缩短驾驶室，加长车厢，但这样一来，驾驶室就得重新做主模型，需要做一个全新的驾驶室。

解放准备换型总厂也知道，但没有变成一汽的总厂规划，只是设计处的设计工作规划。设计处做了油泥模型，准备根据油泥模型用红木做主模型。苏联除了提供图纸资料，还把复制的一个主模型给我们，做解放牌车身。

主模型专门存放在一个房间里。它对环境的要求很高，气温和湿度都要在一定范围内才行，修改也要按照规定程序。主模型是做汽车冲模的依据，冲出来的模型要跟主模型形状相对。但是很可惜，这个主模型一天都没用过，相当于白费。为什么没用上？外人可能不完全知道。解放牌投产时，很多零件来自苏联，但因为模具在生产过程中有磨损，做出来的汽车零件不符合原来的主模型，如果再按照这个主模型做，将来零件肯定装不上，装第一辆解放汽车时就遇到了这个问题。

做轿车与改进解放

产品规划里提到做轿车，但那时候谁敢搞轿车？想都不敢想。1957年，一机部部长黄敬到一汽考察，召开座谈会时，他就问一汽什么时候能做轿车，如果做轿车，有什么困难。

做轿车可不简单。一汽提出三个条件：一是轿车是什么样的，大家没有实际体验，对轿车知之甚少，需要有样车，而一汽一辆样车都没有；二是一汽这些技术员都是做卡车出身的，卡车刚投产，还有大量设计更改需求，目前设计处没这么多人去做轿车；三是工程大楼面积不够，设计处只有试制两辆解放牌卡车的能力，要做轿车，试制面积不够。

黄敬部长当场对这些问题做了安排。他说："样车我负责，你们看中哪款车，我负责调。至于人员和工作大楼问题，你们自己想办法解决。"

当时全国汽车方面的技术人才都集中在一汽。一汽决定，把吴敬业、刘炳南、史汝楫、富侠这四人调过来充实设计处。吴敬业为处长，刘炳南、史汝楫为副处长，陈全是总支书记。这时，解放牌卡车的生产准备和调试工作已基本结束，一汽又将车厢厂技术科科长王敬仪、总装车间技术科科长庄群等技术骨干抽调到了设计处，那些参加工作不到半年但熟悉加工工艺的大学生也被抽调出来。

办公楼问题好解决。我们在两层楼的工程大楼上增建了三楼，又想办法在试制车间外搭建了小棚子。

黄敬部长回北京后，立刻调来了美国福特 ZEPHER、法国 SIMCA、日本丰田、德国奔驰 190，还把法国送给周恩来总理的雷诺和朱德总司令的捷克斯柯达也调来设计处当样车。

一汽领导下令，轿车要按照"仿造为主、自主设计"的方针来做，在当时的条件下，我们只能仿造样车，还没有自己设计的能力。大家开始动手拆样车，接着做选型，在1958年做出了东风和红旗。

接着讲改进解放。改进解放卡车时没有主模型，就靠油泥模型做车身，再根据油泥模型手工敲零件，做出汽车形状，这就是解放CA11A。

改进型解放车设计完后，设计处从上到下开始紧锣密鼓地试制CA11A。1958年年初，CA11A试制成功。

相较于解放CA10，CA11A做了较多改进，改动了底盘上的主要零部件，如将后桥改成单级后桥，悬挂和转向都有改动。CA11A不叫换型，叫大型现代化，又称为练兵，是为解放真正改型做练兵。

1958—1959年，一汽又提出要做解放改型，在解放CA11A的基础上做了CA11B。CA11B的车头和底盘做了更多改进，原来95匹的发动机已不符合时代要求，于是又加大了发动机的马力。

接着就是“大跃进”，大炼钢铁。我在这时得了肝炎，因为怕传染，不能跟外界接触，就待在家里，直到1961年才恢复工作。

1962年，上面安排我担任军用越野车主管设计师，开始着手解放越野车的改进工作，最后定下来的车型是解放CA30A。后来一汽越野车分厂投产，CA30A成为大批装备部队的主力车型。

1964年“四清”结束后，我由设计处科长提为设计处副处长，主要领导解放换代产品的开发以及制造解放变型车的工作。

解放新产品做得也不少，如响应毛主席的号召，做了60吨矿用自卸车，用来开发矿业。解放还做过面包车CA630，做过吉普车CA240。

解放CA140做了又否，否了又做。因为没投资，生产也没条件。这些工作就一轮一轮地做，反反复复地做，其实都是做虚功，解放也一直没换型。二汽东风140投产后，解放越来越落后。东风140原型车就是解放CA140，他们拿去后做了改进，在市场上卖得很火。

1966年“文革”一来，换型工作全都被迫中止。“文革”中我被批斗，一汽拿我当不突出政治的典型，叫技术第一资产阶级走资派。

要有市场竞争意识

1969 年，我被下放到车间劳动，1971 年回到设计处。有一天我接到通知说，有个出国任务要我准备一下，去英国。我非常好奇出国去干什么，“文革”期间哪有出国的？

这次出国是一机部组织的，由刘守华带队，一同出国的还有孟少农、冯克和中国重汽的人，我们组成了一个较大的访问团。当时出国前都要进行政治学习，代表团集中在汽车局学政治，学完后还要讨论，我就偷偷学英语，结果出国后还真派上了用场。我们在英国收集了好多卡车资料，为解放换型做准备。

后来听一位国家领导人说：“解放一直不换型……一汽也不争气。”一汽其实挺冤枉的。我们做过很多换型准备，也对很多地方做了改进，如从 CA140 改为 CA15，加大发动机马力，载重吨位从 4 吨改为 5 吨……设计处大概做了一千多项改进建议，但还是赶不上东风。

日本有一个代表团到一汽参观。参观后，刘守华和李刚请他们评价一汽生产。他们不说好，也不说不好，没有评价。后来，他们说，“你们到日本去看看”。

1978 年，约 20 个各单位主要负责人组成代表团去日本考察，由刘守华和李刚带队。我是设计处代表。在去北京的火车上，刘守华对我说，汽车局批准我任一汽总设计师。因此，到日本考察，我是以一汽总设计师的身份去的，同时也是设计处处长。

我们在日本考察了半年，参观了几个大公司，感觉差距确实很大。日本汽车的质量已经提升了很多。一汽刚投产时，曾在北京办过一次汽车展览会，日本三菱公司也来参展。说实在话，当时解放牌汽车跟日本车相比，不是太落后。但这次去日本一看，他们汽车的质量提高不少，解放车已经和人家不在一个档次上了，也更加凸显解放换型的紧迫性。

在日本考察的这半年，我一直在寻找双方差距。从产品设计方面找不到答案，就从技术方面找，我收集了很多设计资料和试验室资料。我记得去丰田公司考察时，他们不愿意我们参观他们的设计部门，对我们严格保密，我们做了大量疏通工作才进去。

后来解放换型，有些技术方面的改进也参考了日本的汽车。

一是车身设计。日野汽车的车头可以翻开，便于保养，我认为解放换型可以借鉴。

二是发动机。日本的车都用柴油机，而国内的车用的是汽油机。考察前，设计处就确定目标，要参照用柴油机的车型，结果看中了三菱6D14，它在功率、尺寸各方面都符合解放换型车，所以我们当场就确定要把这套技术移植过来。

三是离合器。确定用英国的离合器。

这些设备都是准备在解放CA140（后来变成CA141项目）换型时使用。

有一天，我突然开窍，觉得设计有差距的根本原因不在于技术，而在于体制。当时，日本是市场经济，我们还是计划经济，国家统收统支，企业拿不到钱，利润留存太少，无法自行进行产品研发。而且国家统购统销，一汽不管销售，也没有市场概念。一汽和解放的落后，跟这些因素都有关。

我记得日本社长给我们作报告时就说："市场竞争非常激烈，产品必须不断改进，不断换型，才能活下去。"然后他问刘守华："你们中国怎么样？"

刘守华说："我们没问题。"

日本社长说：“我实在羡慕中国，在中国当社长不用愁，你们有铁饭碗，没有市场。”

回一汽后，领导让我们在全厂作报告。我就讲，解放不换型的主要原因是没有市场经济，没有市场竞争，计划经济的统购包销、统收统支的政策使换型既没有必要，也没有可能。当时中国还没有市场经济概念，但已有市场经济苗头。

唯一的遗憾

后来，我跟刘守华建议。我说，日本设计机构机制跟我们完全不同，它叫主查制，没有总设计师，也没有设计处，总厂给每个进入市场的汽车品牌设定一位主查，就管车型，总厂设主查室。打个比方，解放牌汽车设定一个解放主查，主要负责了解市场对解放的需求，根据销售部门反馈回来的市场改进意见来进行产品改进和换型。

主查一旦经董事会通过后，就代表总厂管理各项生产事务，包括什么时候出产品、什么时候完成改进项目、什么时候进行换型、换型用什么技术，都要在规划表里提前进行统筹，这是以市场为目标。我主张在解放牌换型时推行主查制，这件事情我建议了很多次，都没成功。

一汽一直想摘掉“30 年一贯制”的帽子。在李刚担任厂长期间，由他带队到北京各部委去游说，希望上面支持解放牌换型。我们说，不花国家的钱，就用一汽节省下来的 7000 万元作为换型资金，即使这样也没能得到上面领导的同意。国家当时要支持二汽建设，不同意一汽换型。

有一次，我们到中南海向薄一波作汇报，他当时是国家经济委员会主任。我们在北京待了 78 天，我画好解放 CA141 的结构图后，在旅馆里做好幻灯片，准备在汇报当天放映。当时国内幻灯机不多，我们用的是日本送给中国代表团的礼物。

结果汇报当天，幻灯机接头和中南海会议室用的接头对不上。我急中生智，用解放公司的纪念品——螺丝刀，把幻灯机接头拆下来，换上能插进去的接头。结果刚换完，薄一波就出现了。我们给他作完汇报后，他同意我们用一汽积累的资金换型。

耿昭杰接班后，一汽用这笔钱，再加上国家拨款，开始做解放换型。大年初一，耿昭杰带着大家在一号门开万人动员大会，说一汽要背水一战，破釜沉舟，搞解放牌换型。这次会议当时很有名，是一汽第二次创业的标志。

解放 CA141 投产后，出现了很多质量问题，特别是发动机问题。配套产品也有很多问题，我分管配套工作，为稳定质量做了大量攻关工作。

1985 年，我 65 岁，从一汽退休。我这一辈子都在做解放，对解放很有感情，但最后就留下一个遗憾，就是前面我提到的产品机制，应该学日本推行主查制。

一汽换型时，全厂就一个产品，确实不太需要主查。但后来实行多品种生产，就应该推行主查制，把市场跟生产、产品连成一条线，效率才会高。这个事我推了很多年，从总厂领导是刘守华时就开始了，直到我退休后，每年跟集团领导见面，我还会提这个建议，但都没有实行，非常遗憾。直到 38 年后，一汽才推行这种方式，但也推行得不够彻底。

展望一汽的发展之路，应当将一汽精神发扬光大。总结一汽精神，我认为有以下几条：一是誓夺第一，勇创新业；二是群情激昂，艰苦奋战；三是博采众长，自主发展；四是科技领先，勤奋学习。

口　　述 | 韩玉麟
采访时间 | 2018年6月29日

风华正茂的一汽岁月

提前毕业，支持东北重工业基地建设。

韩玉麟，曾任一汽副厂长兼总工程师，解放联营公司董事长。

1929 年，韩玉麟出生在上海，家里有兄弟姐妹 11 人，他排行老大。

1946 年，他考取上海交通大学，先就读于水利系，后转到机械系。

1950 年 5 月，为响应国家号召，他从上海交通大学提前毕业，到东北参加重工业基地建设。他先被分到沈阳机械二厂，1953 年调到一汽，这一干就是 40 多年，在此期间历任一汽技术检查处技术科科长、总调度室科长、生产处处长。

1982 年，韩玉麟被提为一汽副厂长兼总工程师，先后分管生产处、机动处、工艺处、汽车研究所等部门的工作。1985 年，他担任解放联营公司董事长。1989 年，他开始参与一汽－大众建设。1991 年，一汽－大众合资工作办公室成立，他负责具体事务。1996 年，一汽－大众建成，他正式退休。

2018 年 6 月 29 日，韩玉麟在一汽咨询委员会办公室接受访谈。

游行、罢课中的大学生活

1929 年，我出生在上海，家里有兄弟姐妹 11 人，我排行老大。我在上海圣芳济中学念了八年书，从小学四年级一直念到高中毕业。1946 年高考时，我报考了四所学校，其中有国立的上海交通大学和私立的大同大学。

那时上海交通大学发榜较晚，因此，我到先发榜的大同大学上了一个月后，才转到上海交通大学，念了水利专业。两年后，内战爆发，不可能有大的水利建设工程。因此，我随多名同学一起转到机械系，改学机械制造专业。

大学期间，能静下来学习的时间并不多，经常是在游行、罢课和停课中度过。1949 年 5 月，国民党教育部准备停办上海交通大学的两个系，我们为此罢课，还准备到国民党政府所在地南京请愿。

结果到了上海火车站，国民党不让我们上火车。学校有几个学机车的同学会开火车，他们先跟铁路局联系好，让同学去站台把火车开出来，但火车刚出上海郊区，国民党就把铁路轨道拆掉了，我们无法前进。通过交涉，国民党政府答应了请愿，我们回到学校。

我们本来应该在 1950 年 7 月毕业，那时候还没有实行统一分配，工作得自己找。我参加了上海好几个工厂的考试。但到了 5 月，国家号召大学生支持东北重工业基地建设，东北招聘团到学校招人。我是共青团员，有满腔革命热情，就积极响应，决定去东北。我所在的机械系制造组去了七人，其中四人是从水利系转到机械系的。

上海各个大学的毕业生共一千多人坐专列北上，上海交通大学校长吴有训到火车站为我们送行。火车行驶得很慢，先到天津，再换车去沈阳。当时长江还没有建大桥，得坐摆渡船过江。我们在路上走了好几天，于5月中旬到达沈阳。

我们七人都被分到东北机械工业局，其中五人被分到工厂，两人留在机械局。我被分到机械二厂，也就是现在的沈阳重型机器厂。这是中国第一个重型机器厂，后来又建了两个重型机器厂，分别是位于齐齐哈尔的一重（中国第一重型机械集团公司）和位于德阳的二重（中国第二重型机械集团公司）。

机械二厂位于铁西郊区。工厂没有宿舍，我们就住在老乡家。我和一个南方大学生合住一间土房。东北一般都烧炕，我以前没见过炕，也没住过炕，这是平生第一次。做饭分大灶、中灶和小灶三种。大灶是做给一般职工吃的，基本上是高粱米，苞米很少。中灶稍好些，小灶是做给领导干部吃的。为照顾南方人，领导让我们吃中灶的饭菜，稍微有些细粮。

我们基本以厂为家，每天一大早去工厂，晚上九点后才回宿舍，工作、学习都在工厂。

刚到机械二厂时，我在计划科效能统计股，不久被调到制造科工具股，后来又被调到设计处设计股。设计股一部分人做产品设计，另一部分人做基建设计。我在产品设计股，主要做矿山机械设计，一年后被提为股长。股里有几十个人，基本都是年轻人。

苏联实习生

1953年，厂人事部领导告诉我，要调我去652厂（一汽的前称）。一起去的还有其他四人，包括管铸造的车间主任和三个工人（分别是锻造工、机械工和冶炼工）。我们五人中，只有我还在世。

我们从沈阳坐火车去长春。到一汽报到后，我们先被安排到俄文班学习俄语，为去苏联斯大林汽车厂实习做准备。我被分到五班，班里基本都是1953年毕业的大学生，我被指定为班长。

我有俄文基础。念大学时，我就曾学过俄语，后来到沈阳，又读过俄语培训班。我在俄文班学了四个月，1954年4月作为第二批实习生去苏联。我们出发前，一汽副厂长孟少农作动员报告，我们才知道要去苏联学什么专业。

我们到了斯大林汽车厂，当时这个厂生产吉斯150载重车，年产规模12万辆。我被安排到底盘车间检查科实习。在底盘车间实习的是个配套班子，包括实习车间主任宋玉麟、实习机械科长胡传聿、实习调度科长顾学进，还有实习工部主任、实习工艺员和实习调整工等。

我实习的是检查科长，导师是尼古拉兴，是一位年近60岁的老同志，他经验丰富，很有声望。在斯大林汽车厂，检查科长都是既有声望又有较多生产实践经验的人，再加上检查科直接受厂技术检查处领导。因此，车间检查科长威信很高，连车间主任都要让他三分。

在实习中，导师不止一次跟我说，在生产中，技术检查工作者不是消极被动的废品挑选者，而是积极主动的质量提高者。因此，一定要熟悉生产过程和影响质量的因素，走到机床旁边去观察分析，进行预防性质量检查，而不是简单地卡住不放，要共同研究、解决问题。导师还强调，在生产中只顾数量的现象也常有，作为技术检查工作者必须坚持原则，进行斗争。

在这个过程中，我真切地感受到了苏联对我们的无私帮助，斯大林汽车厂甚至连一些保密文件都对我们开放。

除了实习，斯大林汽车厂还为我们安排了许多活动，比如带我们参观克里姆林宫、大剧院和一些博物馆及展览馆等。我们还参加了“十月革命”节游行、参加了《中苏友好同盟互助条约》签订纪念日庆祝晚会等。

实习期间，我和宋玉麟接触较多。他比我大十多岁，老工人出身，熟悉机械加工，生产实践经验丰富，但说俄语有困难。我对生产知道得不多，但有俄语基础。我俩就在学习和生活上互相帮助。一旦发现质量问题，导师就请宋玉麟一起分析，他总能头头是道地讲出原因，而且认为多数情况下都是人为因素造成的。导师曾半开玩笑地说：“你们两位‘玉麟’要好好商量，免得回去像我们这里的车间主任和检查科长那样老吵架。”

实际上，回国后，我们在底盘车间工作时配合得很好。宋玉麟对质量十分重视，经常召开质量会议，几乎每周都要和我一起到出现质量问题的工位进行分析，操作工、工长和相关人员都要参加，要讲清为什么会出废次品，今后要采取什么措施避免。

“三上两下”

1955 年 4 月，我从苏联结束实习回国，被分到底盘厂检查科当科长。从那时起到 1966 年，我一直在做质量管理工作。

一汽从 1956 年开始出汽车，大家严格按照苏联专家的意见办。1958 年，“大跃进”时期，一汽搞班产 250 辆。应该讲，当时的一汽厂长饶斌同志看得很远，但有些超前。一汽最初设计的是班产 50 辆，翻一番后班产达到 100 辆，已经很不简单了，何况这 100 辆，还要通过把设备添平补齐，再加上一些投资，才能达到。

饶斌曾在底盘车间蹲点，车间的转向器小组一天能产 250 个，他就在全厂推广转向器小组的做法。

产量一下上得太快，质量肯定会下降。以前精工细做保证质量，现在为加快速度难免粗制滥造，做出来的产品能好吗？1959 年反右倾，把孟少农也反了。孟少农是大学教授，他讲了对于这个做法的看法，讲得很有道理。他说得按照工艺规程和工艺要求做，不能随便改，要按照科学办事。他因此被批为“印书论”。同样挨批的，还有沈曾华和李龙天等人。

解放车的质量问题越来越多，1960 年尤为突出。因此厂里决定，由孟少农带队走访用户，质量检查处工长王泽山同行。回来后，他们在一汽俱乐部开会作报告，王泽山介绍情况。他说，“用户反映，解放牌汽车什么地方都响，变速箱、发动机、后桥都响，就是喇叭不响”。

实际上在每次运动中，质量部门往往是首先被批的对象。一汽的质量检查部门经过“三上两下”。每次运动都把检查部门下放，整顿后上来，下一次运动又下去，再整顿又上来。

第一次是“大跃进”时，检查科被下放到车间，由工部主任管。结果检查出质量问题后，工部主任不同意改。有些部门还撤销检查科，取消检查员。1964 年整顿后，这些人重新组合起来，归检查处管。这期间，底盘厂、发动机、总装配等车间合并，成立载重车分厂。仅一年后，载重车分厂就解体，我回到底盘厂检查科。当时检查科由底盘厂领导，书记是一位老干部，原来是上海的纺织女工，她让我分管党务工作。1962 年，我被调到检查处技术科当科长，检查处处长是宋玉麟。

第二次是 1966 年，一汽取消了质量部门，我被调到生产处当值班主任。当时有三个值班主任，生产处跟以前的质量处正好是对立面。“文革”期间抓生产很困难，生产处为安全起见，在办公室门外楼梯处装了一个铁门，有人就说我们是在“笼子里办公”。当时一汽领导都被批斗，刘守华、沈曾华就经常躲到我们这里来，这样造反派就抓不到他们。

在这段时间里，一汽产品的质量一塌糊涂。比如从总装配线上下来的汽车，后轮本来应该装两个轮胎，却只装了一个。汽油箱供不上，空气压缩机没有，这些就不装，先把车从总装线上拖下来，以后再补。为了当天任务当天完成，最多时一辆车缺了八九种零件。

因此，20 世纪 70 年代，一汽第二次搞质量整顿，恢复质量部门，集中管理，我被调到质量组。“文革”结束后，我被调回检查处当处长，刚干了两年，就被提为一汽副厂长。

第三次质量改革是 1998 年的集团大改革，一汽没有设质量管理部，便把质量管理职能放到生产部里，成立生产协调部。直到 2007 年，一汽才重新成立质量管理部。

“30 年一贯制”是有原因的

社会上老有人抱怨解放卡车实行“30 年一贯制”，这是有原因的。1956 年 7 月，一汽出了第一批车，其中有 10 辆开到吉林省委报捷，当时我也坐在卡车上，路上围着很多人。不管怎样，这是中国的第一批车。从 1956 年到 1958 年，解放卡车产量并不大，因为我们没有车架。1958 年，中苏关系破裂，对方不再提供零部件，当年一汽只生产了 1000 多辆解放牌汽车。

1962 年，一汽开始做解放牌换代产品 CA140。1964 年推出了第一辆样车，接着开始试制，对发动机和样车都做了相应的试验。“文化大革命”开始后，这项工作就停止了。

当时二汽已经成立，一汽要包建。二汽最初做 2 吨军用越野车和 3.5 吨民用载货车，后来确定把 3.5 吨提高到 5 吨。产品方案发生重大改动，重新设计肯定来不及，怎么办？一机部明确要求二汽产品要保持 CA140 的主要特点，性能指标绝不能低于 CA140。这样，一汽就把换代产品 CA140 的设计成果无偿地拿给了二汽。

CA140 是 5 吨型车，在 CA10 基础上做了很多改进，比如把双级桥改成单级桥，采用等缸心距发动机和翻转驾驶室。一汽当时面临的最大问题是，设计了换型车，但没钱投资。

现在来看，换型这笔钱只是小钱，但在国家统购统销的计划经济年代，一汽没有自主权，产品价格由国家定，没钱去发展。我记得一机部部长周子健在一汽俱乐部大会上讲过，“要钱我没有，要命有一条”。

为此，时任一汽党委书记的徐元存去为一汽争取权利，希望上面能给一汽一些自主权，每年能让一汽自购自销一部分车，自销价格高于市场价格，一汽才能用挣来的钱发展企业。但中汽公司不同意，资金问题一直难以解决。

直到 1983 年，一汽才将解放牌换型车定为 CA141。结果换型投产后，又碰到质量问题，这方面我们有深刻教训。有一阵子，坐在飞机上都能看到地面一片全是蓝色的解放牌卡车，卖不出去，都积压在机场。

问题主要出在发动机上。解放 CA141 的发动机是不等距的，马力增加后，由于没钱投资，仍在原来的老生产线上生产。二汽的新品比我们先出来，按理说，我们应该后来居上。可惜当时就想着跟二汽竞争，要赶紧做新车，否则老解放更卖不动。

这种心情可以理解。也因此，在发动机试验还没做到位时，我们就将 CA141 推了出去。后来不断修改，虽然最后改得不错，但也耽误了时间。不过，CA141 也有先进的地方，比如从日本日野汽车引进的变速箱就很不错。当时流行的一种说法是，变速箱一汽比二汽好，发动机二汽比一汽好。

对一汽的两点感悟

谈谈对一汽的感受。

一是一汽的学习风气。在纪念饶斌同志百年诞辰座谈会和郭力同志百年诞辰座谈会上，我两次发言都提到了学习。刚到一汽工作，就好像进入一所大学校。这里学习风气浓厚，全厂从上到下，从干部到工人，都在学习，学文化、学技术、学政治，也学外语。厂内办有各种不同层次的学习班，老干部、青年，技术人员、工人都可参加，技术人员还可以与工人互订师徒合同，共同提高。我过去学的是机械制造，对汽车结构不熟悉，就参加了汽车构造学习班。

许多老干部通过学习，成为熟悉业务的领导。我印象最深的有两人，一个是沈曾华，一个是王少林。王少林当时是技术检查处处长，1959 年被提为一汽副厂长。他没上过大学，几乎全靠自学。我们两家住得很近，他因为工作太忙，白天不能参加学习班，晚上他就让我到他家，给他补习数学和物理。他 1968 年去世，年仅 45 岁。

沈曾华是主管生产的一汽副厂长。他当过模具车间主任、车身厂厂长，是中国模具协会创办人之一。2005 年，83 岁的他为了振兴民族工业，将拍卖珍藏了 63 年的“稿”字新闻专用邮票四方联所得的 200 万元全部捐赠给一汽，作为自主创新奖励基金。

一汽确实是个学习型企业。对外我们主要学习苏联技术，后来也学习日本、德国、美国经验，使一汽能跟上世界汽车发展步伐。这种为汽车工业发展而艰苦学习、持续学习的优良作风，为一汽“出汽车、出人才、出经验”提供了保证。

二是一汽能三年建成，我认为主要有两大原因。

第一，党和国家高度重视，调动全国资源支援。一汽管理干部来自五湖四海，我是从沈阳来的，还有从北京等地过来的大学生。一汽还从上海调来一批老知识分子，这很不简单，上海生活条件好、工资高、生活舒适，他们为建设汽车工业来到一汽。还有从国外回来的老知识分子，如支德瑜、陆孝宽等。

第二，苏联的无私帮助。苏联是全心全意地帮助一汽，这跟后来的一汽－大众项目不一样，后者是商业行为。

其一，一汽原计划派 600 个实习生到苏联，实际派出 518 个人，分 9 批，其中包括后来的国家领导人江泽民同志和李岚清同志。当时是成建制派出对口实习，从厂长到车间主任，从生产调度到供应，从设计到工艺，非常全面。只有两方面没有涉及，一是人事，苏联的人事制度和工资制度跟我们不一样；二是销售，苏联是统一分配。

这 500 多人后来都成了一汽的骨干。一汽是中国汽车工业的摇篮，不但要出技术，还要出人才、出经验，全国大大小小的汽车厂几乎都有一汽人。所以我们建的不是一个汽车厂，而是中国汽车工业的基础。

其二，从厂址选择到工厂、工艺设计，都是苏联协助。

其三，所有工艺装置和工艺设备都是苏联给我们订货。比如 3000 吨大压床，就是苏联专门帮我们制造的，他们考虑得很周到，担心我们看不懂，因此设备上面都有中文标识。

其四，组织斯大林汽车厂各方面专家为我们编写组织设计，共涉及 62 个分厂。我们实习时就学习生产组织怎么运行，以及生产汽车的流程，否则就得摸着石头过河。

其五，苏联派 200 多位汽车专家到一汽指导，这些专家大部分都是我们在苏联实习时的导师。比如他们派来的检查处处长，就是王少林在苏联实习时的导师，他俩就配合得很好。这些实习情况在《风华正茂的岁月》一书里都有概括。2003 年，一汽建厂 50 周年之际，我们组织编辑了这本书，我和冯云翔是主编。

口　　述 | 秦懋荣

采访时间 | 2018年6月28日

紧密联营锡柴厂

一汽紧密联合无锡柴油机厂，就像一场马拉松。

秦懋荣，原一汽副厂长。

1930 年，秦懋荣出生在江苏无锡，1950 年考取山东工学院汽车工程系，因国家建设需要人才，1953 年提前一年毕业，被分配到一汽。

此后 30 年，他在一汽底盘分厂工作，历任技术员、工程师、技术科科长、副厂长、厂长。建厂初期，他参与国外资料翻译、到货设备检查、设备安装调试等生产准备工作。担任底盘分厂副厂长后，他主抓 6 万辆扩散工程技术改造。

1963 年，他着力整顿底盘分厂，使其成为改进产品质量的先进单位，被技术科评为全厂整顿质量最好的模范红旗先进科室。

1982 年，秦懋荣调任一汽副厂长，先后主管销售、生产供应、运输、联营等工作。1984 年，他担任解放汽车联营公司副经理、常务董事。这期间，他在大连柴油机厂和无锡柴油机厂与一汽实行紧密联营过程中立下汗马功劳，还为解决成品汽车发运问题起到很大作用。

2018 年 6 月 28 日，秦懋荣在一汽咨询委办公室接受访谈。

拿饭票当通行证

1930年，我出生在无锡。我们家有八个孩子，生活清贫，母亲做刺绣，每天忙到晚上十一二点，每周能挣四五块钱，父亲挣得更少。

初中毕业时，家里本想让我当学徒工，但我年龄太小，文化程度也低。当时学徒工至少要高中生，进入银行的练习生还要大学毕业。父亲决定让我继续念书，由二哥负责培养我。我每月生活费只有五块，因此，从小学到大学，我几乎没买过新书包，也没买过笔，钢笔都是别人送的。

我喜欢评弹，《杨家将》《岳飞传》《三打白骨精》等大书、小书都听。一般是放学后去听，听完后回家做作业。我从小学习就很用功，成绩一直名列前茅。我在家附近念完四年级就转到了无锡辅仁小学，毕业后考上无锡市立中学，在这里一直念到高中毕业。

高考时，我同时考取了上海交通大学电信系、上海纺织大学和山东工业大学，上海两所学校都很有名，但我家负担不起，所以我选择了山东工业大学汽车工程系，在这念书可以向学校申请免学费。

这所学校历史悠久。我所在的汽车工程系有40名学生，有些同学后来去参军了，只剩下35人。我是生活班长，班里同学的吃喝拉撒睡全要管。我在学校刻苦学习，成绩保持在前几名。我也热爱劳动，不怕苦、不怕累，一年如一日地打扫教室卫生，保证上课时教室干干净净。

大学学制是四年，但因国家建设需要人才，我们1953年这一届学生都要提前一年毕业，学校就把四年课程压缩到三年，课程不变，教材不变，加大上课强度，由原来一天三堂课增加到四堂课。

1953年8月毕业分配，我们被分到毛泽东汽车厂。大家都很高兴，坐火车去报到，但都不知道究竟要去哪里。在火车上一看，才发现这不是大沙漠吗？原来辽宁发大水，我们绕道走白城，最后到达长春火车站。

中国人民解放军建筑第五师在长春下车后开赴一汽建筑工地

到了长春后，我们被安排住在火车站旁边的招待所里，第二天听说汽车厂开工生产，我们都按捺不住要去参观，结果被告知汽车厂现在不叫毛泽东汽车厂，叫652厂（一汽）。汽车厂才挖了第一锹土，其他什么都没有。

从招待所坐电车去652厂，看到的不是坟堆就是荒地，工厂外面围着一圈铁丝网，没有围墙，但有解放军站岗。到入口处，我们都被拦住，没有证件不让进去。我急中生智，掏出一张饭票，上面印着“652食堂”的字样，凭着它当通行证才被放行。

汽车厂到处都是空地，工地上全是翻斗车和挖土机，还有穿着军服的部队士兵。后来我们才知道这是解放军建筑第五师，他们是一汽建厂的主力军。厂领导号召我们要学习建筑第五师的战士们与天斗、与时间斗、争分夺秒的精神，大干、苦干三年。

刚到652厂时，我们看到652厂开工奠基的报道，读到林枫、黄敬、饶斌等领导同志的发言，激动万分。饶斌厂长给新毕业的大学生开动员会，说“一汽的重任是出汽车、出人才、出经验”，让我们做到学习好、工作好、生活好。他还要求技术人员和干部多参加劳动，到群众中去受教育，参加实践充实自己，工人要多参加民主管理。

说实在话，我虽然学的是汽车专业，但当时什么都不懂，在校时就只见过日军战败留下来的金刚牌汽车，大学主要学发动机和机械制造，但离造汽车还差很远。

饶斌厂长的批评

一汽所有资料都是俄文，我们不懂俄文，一切得从头学起。我被分到底盘筹备组，第一件事就是学一个月的俄文。每个人口袋里都揣着小条，正面中文，反面俄文，走到哪里就学到哪里，路上看，电车上看，吃饭排队时看，走路时看，人人如此。

苏联设备陆续运到，我们开箱检查，缺什么就让苏联赶快补。但补起来很不容易，苏联得重新做设备，再运到中国，至少得半年。开箱检查合格后，我们再将设备的附件清单从俄文翻译成中文。

那时候真苦。冬天零下 30 摄氏度左右，我们里边穿着厚毛衣，外边套着工装，钻进设备里检查。检查后填一号表、二号表，填完后赶紧翻译说明书，白天干不完就晚上加班。即使不加班，下班后也要上专业课补习班。我上过俄文高级班，但现在还要提高英语水平。

苦中也有乐。我们两手空空而来，最终把国外技术变成了自己的，而且还教会了别人。教会了罗马尼亚，教会了朝鲜，教会了二汽，教会了洛阳拖拉机厂，还教会了从全国各地来到一汽的实习生。

我也受益匪浅。一汽建设初期，我是个什么都不懂的学生。等到一汽生产时，我已经可以给工人师傅当老师了，讲机床构造、液压原理、操作规程，以及各种刀、量、辅具和夹具等。十多年来，我边学习，边给工人讲课当老师。我后来还到山东工业大学、吉林工业大学当兼职教授。

从 1953 年到 1982 年，我在底盘车间（后成为底盘分厂）共干了 30 年。底盘车间重视改进创新，各班组群众运动很活跃。当时的党委书记王黎山根据总厂要求，要每个车间抓好报道，在一汽厂报《汽车工人报》上要“天天有消息，周周有先进人物事迹报道，月月有先进单位经验总结”。1957 年后，底盘车间成为一汽不断改革求发展的单位之一。

1958 年，饶斌厂长到底盘车间转向器工部参加劳动，党委书记赵明新到后桥工部蹲点。底盘车间号召全体技术员、机械员、动力员和干部都参加劳动，最早是三人顶班一台机床，后来变成两人顶班，省出了一名工人。

一个多月后，在干部、工人的努力下，转向器工部实现“班产 250

辆份”。这一举措在全厂得到推广，成为挖潜力、提高生产能力的活动。饶斌厂长以身作则，认真劳动，和工人一样准点上班，令我印象深刻。

饶斌厂长善于发掘群众中勇于革新、创新、开阔路子的典型。以底盘车间为例，这里聚集了大批青年才俊，如青年技术员李龙天，他是“一五”计划期间的全国劳模；百台次无事故的倡议者之一刘耀宗；后方服务典型方顺龙；细长杆能手张国良；一机床“三模范”——董桂清、王桂霞、郑坤；万件无废品的王桂香；多年不出事故的姜丽，以及全厂先进典型王继义、温恒德、沈惠敏、胡年荣等模范标兵。

另一件令我印象深刻的事是1956年7月12日，饶斌厂长带队来看第一辆解放牌汽车生产前的准备情况。检查到底盘车间时，各项工作都准备得很到位，大家热情也很高，但现场秩序很差，自制、土制的工位器具随处可见，更衣箱、工具箱、工作台更是五花八门，有木质的，也有铁质的。

饶斌厂长非常严肃地批评了底盘车间领导。他说：“我们要做到现场干净整齐，要在文明有序的生产环境中，生产出质量最好的解放牌汽车。我非常不喜欢你们这种杂乱无序的生产环境。”

各班组立即行动，把不合格的箱子、柜子、更衣箱数百件物件全挪到车间南门外，晚上总厂组织运输部门把这些物品拉到废品处理站。第二天，工人们看到厂房大变样，现场井然有序。

饶斌厂长那天说的话像烙印一样刻在我心里。在此后的工作中，我力求做到文明生产、现场有序、管理科学。

大柴厂与锡柴厂

我着重讲讲无锡柴油机厂加入一汽的过程。

1982年，我担任一汽销售副厂长，汽研所已设计好解放CA141柴油发动机图纸。一汽要为柴油发动机布点，准备选用几家具备制造柴油发动机能力的工厂进行试制，有大连柴油机厂（以下简称“大柴厂”）、长春636厂、长沙柴油机厂、潍坊柴油机厂和无锡柴油机厂（以下简称“锡柴厂”）五家工厂入围。

我和一汽副厂长胡传聿、汽研所协作配套处总师室经过讨论，决定从这五家中挑选生产条件较好、技术基础较强的工厂。接着由胡伟聿和尹士君带队，到除了潍坊柴油机厂的四个工厂考察，并和他们商定，如果有和一汽合作的意向，就要根据CA6110图纸进行柴油发动机的组织生产准备，一年内交出试制好的柴油发动机，供一汽装车试用。

结果一年后，交出柴油发动机的只有大柴厂和锡柴厂。一汽汽研所将这两家生产的柴油机分别拿到总装配上装车，下线后再去跑车做试验，发现这两家生产的发动机都能运转跑车。但当试验跑车到100公里后，大柴厂的机器不稳定，声音较大。锡柴厂的机器噪声不大，但动力性差，牵引力不足。

打开柴油机进行检查，发现油底壳内的润滑油变成了牛奶状液体。这是因为柴油机油道和冷却水道相通，冷却水因铸造质量不好窜入油底壳内，生成了乳状液体，导致发动机不能工作。

随后，我们对挑选好的发动机进行试验，情况有所好转，但合格率较低，原因是浇注过程出现了问题，没有使用金属模和压铸机。大柴厂和锡柴厂分别派人到一汽了解情况，回去后进行改进。

当时的市场情况是，柴油发动机具有马力大、省油、油费低的特点，用户都盼望早日买到柴油汽车。布点大柴厂和锡柴厂后，一汽也希望早些出机装车。

1983年，大柴厂、锡柴厂分别送来样机装车试验。经跑车试验后，发现锡柴厂的发动机比大柴厂的稍好，性能更稳定。因此，一汽希望多配一些锡柴厂的发动机，以满足市场需求。但锡柴厂增速很慢，远水解不了近渴，无奈之下一汽只能等待。

大柴厂和锡柴厂都是靠积累资金改进设备和工艺流程，缺少资金就没有推动力。大柴厂比锡柴厂行动快，自筹资金一千多万元用于生产。这样，经过多次考察，一汽决定支持大柴厂做大做强，建立柴油机生产基地。1986 年 9 月 13 日，大柴厂成为一汽紧密联营企业，到 1989 年时就生产柴油机 10500 台。

锡柴厂因为缺少资金，有些力不从心，进展迟缓。一汽经常派人去督促，由于各种原因，生产柴油机始终像老牛拉车。这时锡柴厂获得一次机遇。1986 年，国际某机构在中国招标柴油卡车，竞标非常激烈。当时有法国、日本和中国其他商用车企业参与竞争，最后一汽和锡柴厂高票中标，获得生产 315 辆柴油卡车的标的，一汽首次获得 228 万美元外汇收入。

这些中标卡车要无偿供给中国林业、渔业部门使用。后来大部分卡车被分到东北林业总局，该局一直是一汽卡车的大用户，有少部分被分到江西渔业总局。

这次招标对一汽和锡柴厂都是考验，但真正的考验是使用后暴露出来的发动机窜油窜水、缸体铸件有砂眼缩孔等产品问题。为此，耿昭杰厂长派我和销售处的人赶紧联合锡柴厂组成服务队去救急。销售处服务科的人连夜赶到黑龙江省各森林作业地点，我立即联系锡柴厂，要求他们带上缸体配件赶往东北林业总局，尽快解决产品问题。

锡柴厂在东北林业总局维修了一个多月，春节都是在林区里过的。这是一件坏事，但也是一件好事，锡柴厂铸造技术不过关，从事故中吸取了教训，请求一汽铸造厂协助他们生产缸体和较高精度的铸件。一汽帮助锡柴厂建造缸体零件铸造厂，将废品率从 5% 降到 1%。

在解放太湖分公司留影。从左到右分别是秦懋荣、谢云和马福生

像一场马拉松

一汽紧密联合锡柴厂的过程就像一场马拉松。一汽领导知道我是无锡人，要我多和锡柴厂接触，我也愿意参加洽谈。如果说紧密联营大柴厂花了十分力气，那么紧密联营锡柴厂就多花了五倍力气。

生产解放CA141柴油机前，锡柴厂还生产大马力柴油发电机。电力紧张时，大马力柴油发电机比较吃香，赚钱也多，所以锡柴厂有饭吃。不像大柴厂，没有吃香的产品，急着要跟一汽紧密联合。

锡柴厂这边，政府不急，锡柴厂也不急，急的是一汽。1987年，CA141汽油发动机暴露出质量问题时，耿昭杰厂长要我和协作配套处处长徐崇石去找锡柴厂，看他们能否多提供一些柴油发动机装车。

当时的锡柴厂厂长是张翁午，他接待了我们。我们说明来意后，他问我们要多少柴油发动机。

“200台。”徐处长说。

“不行。”张厂长回答。

“100台呢？”徐处长接着问。

张厂长摇摇头说：“今年只能供40台，多一台也不行。”

我们向耿昭杰厂长转告了锡柴厂的意见。因为没有形成批量生产，锡柴厂多生产一台柴油发动机，就要多亏损400元。耿厂长有些不满意。他说：“明年（1989年）多用大柴厂的发动机，少用锡柴厂的发动机。”

我们接着寻找柴油发动机资源，耿厂长让我俩去洛阳拖拉机厂寻求支持。对方厂长姓俞，他很热情地接待了我们。但拖拉机发动机的马力和声响都不适合装到卡车上。拖拉机的发动机要比汽车柴油机重十多公斤，装上后汽车缓慢行驶时噪声太大。此事只好作罢。

时过境迁。一年时间不到，社会电力好转，没有厂家再买大马力发电机，大马力柴油发电机卖不出去了。锡柴厂张厂长反过来找我，要求和耿厂长面谈，检讨没有帮助一汽多配装柴油机。

耿厂长同意跟张厂长见面。他说，“一机部马上要在黑龙江省召开厂长会议，可以在那里见”。他们如何见面，以及商谈的具体内容我不得而知。但是不久，锡柴厂因管理不善，连年亏损，张厂长被调离锡柴厂。

看到大柴厂加入一汽后发展迅速，无锡市机械局十分着急，要求无锡市政府派领导去长春沟通。无锡市副市长吴经起带队到长春，跟耿厂长商谈紧密联营之事。

1988 年，根据无锡市委的意见，机械局两名科级干部蒋彬洪、顾浓涛被紧急调往锡柴厂，分别担任厂长和党委书记。蒋彬洪、顾浓涛来找我，希望给他们出些主意。

我说：“过去我们只是松散联营关系，我既不是你们的领导，也不是分管机关的干部，我去你们厂不下 10 次，劝你们快掉头、快转舵，加快跟一汽紧密联营的步伐，大柴厂走在前面，而你们还在观望。”

我还说：“今年这个厂长去一汽点一把火，明年那个厂长又去一汽烧把火，这样永远烧不开。嘴上有决心，但没有实际行动不行，烧水就要连续不断地烧，烧到 100 摄氏度才能成沸水（指紧密联营成功）。你们厂长换了好几茬，哪一个是热心派？对一汽不冷不热，紧密联营能成吗？”

他们说：“是啊，我们两人哪怕干不久，也要把紧密联营这把火烧旺了，烧红了！”

我给耿厂长汇报后，他叫我再去无锡，和无锡市政府多做些沟通，听听他们的想法和要求，争取早日紧密联营。

我和时任无锡市市长洪锦昕商谈，双方形成初步合作意见。他说：“我们一定要让锡柴厂加入一汽。”

不久，无锡市政府就派出由吴经起带队，物资局、机械局、协作办等部门代表组成的六人代表团，到一汽见耿厂长。无锡市政府希望一汽对锡柴厂多些技术指导，帮助锡柴厂过好铸造技术关和质量关。

耿厂长让我和无锡代表团签订协议，其中包括增加二类客车底盘市场供给量，双方向紧密联营迈进一大步。1990年，CA6110开始减产。锡柴厂因为长时间不提高产量，柴油机上很多汽车配套件、协作件受到制约，供应不足，锡柴厂想多干又干不成。客观上的巨大压力逼迫他们快速和一汽紧密联营。

我在锡柴厂职工会上发言。我说，晚紧密联合不如早紧密联合，不搞大批量流水生产的柴油机无法和年产近十万辆的解放牌卡车配套，慢生产的结果最后会导致工厂破产倒闭。要趁早下决心，不要吃后悔药。

1991年，锡柴厂终于加入一汽，成为一汽生产柴油机的又一个主阵地。之后，锡柴厂发展迅速，品种不断增多，不同型号、不同规格、不同马力的柴油机相继出现，成为全国优秀的柴油机生产基地。

这个成果要归功于一汽的远见，还有锡柴人的努力。虽然这已经是三十多年前的事了，但回想起来还历历在目，一汽和锡柴厂最终都如愿以偿，实现双赢。

口　　述 | 陆林奎
采访时间 | 2018 年 7 月 4 日

攻关解放 CA141 质量

刹不住车和发动机早期磨损是比较突出的质量问题。

陆林奎，曾任一汽集团常务副总经理。

1945 年，陆林奎出生在上海嘉定南翔镇，1963 年考取北京机械学院铸造专业，学校后迁至西安，更名为西安理工大学。

1974 年，陆林奎阴差阳错地被分到一汽工作，在最苦最累的铸造分厂做落砂工。此后，他历任一汽质量处技术科副科长、科长、质量处处长等职务。

自 1985 年 7 月起，陆林奎被提为一汽副厂长。1990 年担任一汽常务副厂长，后担任一汽集团常务副总经理。他管过人事劳资、教育、质量改进、协作配套、制造技术、工厂发展规划等多项业务。

2018 年 7 月 4 日下午，在其上海寓所，73 岁的陆林奎为我们讲述了攻关解放 CA141 质量的详细过程。

延长工频炉寿命

我出生在上海嘉定南翔镇，在这里一直读到高中毕业，然后到北京念大学。我在苏民中学读的初中，这是所私立学校，是为纪念民国教育家许苏民而建。许苏民是同盟会成员，因反对清政府被追杀逃到日本，辛亥革命后回乡，以教育救国。他去世后，教育部部长黄炎培专门指示用他的名字作为校名，还修建了许苏民之墓。到我入学时，学校已变为公私合营，改名为南翔初级中学。但许先生教导的好好读书，将来为国家服务的精神已在学校扎根。

即使后来我到嘉定二中念高中，这种思想也一直伴随着我。嘉定二中是上海市十所试点高中之一。所谓试点，就是念两年就可以考大学，可以圆我的大学梦。但一年后，学校又恢复为三年制。

我从初中开始住校，高中也住校。我读初中时，性格自由奔放，成绩很好，数学获得上海竞赛优胜奖，奖状都贴在学校门口，让我非常自豪。到高中后，受到的最大打击是学校没批准我入团，所以我对政治有些感悟，但总算还能念大学。

到一汽工作也是偶然。1968 年我大学毕业，正赶上“文化大革命”，我希望能去哈尔滨锅炉厂，它要造核电站锅炉，是高科技单位。结果政审没通过，我未能如愿。

后来，我到部队农场劳动，表现很好，离开前填登记表，部队领导一看我政治面貌一栏填的是群众，他很奇怪，这么优秀的小伙子怎么不是共青团员？就对团组织说，赶快发展陆林奎入团。因此，我在部队农场接受再教育两年，离开前一周入团。

1970 年 4 月，我到一汽报到。那时候一汽刚恢复生产秩序，管理岗位和领导岗位的人还是军代表。我被分到铸造分厂劳动，在灰口铸铁缸体线落砂工位，由于岗位艰苦，这里被称为“老虎口”。落砂是个体力活。发动机缸体是卡车最大铸件，毛坯重近200斤，铸造成型后冷却，把砂子震掉，就叫落砂。

我刚报到就通知第二天上班，生产任务很紧，12小时轮换班。我住在单身宿舍，工友们很多都是农民工。我所在的班组有六七人，我最年轻。岗位上劳动的大都是有问题的人，包括两个劳改犯，一个历史反革命，一个右派，我是可以被教育好的子弟。

我一边劳动，一边关注铸造技术问题。当时最突出的问题是废品特别多，以缸体生产线为例，废品率最高达30%以上。废品率越高，越难完成任务，就越要加任务。对于怎么降低废品率，军代表们也不明白。

这是我刚去铸造分厂时的印象，一方面劳动环境艰苦，一方面生产管理混乱。

到这么艰苦的环境去劳动，我虽然也有些想不通，但认为能接受，而且我不相信自己会在这里干一辈子，毕竟接受国家培养和教育这么长时间，所以对未来仍有信心，这也是中学教育对我的影响。所以我在铸造分厂劳动时就很努力。

铸造分厂生产不正常是因为铁水熔化能力不够，主要是工频炉的耐火炉衬寿命短，两三天炉子就要冷却，打炉要重新修。铸造分厂一共两台炉子，要来回修，交替使用，生产就卡了脖子。

当时我还单身，礼拜天休息，就经常去厂图书馆或者省图书馆看书。我偶然看到一本讲铸造的英语杂志，还是影印本，里面正好有一篇文章是介绍怎么提高工频炉炉衬寿命的。我便把文章翻译出来，当天就去找了熔化车间领导。

我说：“我看到一篇英国杂志里的文章，讲的是如何提高炉衬寿命，能不能给你们做介绍？”

“好啊，给我们修炉工讲讲吧。”他说。

跟修炉工讲了后，炉衬寿命果然得到了提高。过去两三天或者三四天打一次炉，现在可延长到一个礼拜甚至更长时间，生产能力提高了近一倍。

受影响留在一汽

我在铸造分厂劳动了不到两年。1971 年 9 月 13 日，正好是林彪出事那一天，领导突然来车间找我。他说：“陆林奎，你赶紧到铸造分厂干部科，要调你到一汽生产部。”我回到班组，班长们都用疑惑的眼神看着我，他们认为，生产部是一汽总厂所属机构，很了不得，而我是在铸造分厂劳动接受再教育的人，所以对于我的调动都很不理解。后来我才了解到，技术检查处老同志多，年轻人少，抓质量需要一些新生力量。因此，他们希望找学铸造的年轻人，就到铸造分厂了解情况，觉得我表现还不错。

我被分到质量处，当时还叫生产部技术检查处技术科，主要职责是进行产品质量把关。

对我来说，这是一个重新学习的机会。我利用业余时间，到厂图书馆把吉林工业大学所有关于汽车专业的教科书借来，其中包括汽车构造、汽车力学、汽车理论等专业书籍，自己学习。

我在大学里学过材料力学、无线电、英语这些基础课，到一汽后对汽车又有了更多理解，所以对质量技术问题掌握得很快。1975 年，我被提为质量处技术科副科长，科长是后来当过一汽总工程师的韩玉麟。那时候提拔干部很严格，副科级干部要一汽总厂批准，并且需要下发正式文件。

虽然走上了领导岗位，但我的初心一直没变。只要有机会，我还是希望回老家，因为东北气候和生活习惯跟我老家差别很大。但我受质量处处长侯树金的影响，最后选择留下。我非常尊敬侯树金，他工人出身，没上过大学，因支援一汽建设来到一汽，非常关心和支持年轻干部。

当时我已经结婚，我爱人从大连工学院毕业后被分配到大连机床厂。我跟侯处长提过几次，想调到大连。侯处长劝我说："小陆，你看我是北京人，我老伴也是北京人，现在我们全家扎根一汽，你也在一汽工作一辈子吧。"他讲得非常朴实，却打动了我。如果他用另一种服从革命需要的政治语言去说服我，我可能就是另一种态度。但他只是说，"希望你为一汽贡献一辈子，大连没有汽车产业"。

我去做我爱人的工作。我说，"只能是你到更艰苦的地方来"。我爱人非常支持我，当时她已经是大连机床厂的干部，那时候调干部很困难，工人可以单调，但干部得对调，双方都要有调干名额。

侯处长很帮忙，向主管生产和质量的一汽副厂长沈曾华寻求帮助。沈厂长又去找长春市领导，特地批给我一个名额，把我夫人从大连调往长春。但我夫人还进不了一汽，因为一汽没名额，就把她安排在离一汽较近的长春摩托车修配厂，这已经相当不容易了。我很幸运，正好又赶上一汽分房，作为副科长，我有条件分到一间。这样慢慢安定下来后，我被提为科长、副处长、处长、生产部常务经理、副厂长、厂长。

一汽确实是个大熔炉，汽车行业也确实了不起，只要努力，总有机会发挥作用。而且我认为，一汽的学习机会要比其他企业多。

到质量处后，我对解放卡车的生产过程有了更多了解。一汽有些老同志，是建厂时从全国各地分来的大学生，他们的思想作风都很好，业务水平也都很高。

其中有个科长叫陶振新，后来担任过副处长。他是安徽滁县人，毕业于山东工学院，是调干生。他家里很困难，爱人原来在医院做护士，后来成为精神病患者，有两个孩子。即使这样，他也很乐观。我值班时，他经常跟我讲："小陆，咱们到生产线上去看看。"他下班回家给家人做好饭，再回来值班，晚上就住在值班室。他带我熟悉各个生产线，包括车身、发动机、底盘、总装等，并且告诉我，万一有什么质量问题，可以找某某来处理。

前面我讲过，军代表驻厂，不能保证质量，主要为完成任务。计划经济时期，国家需要汽车，一汽只接受国家订货，至于给谁也是国家分配，我们只需要把汽车造出来，不需要销售。

我认为解放汽车的意义跟新中国从旧社会解放出来的意义差不多。一汽注定要承担这个历史使命，开会时领导经常讲，一汽不仅要出汽车，还要出经验、出人才，要为国家作更多贡献，而不只是生产汽车。

对质量抓得不够

我在质量处还做些管理工作，包括修订各分厂质量检查系统的管理制度和员工职责，定期举行质量系统会议等。

一汽全面复制了斯大林汽车厂的模式。为熟悉工作，我专门去学习一汽的组织设计，了解为什么要设技术检查处和其他科室；每个科室的职责是什么；下面又分为什么科室等。在当时背景下，这种设计是科学的，一汽就按组织设计执行，只要把汽车生产出来就行。

配套也简单。当时中国工业基础较差，一汽就做大而全，连发电、蒸汽、暖气等都自己负责，这也是从苏联学过来的。

当时一汽的设计纲领是年产 3 万辆，后来不断加码，生产能力提高到 6 万辆，问题也随之而来：单机操作设备多，机械加工要加快，生产节拍要缩短，就必然导致不按科学流程办事，不讲技术规律，质量必然会出问题。

以铸造为例，为完成生产任务，虽然可以把助攻带速度调快，但调快后，造型的紧实度不够，操作时肯定手忙脚乱，设备往往超负荷运转，就会引起一系列问题。

所以，在质量处工作期间，我最大的感受是一汽思想领先、政治挂帅，但科学管理知识缺乏，存在完成生产任务与确保产品质量之间的矛盾。

在“以生产为主，能完成任务就是好样的”工作前提下，我们这些具体做技术检查的人往往无能为力。如果说质量不行不能装车或者说零部件不合格，那就等于是阻挠生产任务的完成，得不到支持。而且质量部门隶属生产口，一汽副厂长既管生产也管质量，矛盾集中后，质量处的声音就得不到重视。

一汽历史上发生过几次大挫折，比如20世纪70年代的抗美援越战争中，国家让一汽生产一批军用卡车援助越南。这批军用车在广西凭祥交车时出现水箱漏水、发动机异响等很多质量问题，但当时管事的还是驻厂军代表，为完成生产任务，他们甚至可以让缺轮胎的汽车下线。这只是军车暴露出来的问题，其实民用车也一样。

1970年4月，周恩来总理做批示，指出质量问题是路线问题，要求改进解放汽车的质量，我们才感觉得到了中央领导的支持。

一汽有个响亮的口号——不让总装停一分一秒，所以铸造分厂、发动机分厂、底盘分厂、车身分厂都要配合总装厂，都要以完成任务为最优先目标，质量被放在后面。我认为这是历史原因造成的，当时的领导没认识到质量的重要性，可能也不知道怎么去提高质量。

另一个原因是计划经济时期，卡车是国家需要，所以一汽没有时间考虑改进，也不可能有资金去改进，一汽的利税都得上交。一汽作为“共和国长子”不仅要出汽车、出人才、出经验，还要自己出钱去改进。

一汽没有钱搞产品改进和技术改造，花钱还要国家批准。

严格意义上讲，一汽在很长时间内都是一个成本中心。国家替一汽定价，价格定高了，利润就高。配套件的生产厂家也由国家来定，钢材是鞍钢生产，型钢是抚顺钢厂生产，铸造生钢是另一个厂生产，都是定点，一汽没有选择。

所以一汽不用考虑怎么改进、怎么提高技术水平，考虑也没用。只要按照上面下发的各种文件、指示办事，只要上面满意，一汽就认为自己做好了。因此，社会上有声音批评一汽实行“30年一贯制”，这是客观事实，但问题究竟出在哪里？我个人认为是体制原因，是历史原因。

1978年，一汽派出一个由20多人组成的代表团到日本汽车企业学习考察。质量处派去的是科长尚剑，回来后他被提拔为副处长。代表团去日本主要是学习丰田的精益生产方式，其中包括质量控制（QC）。

考察历时半年，尚剑带回来很多日语资料。我在一汽刚好学过一年日语，勉强能看个大概。丰田精益生产方式的精髓，一是减少浪费，二是保证质量。质量方面没有返修品，让操作者自己控制。发达国家质量之所以做得好，一是有竞争，二是有机制。

我在翻译国外质量培训教材时发现，美国也在学日本的质量管理方法。提高质量一方面要靠技术手段，更多的是要靠管理，管理就有人的因素在里面。日本这方面解决得较好，独创出一套质量控制方法，从保证质量的角度出发去考虑企业经营，最终赢得用户。

我把这些资料翻译出来，然后到各个分厂开办质量管理学习班，让各个分厂的车间主任，包括质量科长都来参加。

我认为通过这些实践可以提高质量，但一汽抓得不够，而且很大一部分干部不懂质量管理的方法。就像刚才讲的，一汽是以生产为中心，以完成任务为目标。到现在我仍然认为，我们在管理知识和领导经验方面存在着不足。

刹车怎么能刹不住？

1987 年，质量处开始介入解放换型工作，原因是解放换型后出现好多质量问题，需要赶紧解决。这也说明我们没有经验，不知道如何科学地进行换型。换型其实是项目管理问题，同时还涉及产品开发、生产制造、生产改造等诸多问题，非常复杂。一汽在这方面准备不足。

一方面是在一些问题上做出了错误决策，这在当时看不出后果，但解放 CA141 投产后就慢慢看出来了。如对于平头车和长头车的选择，当时就有不同意见，最后确定做长头车，理由是发生事故时长头车安全。又如燃料是用柴油还是用汽油，当时国外载重车都用柴油，而我们因为技术改造资金少，且大部分设备还能使用，便坚持使用汽油。

另一方面是管理处于封闭状态，孤立对待换型工作。一汽成立了换型指挥部，导致其他部门并不了解汽研所开发的新产品，不知道要集体协调决策，共同参与。

我看过很多国外资料，他们都是共同参与。新产品开发时，质量部门、采购部门甚至销售部门都要参与进去。一汽其实也有一些有利条件，但我们没有利用好改革开放的窗口。

1985 年，我被提为一汽副厂长，管人事劳资和教育。

1986 年，解放 CA141 通过国家鉴定，1987 年年初投放市场。投放的前半年，厂常务会研究决定，由八个厂级领导分兵把关，完成最后冲刺，一个厂级领导一般负责一个专业厂，如张长根管发动机厂，李中康管车身厂，徐兴尧管设计厂等。但上边让我负责总装和底盘两个专业厂。这期间我多次参加换型改造例会，CA141 虽已试生产，但矛盾很多。我就很奇怪，一些质量问题怎么这时候还存在？

举个例子，都已经开始调试驾驶室了，车窗玻璃却装不上去。李治国是 CA141 换型改造总指挥，他在例会上问协作配套处处长徐丛植：“老徐，这玻璃怎么装不上？”

徐丛植很有意思，他说：“合格的装不上，不合格的装上了。”

这话是事实，但不懂质量管理的人可能听不出来。

李治国又回过头来问李中康：“老李，合格的装不上是怎么回事”？

徐兴尧派李国良参会。李国良说：“都是按图纸做的。”

我就说：“李厂长，这个事情就不要在这里讨论了，我和李中康厂长来解决。”

合格的玻璃安装不上的实际原因是驾驶室的焊接夹具尺寸不稳定，按照图纸做出来的跟设计的肯定有误差，而玻璃性能相对稳定，因此不合格的玻璃能装上，合格的玻璃反而装不上。

接着我就召开专题会，协作处、产品处、车身处、质量处等部门参加。我说：“你们先把驾驶室的焊接卡具调整稳定，按照这个做检验模，复制一副给玻璃厂，玻璃厂按检验模修改模具。”就这样，这个问题得到了解决。

类似这样的问题还有很多，逐步解决后，我就花大部分时间和精力在总装厂，底盘因为属于机械加工部分，问题相对好处理，而总装的问题比较难处理。

我到总装厂时，发现问题就告诉各分厂或配套厂，要不就马上把分厂技术质量负责人找来处理问题。总调度室主要保证生产的正常秩序，可以给各部门传话，我便跟总调度室讲，让他们安排一个调度员跟着我。

解放 CA141 投产不到半年，行驶里程数在 1 万至 3 万公里时，配套产品出现的问题最多。如刹车灯不亮，交警要罚款；指示灯有颜色，但有机玻璃被太阳光一照，就变得没颜色了，也要被罚款。海南试验厂都可

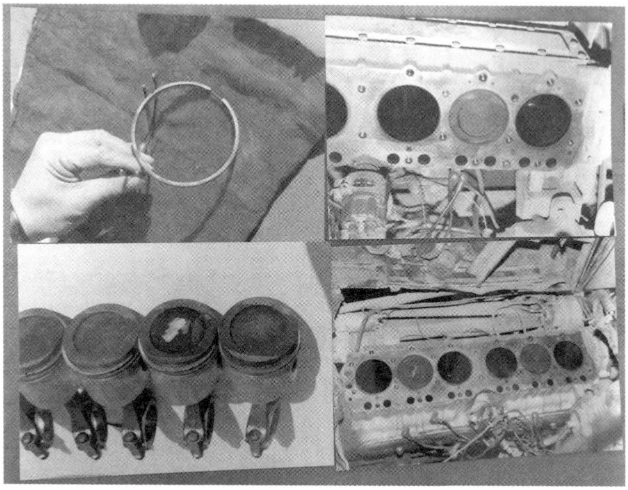

1. 解放 CA141 出现质量问题
2. 解放 CA141 做道路测试

以做这些试验，我认为不应该出现这种故障。

解放 CA141 投放市场后，问题也很多。因为我是质量处长出身，耿昭杰又让我去抓 CA141 的质量改进工作。当时用户反映比较突出的质量问题是刹不住车和发动机早期磨损。

先说刹车。有一次，我遇到质量处一个试车司机，名叫于桂年。他个子很高，大家都叫他大于。

大于跟我讲："处长，你什么时候到试车库去看看，这车卖出去是会出问题的。"我跟他到车库去看时，他说："我们到桦甸山区试车，没多久刹车就刹不住了。"

"刹车怎么能刹不住？"我感觉问题很严重。

他解释说，质量处有规定，如要跑 2500 公里或者几万公里，部分路程要到山区跑，检验山区行驶的可靠性和质量。在山区里试行，遇到下坡路总要踩刹车，刹车片磨损得很快，再要翻山踩刹车，间隙大就刹不住了，相当危险。

我马上找到质量处技术科老干部楼希正。我说："老楼，你赶紧到总装底盘车间去拿几片刹车片，到汽研所做磨损试验。大于反映质量处有几台车刹车片磨损，刹不住车。"

几天后，我打电话问老楼："试验做完没有？试验报告出来没来？"

他回复说："刚问了，还没做。"

这下我急了，直接去找汽研所书记周永吉。我说："老周，质量处送来几片刹车片，现在有问题，不耐磨，你们还没做试验。"

周永吉把周颖叫来。周颖当时是试验部部长，后来当过汽研所所长。他回答说："正在做，还没做完。"

我很不客气。我说："我刚从试验室过来，刹车片还在科长桌上。"

周永吉说："周颖，你赶紧安排做。"

做完试验后，汽研所告诉我，试验结果没问题。

我跑到做刹车片的长春配套厂找负责人。我问:“为什么老解放牌汽车没这个问题?”

他们告诉我，CA141 没用老配方。改配方后，常温下耐磨性没问题，但加热到 400 摄氏度以后就不耐磨了。山区因为总需要踩刹车，温度有时就超过 400 摄氏度，这在技术上叫热衰退性。

我当时就急了。我说:“CA141 已经投产，要卖给用户，这样下去怎么办?”他们说要重新改。

回来后我召集汽研所开会，直接下命令，恢复老解放配方。所以 CA141 刹车片一直用老解放配方，成本没有提高，也没出现过质量问题。

最后一块硬骨头

质量攻关的最后一块硬骨头是发动机早期磨损问题。

有些 CA141 跑了不到半年，发动机就开始出现拉缸烧缸的情况，出现早期磨损。CA141 跟老解放不一样的是，为提高缸体强度和耐磨性，增加了一些稀土元素和铬合金元素。

我去查过活塞问题、间隙问题、尺寸问题，包括合金元素够不够，以及金相组织问题，并且都做过调查报告，结果这些都符合要求。

一汽对外解释的原因是 CA141 按照 80# 汽油设计，但投产后国内 80# 汽油供不上，用的还是 70# 汽油，因此是汽油燃料的问题。但我们降低压缩比后，问题仍然没有得到解决。

我们想过很多措施，做过很多试验，甚至想到用缸体引进几台激光淬火，以此加强钢铁的耐磨性，还对活塞进行了处理，花费了很多时间和资金，但都没有成功。

结果我去跑市场时，无意中知道了问题出在哪里。

我到重庆运输公司访问客户，他们购买了30辆CA141。经理是一位女同志，她说了客套话：“相信一汽能解决，一汽是我们汽车工业的摇篮。”

我说：“谢谢你对一汽的信任，我今天来确实也是想了解情况。我们采取了一些措施，相信能解决问题。”

她接下来讲的一句话引起了我的注意。她说：“原来装康明斯发动机的重庆红岩也有过早期磨损问题，后来给解决了。”

我曾翻译过康明斯发动机的英文资料，去过重庆发动机厂，也去过重庆红岩厂。第二天我本来要回长春，我一听，就赶紧让他们把机票退掉，说晚一天回去。

然后我去了重庆发动机厂，一个姓赵的总工程师接待的我。

我讲明来意。我说：“赵总，解放卡车出现发动机早期磨损现象，我们也采取过一些措施……听说你们的发动机也有过早期磨损问题？”

赵总工程师说：“我们的发动机主要用于三种产品，一是船，二是车，三是发电机组。这三种产品中，只有汽车用起来有早期磨损现象，发电机组和船用都没有。”

这下我心里有底了，恐怕不是发动机的问题。

赵总工程师接着说：“后来我们发现是发动机的空气滤清器问题。空气滤清器装在前车轮的前面，轮子一转把灰尘打上来，这就不是滤清器了，而成了吸尘器。把灰尘都吸进去了，怎么能不出现磨损？”

这下我的思路被打开了。第二天我马上飞回长春，让质量处赶紧做试验，加些灰尘进去模拟，看有没有问题。

质量处的人到一汽发电厂堆煤灰渣的地方做实验。

事实证明，果然是灰尘问题。

为什么灰尘都进到汽缸里了？老解放怎么没有这种问题？原来老解

放是二级过滤，滤清器工作效率虽然低，但灰尘进不去。新解放改为干式过滤装备，是一级过滤，进气效率提高，但空气滤清器是纸做的，灰尘一大，很快就被打透了，根本起不到过滤作用。

于是我作出决定，换干式两级空气滤清器。但是空气滤清器是一汽化油器厂自制，新设计一下子出不来，而装车又不能停。正好朝阳柴油机厂为二汽提供柴油发动机，而且也是干式两级空气滤清器，我就先让他们直接采购朝阳柴油机厂的空气滤清器使用。

我对解放汽车很有感情，我认为它不应该遭受这么多冲击。解放牌也有生命，它是毛泽东命名、题写的汽车品牌。解放是新中国获得自由，获得平等，要不断向前发展的意思。从政治层面上来说，解放卡车的意义很大。

但为什么解放汽车在换型改造过程中暴露出来的问题最严重？实事求是地讲，我认为是我们知识不够、资金不足、技术水平不高。但更深层次来讲，还有思想作风问题和做事情的品质问题。这是值得我们反思的地方。

口　　述 | 国斌

口述时间 | 2018年6月6日

轻型车的曲折发展

一汽第三次创业期间发展“小解放”的坎坷历程。

国斌，曾任一汽车身厂副厂长、厂长，一汽集团常务董事。

1930 年，国斌出生在河北省武邑县，初中毕业时考上北京四中，1950 年参加高考，被北京工业学院航空系录取。

念大二时，国斌被抽调到苏联留学。1953 年 7 月，他随一机部派遣的十几名同学到莫斯科汽车学院念书，在机械制造系学金属压力加工专业。在苏联留学四年，国斌被推选为莫斯科汽车学院留学生会兼职主席。

1957 年，国斌毕业回国，因受饶斌的影响选择去一汽。在一汽，他从普通技术员干起，历任工艺师、技术科副科长、科长、车身厂副厂长、厂长，一干就是 27 年。1983 年 11 月，国斌调任吉林省机械设备成套局局长。

因不习惯机关生活，国斌想方设法回到一汽。从 1986 年开始，他负责一汽轻型汽车。1994 年，在国斌的主持下，一汽重组哈尔滨轻型车厂和云南曲靖轻型车厂。1995 年，国斌从一汽退休。

2018 年 6 月 6 日上午，在位于机械工业第九设计研究院 10 楼的一汽咨询委办公室里，国斌接受访谈。

受饶斌影响到一汽

1930年，我出生在河北省武邑县。老家附近有个抗日战争高级小学，我在这里念到小学毕业。1945年，我到北京投奔叔叔，他是个铁路技术人员。插班考试时，我考上北京志成中学（现为北京第三十五中学），念初二，中考时考上了北京四中。

1950年，我参加高考，考取北京工业学院（现在的北京理工大学）航空系。念到大二时，学校要抽调一批品学兼优的同学去苏联留学。我们学校选了近20人，我是其中之一。全国共选出200多人，20%是军队的业务干部，20%是在地方从事技术工作的老干部，60%是来自全国各地的大学生。

当时留学生归中央组织部直接领导，统称留苏预备部。我们在辅仁大学集中学习了一年，边学习边接受政审。1953年7月，除了将军队学员单独送苏联，我们剩下的同学一起坐火车到莫斯科。

到莫斯科后，我们接到通知说航空系的学生要重新选择专业。我想，既然一机部跟汽车紧密相关，那就选跟汽车有关的专业吧。我们十几个人被安排到莫斯科汽车学院学习，我学的是机械制造系金属压力加工专业，其他同学选择了制造、发动机等专业。

莫斯科汽车学院学制是五年，我实际学习了四年，于1957年6月毕业。在苏联学习跟国内完全不同，先要过语言关。苏联老师每周给我们补两次课，半年下来，语言基本过关。这期间学校要成立留学生会，指定中国留学生担任学生会主席，就选了我兼职留学生会主席一职。

毕业后，我选择去一汽，是因为受饶斌厂长的影响。

1955年，我还在苏联留学。通过大使馆，我们了解到饶斌要来看望一汽在斯大林汽车厂的实习生。我就去找留学生支部书记（科学院动力研究所副所长）商量，我说："饶斌厂长要来，能不能请他给我们讲讲一汽的情况？"

老支部书记表示同意。

我再通过大使馆去找饶斌厂长，他在宾馆里热情地接见了我们。"你们是哪里的学生？"他问。

"莫斯科汽车学院的留学生。"我回答。

听我说明来意后，他爽快地说："就定在这个礼拜天吧。"

"行。到时候我们来接您。"我说。

"你们有多少人？都是什么专业？"他又问。

"二十多个留学生，学什么专业的都有，发动机、总布置设计、制造、铸造、机械加工等。"我说。

周末上午，我们找车把饶斌厂长接到学校。学校有个小会议室，能坐几十个人。他就坐在桌前椅子上给我们作报告，一讲就是一个多小时，讲国内形势，重点讲一汽建设。我们都作了记录。

我印象最深的是他最后说："你们这些同学毕业后都到一汽，一个也不落下，我全部都要。"

大家很受鼓舞，都热烈鼓掌。

送他回宾馆的路上，我对他说："饶厂长，我们这些人都是不同部委派到苏联学习的，你们只能要一机部派来的十几个人。"

饶斌回答说："这事我来想办法，尽量多要。"

1957 年 6 月，我从苏联毕业回国，7 月 1 日到机械部干部司报到。干部司对我们一起回来的四个人进行分配，我和蔡起国被分到济南锻压研究院，另外两人被分到沈阳重机厂和山西太原重机厂。

因受饶斌厂长作报告的影响，我有些犹豫要不要去研究院。于是，我就去找干部司的人，问为什么把我分到研究院。

干部司的人说：“上面精神就是这样，你学习好，又是唯一的党员。”

我说：“我有个建议，我想去工厂。”

“你希望去哪里？”他问。

“去一汽。”我回答道，“饶斌厂长给我们做过动员，说去得越多越好。”

“那你明天上午再来找我。”他说。

第二天再去，他说：“昨天晚上已经打电话联系过一汽了，你去吧，一汽表示欢迎，还说有多少人要多少人。”

3500 吨大压床

1957 年 7 月底，我到一汽干部处报到，被分到工艺处。工艺处管生产和技术，当时每个分厂都设有一个技术科，统一由工艺处管。1958 年，技术科与工艺处分离，我到了车身厂技术科。

我在一汽 36 年，其中有 27 年在车身厂，主要参与了以下工作：

第一，20 世纪 50 年代为生产解放牌汽车，从苏联引进了相关技术后，我主要负责对压件、模具、夹具、压力机等技术装备进行安装调度。

到车身厂后，我的重点工作是安装调试 3500 吨大压床。这是斯大林汽车厂专门为一汽设计制造的，是用来生产汽车车架纵梁和其他大型中厚钢板冲压件的关键设备，可以说为一汽投产立下了汗马功劳。

大压床有三个特点。

一是大。它是当时国内外闻名的最大吨位压力机，尺寸为 5000 毫米 ×11750 毫米 ×13825 毫米（长 × 宽 × 高）。我在苏联留学时，曾到斯大林汽车厂实习过一段时间，对大压床的特点、工艺以及试制情况有所了解。大压床由斯大林汽车厂机械处专家参考国外样机设计，由机修车间负责制造。斯大林汽车厂还专门扩大机修车间附近的厂房，以作为大压床安装和调试用房。此外，大压床部分制造项目委托苏联有关重型机器制造厂协作完成，邀请有关焊接研究所专家参与，进行电渣焊和强度方面的工艺试验。

二是先进。大压床采用柱塞式导向机构，以提高压机精度和运行平稳性；采用主动传箱（床头箱）封闭式稀油润滑系统，降低噪声，提高传动系统寿命；采用大模数齿轮，以增加传动扭矩；床身部件全部采用钢板焊接，在增加压机刚性的同时，减轻重量；采用液气闭锁拉伸垫，保证汽车大梁的拉伸性、制件成型的精度和调试的方便性。

三是机床运输、安装、调整时间长。为完成运输任务，斯大林汽车厂先期就考虑了对大零部件的运输起重问题，特别设计制造了专用的铁路运输车辆，在压机完工后，使用特制专用车辆将大压床从莫斯科运到长春孟家屯车站，再转运到一汽车身厂现场。在现场安装时，发现压床部件重量超过现场天车额定负荷起重能力。一汽和安装公司负责安装工程的专家商量后，在苏联专家指导下，运用力学原理，采取吊、顶、滚、拉等措施，确保了安装成功。

之后，一汽又对大压床进行多次生产调试，包括测试大梁冲压、尺寸、质量、冲压回弹稳定性和设备运转等性能，测试结果均为满意。

第二，在稳定解放牌正常生产的基础上，为发展工厂生产能力，进行 6 万辆工艺规划。

第三，参与解放 CA141 换型工作。换型工作前期是由李刚负责，后期是由耿昭杰负责，工作进展比较快。我是车身厂副厂长，主持分厂技术工作，主要负责车身产品的生产准备和工艺试验，汇报分厂工艺改造方案等。

总体看，换型面临两大问题：一是发动机问题；二是车身问题，包括驾驶室和车头。

20 世纪 80 年代，一汽换型改造起步时，全厂上下都认识到车身厂是换型改造的重点专业厂之一。为此，总厂有关部门和车身厂各类专家都做过很多工作，技术部门做了详细发展规划，其中遇到的一个突出问题是，厂房面积需要大量增加，但不知道在哪里增加。

当时有两个方案：一是拆掉车身厂西边几个正用着的厂房，向西扩建，必要的地方适当加建二层平台，同时把车身厂内的部分小零件扩散到别处生产；二是把 20 世纪 50 年代修建起来的老轿车厂房作为生产车间，但老厂房基础较差，布局也比较落后。

领导对这两个方案都有些顾虑。这时受一机部部长饶斌委派，沈曾华带领当时在一机部和中汽公司工作的几位专家到一汽了解情况，协调解决问题。

沈曾华两次到车身厂实地调研，听我们汇报情况。最终跟总厂取得一致意见：为节省换型改造资金和加快进度，对老轿车厂厂房进行适当改造，为换型新车身（驾驶室和车头）焊装及内饰生产所用。这样，扩建厂房约 7000 平方米，用作车身涂漆阵地。沈曾华在协调过程中起到了重要作用。

1982 年，我担任车身厂厂长，确定和二汽一起引进英国一条车身油漆线。我带领几名技术人员去谈判，在英国待了近一个月，研究工艺技术方案。回国后，我到中汽公司汇报情况，顺道到机械部看望老同学。在走廊里，我碰到了饶斌。他对一汽情况非常清楚，知道一汽正在进行产品换型和工厂改造，目前处于产品设计试验阶段，车身工艺设计还没完全动起来。

他把我领到办公室，给我倒了杯茶，问我："小国，你们对车身发展有什么看法和打算？"

"冲压、焊装、涂装是最复杂的三个工艺，要干，这三个专业就要干成国内第一。"我说。同时，我还对每个工艺提出了一点大致改进想法。

"你这个想法好，就应该这样。"饶斌说。

按照饶斌的构想，要干就干好，做好质量，提高水平，提高效率，而不是完全靠劳动力，不能来落后的那一套。

后来，我们建成了当时国内最好的车身油漆线，完成一汽冲压、焊装和涂装机械化生产线换型，车身改造比较成功。

通过这次接触，我看到饶斌是一个站得高、看得远、懂技术、懂发展的领导者。

发展“小解放”轻型车

1983 年 11 月，我调任吉林省机械设备成套局局长，1984 年年初去报到，当时我已年过 50 岁。但我并不喜欢机关的工作方式，还是想搞汽车，就给机械部领导写了封信，要求回汽车厂，后来我成功了。

耿昭杰担任一汽厂长后，我找过他。他说，“现在轻型车没人抓，你就抓轻型车吧”。因此，从 1986 年开始，我就负责一汽轻型车基地建设和投产准备。

发展轻型车是一汽第三次创业的主要内容之一。一汽在进行产品换型和工厂改造时，就提出要发展轻型车（小解放）的构想。1985 年 7 月 22 日，国务院以（85）国函字 114 号文批准了一汽生产纲领 20 万辆车，其中包括中型车 13 万辆，重型车 1 万辆，轻型车 6 万辆。后来调整为年产汽车 16 万辆，包括中型车 10 万辆，轻型车 6 万辆，总投资为 25.66 亿元。

一汽发展轻型车，具有以下特点。

一是坚持自主开发与重点技术引进相结合，以创造自主品牌为目标。

二是联合、兼并、改造地方企业，将其纳入一汽统一轻型车的发展行列中，加快速度，节省资金。

三是全系列、多品种、多方位开发产品。产品既有 1 吨级，又有 2 吨级，卡车既有单排座，又有双排座。

从 1987 年到 1991 年，一汽前后花费四年时间开发产品，进行过三轮设计、三轮试制、三轮试验，并且每个轮次间交叉进行性能补充设计。

这期间，我们共试制试验样车 36 辆，每种车型累计考核试验里程达 15 万公里以上，对 30 多种总成进行几个轮次的台架试验，立项解决几十项质量问题，整车可靠性大为提高，这也标志着一汽轻型车产品跨代，进入 20 世纪 80 年代同类车的行列。

国务院批复函里要求，一汽建设轻型车基地，要充分利用中型车已有基础，通过必要的技术改造，使原来 19 个中型车专业厂既能为中型车配套，又能为轻型车配套。同时，要求在东北以一汽为龙头，联合兼并吉林市和长春市的四家企业，把它们改造成为轻型车生产主阵地。

为发展中型车和创建轻型车阵地，在一汽换型改造还未实现垂直转产时，也就是 1986 年，二厂区开工建设。

一汽在困难时期要建设比老厂区更大的新厂区，新建的第二发动机厂当时属于轻型车基建的重点项目之一，任务是为轻型车和轿车生产配套轻型发动机。一汽从美国克莱斯勒公司引进全套轻型发动机技术，同时引进主要设备。生产化油器式发动机和单点、多点电喷增压发动机。

第二发动机厂于 1993 年 7 月投产，验收时生产能力达到 7.5 万台。它的年生产纲领是 15 万台，远景可达 30 万台。

在二厂区新建的第二铸造厂，主要生产轻型车匹配的 488 发动机等复杂铸件，于 1992 年投产。克莱斯勒公司对我们生产的 488 发动机铸件进行过全面检验，称赞 488 发动机缸体铸件质量出色。

1993 年 12 月，第二铸造厂生产的 GF 气冲造型线，在全国铸造样板厂会议上被评为全国引进的 28 条同类生产线中运行最佳的一条。

其他与轻型车有关的专业厂，也同样为生产轻型车创造了条件，使轻型车车架、车箱、车轮、散热器、传动轴、转向机及重要锻件能够同步投入生产。

“轻”兵入关了

按照国家要求，一汽还要抓吉林和长春四个工厂的兼并重组工作。

一是吉林轻型车厂，原为吉林市汽车工业总公司，隶属吉林市政府，主要生产微型车。1984 年 8 月加入解放联营公司，1986 年与一汽紧密联合，1991 年并入一汽集团，更名为一汽吉林轻型车厂（兼有微型车）。

“七五”改造时，吉林轻型车厂生产规划为 5 万辆，其中 1 吨级卡车 3 万辆，1 吨级 11 座厢式车 2 万辆。另外有 2 吨级驾驶室 1 万辆，微型车仍保持 1 万辆产量。吉林轻型车厂的重点任务是完成全系列轻型车车身技术引进、改造和投产，完成卡车和厢式车整车技术、生产的准备工作。

二是长春轻型车厂，原为长春市东风汽车制造厂。1966 年试制 CD130 型 2 吨载货汽车，1970 年批量生产，年产能约 3000 辆，生产水平、产量和质量都不高。长春轻型车厂于 1986 年 5 月加入解放联营公司，成为一汽紧密联营厂。1991 年 3 月划归一汽，成为一汽直属厂。经过技术改造，长春轻型车厂的 2 吨车不但换了型，还从年产 1 万辆提高到 2 万辆以上。1 吨车和 2 吨车的前后桥年产能达 6 万辆。

三是长春齿轮厂，原为长春市通用设备厂，是个市属小厂，1976 年开始生产具有 20 世纪 40 年代水平的 BJ130 轻型汽车变速箱，为当时的长春市东风汽车厂配套，1978 年形成小批量生产能力，更名为长春齿轮厂。“六五”期间，通过自筹、贷款、集资等多种渠道，长春齿轮厂筹集资金 550 万元，对企业进行技术改造，并与长春汽车研究所合作研制了具有 20 世纪 80 年代水平的 CA5520 轻型汽车变速箱，通过解放联营公司鉴定。1986 年 5 月，长春齿轮厂与一汽紧密联营，1991 年 3 月被一汽兼并，成为一汽直属厂。它生产的 CA5520 轻型汽车变速箱以及应时开发的多种轻型车变速箱产品，成为国内轻型汽车主机厂的首选配套产品。

四是长春轻型发动机厂与长春轻型车厂、长春齿轮厂一起于 1991 年并入一汽。

1994 年 9 月 16 日，机械工业部部长何光远在验收时说：“一汽建设 6 万辆轻型车基地……联合兼并四家地方企业，给他们注入必要资金，进行较大规模技术改造，还要让他们在管理方式和管理水平上和一汽并轨。”

既要投入硬件，又要投入软件，短期花费不亚于建一个新厂。但从长远看，这条路子一旦走开，对一汽是有利的，它使 6 万辆轻型车和生产基地提前两年建成，至少节省了 4 亿元投资。

“七五”改造验收前后，一汽轻型车蒸蒸日上，当时开发了 33 个品种，有 19 个批量投放市场，年产 4 万多辆，从东北经过山海关，走向全国，两年时间里从零发展到市场第一。何光远部长风趣地说：“‘轻’兵（一汽轻型车）入关了！”

一汽引进技术自主开发的 1 吨、2 吨轻型卡车和轻型面包车在 1992 年大批量投入市场，以年销量 61.5% 的速度递增，最高达 8.4 万辆，全国市场销售连续两年第一。

1994 年 9 月，哈尔滨星光、沈阳金杯、芜湖扬子、云南红塔等轻型车企业经国家验收后，加盟一汽。

但 1997 年后，轻型车由于供大于求，又受到国内合资企业和农用汽车两方面的挤压，产销量大幅下降，年产最低时仅 5 万辆，不到生产能力的 1/3。这些企业都靠小而全起家，生产轻型车时背着沉重的债务包袱，每年利润还不够利息支出，而一汽又将全部精力放在轿车上，在轻型车上没有投入更多资金和精力，导致这些企业全部成为集团公司下属的亏损户。

直到现在，一汽轻型车问题仍然突出。

终身不忘的教诲

在一汽工作期间，对我影响较大的有三个人：饶斌、郭力和沈曾华，他们对我的教诲让我终生难忘。这三人中，对我影响最大的是饶斌。

关于饶斌，我曾写过一篇名为“三见汽车之父”的文章，前面已经讲过。

我和郭力老厂长接触得不多，但真切地感受到他是一个值得敬仰的领导。

“大跃进”时期，一汽提出“班产 250 辆”的口号。一汽原设计班产是 50 辆，一下子翻番到 250 辆，包括焊装线、油漆线、内饰线和负责分装的工人在内，大家早上六点就要到工厂干活，非常辛苦。线上工人忙不过来，我们就帮忙往线上送冲压件。

有一次，郭力到车身厂了解情况。他问车身厂厂长沈曾华：“怎么样，这个干法行吗？我看大家花了很多精力，但问题很多。偶尔突击一下还可以，但这种做法不能长久。总结时要如实汇报，有什么问题就汇报什么问题，不能说一切都很顺利。”

沈曾华说：“总结时要把问题摆清楚。”

后来我听沈曾华讲，郭力厂长对这些问题看得很清楚，他在技术方面很精通。

“我们不能蛮干，蛮干不会产生好结果。厂里要科学规划，采取措施，逐步提高班产。”我在一旁听郭力厂长讲话，他实事求是、讲求科学、不跟风、不冒进的态度给我留下深刻印象。

1963 年，我以车身厂一个年轻工程师的身份，陪同郭力厂长到鞍钢访问，主要为解决车身厂十几种钢板的质量问题，以及到鞍钢上层拜访致谢。在为期六天的访问过程中，他不辞辛劳，深入现场了解问题，钻研技术，并让我帮他作记录。他的敬业精神，让我十分敬佩。

沈曾华是我的老领导。我刚接触他时，他是冲压车间（后称车身厂）副主任，主管机动、模具、工装、工艺等技术性工作。他喜欢和技术部门接触，可以边学习，边掌握情况，边领导工作。

安装3500吨大压床时，沈厂长经常深入现场了解情况，做了不少学习笔记。有一天他问我："大家都说这台大设备好，它的先进性究竟体现在什么地方？下班前你给我说说。"我向他汇报了设备的结构和所采用的技术。他拿出笔记本，一面对照原来的记录，一面根据我的讲解，做了修正和补充。通过这件事，沈厂长给我留下了认真钻研的印象。

车间调试生产中，工艺技术问题较多。沈厂长经常到现场，和我们一起讨论如何解决问题，如何解决离合器盖的冲压裂纹、离合器分离焊的成型尺寸偏差、车架中横梁易出废品和形状偏差等。

沈厂长没有架子，对重点的生产技术问题，往往主动介入。解放车身翼子板冲压工艺是当时公认的老大难问题，有十几道工序，是大流水冲压作业，且废品率高，劳动强度大，生产很不稳定。

工艺、模具、机动部门的技术人员和有经验的老师傅经过多次分析，虽在认识上取得共识，但当问题反复出现，又得不到统一时，有的部门之间就开始互相埋怨。

沈厂长主动参加多部门的讨论分析会。他直截了当地说："你们提了这么多问题，如材料拉延性能不稳，模具间隙有问题，双动压力机外滑块压料力调整不均，操作人员涂润滑油不均等，究竟哪个问题最主要？要掌握问题发生的规律性，以便准确解决问题。"经过长时间摸索，问题终于得到解决。沈厂长让工艺技术部门把解决措施作为工艺要求，补充到有关工艺文件里。

沈厂长要求技术人员要实实在在地做些技术革新或工艺改进项目，

特别提出要“三结合”。1961年，根据生产中出现的一些问题，我们酝酿了一些小改进项目，汇合成车架总成综合改进项目，并通过了我们组织的少量试验和车架试装，大家都很有信心。

当时总厂代表提议要将成果上报，同时争取能在技术革新成果交流会上作汇报。沈厂长却说：“还不行，还要多试装一些，要充分做到生产稳定，真正见实效时再上报，千万不要去凑热闹。”

后来我们又进行了批量较大的生产试装，得到公认后，沈厂长才同意到总厂大会上汇报成果。距离开会还有两三天时，他让熟悉技术的郑尧章连夜赶出发言稿，让我第二天上午去他办公室推敲定稿，并让我作发言。我有些犹豫，提出是否让其他领导发言更好。他说：“工作是大家干的，你去讲吧，已经定了。”他这么做是为了调动基层干部和工程技术人员的积极性。

20世纪70年代初，一汽试制载重60吨大卡车，驾驶室和车头的设计由车身厂和产品设计处联合负责。他们组织了一个“三结合”试制分队，在车身厂进行现场试制。当时，我刚回科室不久，作为试制分队业务负责人之一，联系落实平板、平台、装配台等试制，从车型厂、设计处、轿车厂找来十几名钣金工，但离进度要求的人数还相差很远，进展很不理想。

这时候，沈厂长已在总厂生产指挥部工作。我的同事去找他，他说：“前两天在生产指挥部碰头会上还提议让他去了解60吨大卡车车身试制情况。”

第二天，他到现场了解情况，确定要增加有经验、有能力的钣金工参加试制，要我带上60吨大卡车车身资料，晚上跟他一起去联系招用钣金工的事宜。当天晚上，我陪他到长春市经委两位领导家里汇报情况，他们答应解决问题。两天后，我们又去了一次。不久，事情就得到了解决。

口　　述 | 林水俊
采访时间 | 2015年7月11日

最早的汽车试验场

为整车试验倾其一生，还原一汽建设试验场的坎坷经历。

林水俊，印度尼西亚归侨，祖籍福建省龙海县。

1928年11月，林水俊出生在印度尼西亚爪哇岛文池兰镇，1950年7月回国，同年考取清华大学机械工程系，1953年毕业被分到一汽。

在为一汽效力的41年间，他在生产科做过技术员、计划员，在设计处担任过工程师、道路试验室副主任和主任，1970年被下放到总装配分厂劳动两年。

1980年，林水俊任长春汽车研究所整车研究室主任。1982年后，历任汽车研究所副所长、海南汽车试验站站长、中国汽车质量监督检验测试中心主任。1986年任汽车研究所副总工程师。1993年年底退休。可以说，他这一生都没离开过整车试验。

从20世纪80年代到90年代初，林水俊主要主持三项与试验室相关的工作：一是长春汽车试验场的建设；二是海南湿热带汽车试验场的建设；三是建中国汽车质量检测中心。

2015年7月11日，87岁的林水俊在位于长春的花园酒店接受访谈，还原建成中国最早的汽车试验场的坎坷经历。

2018年5月，作者对其进行补充采访。

踏上归国路

我祖籍在福建省漳州市龙海县。1928 年 11 月，我出生在印度尼西亚（以下简称“印尼”）爪哇岛文池兰镇，小学和中学都在华侨学校念书，因此一直是念“中国书”。学校有外语课程，所以我会讲当地话和英语，印尼以前是荷兰的殖民地，我也大致懂一些荷兰单词。

我对中国的历史非常关心。不夸张地说，我学到的历史知识和所了解的事情，国内很多人都不知道，这主要得益于马来西亚和印尼当地的华侨报纸以及一些中国的历史书籍。

我年轻时最恨英国人和日本人：恨英国人是因为英国发动鸦片战争侵略中国；恨日本人是因为当时殖民地的人都怕日本人，看不起中国人，说中国是“东亚病夫”。我们这些海外华侨被认为是海外孤儿，所以我们都希望中国强大，这样我们在国外才有社会地位。

1945 年抗日战争胜利后，很多华侨，包括第二代华侨和一些青年学生都先后回国。当年我 18 岁，很羡慕那些能回国的人。但后来，回国的同学写信说在国内很失望，因为国民党没有让老百姓有战胜国的感觉，美国人仍在中国作威作福，大家都感到很彷徨。

很多在国外的人都不理解，为什么抗战胜利了，又要开始打内战。但有件事情使我们下定决心要回国。解放军发动渡江战役时，两艘英国军舰帮国民党，却被共产党的大炮打跑。这对在国外的中国青年学生影响很大，用中国武器把外国军舰打跑，在历史上还是第一次，大家都非常振奋。

1950 年 7 月 12 日，我们 79 名学生乘坐太古公司的轮船“岳州”号离开雅加达海港，7 月 30 日抵达天津港，前后历时 18 天。

我们坐船直接到达天津，当时报纸还刊登了我们合影的照片，时任天津市市长黄敬亲自设宴接待我们。我们一行人大多是十八九岁，还比较幼稚，受到市长接待受宠若惊，感到非常温暖。

事后听黄敬市长讲，当时回国学生很多，我们是第一批有组织回国的学生。这件事惊动了国内外，我们的船要经过台湾，国民党想把船扣留在台湾。周恩来总理知道后，立即作出指示：以中国政府的名义告诉太古轮船公司，必须保证学生安全抵达天津港，否则一切后果由太古轮船公司承担。

直到现在，我都没弄清楚，我们的船到底是经过台湾海峡，还是绕过台湾海峡回的国。

我们在天津待了两天，参加八一建军节活动。那天天气特别热，我们都穿着短装，受邀坐在主席台上。8 月 2 日，我们到北京，中央侨委安排我们住在东城区王大人胡同。

8 月 5 日，我们没有作任何准备，就在北京参加了高考。除了我们，还有从香港到达北京的一批华侨学生，他们来自马来西亚、印尼、中国香港和泰国。我们两班人马在北京会师，一共两百多人参加北京地区统考。

那时候优待华侨学生，只要通过录取分数线就优先录取，考试科目包括英语、语文、政治、物理、化学和数学六门课程。我的同班同学基本都考上了大学，考上清华大学的有十余人，我也在其中，我考取的是清华大学机械工程系。进入清华大学后还要面试，学校要进一步了解学生的情况。

在清华大学

清华大学是花园式学校，没有高楼大厦，基本是低层教室和宿舍，树木很多。有一次，气象台开放，我到顶上去看，大学里绿树成荫，中间有些红瓦建成的房子，那是教授的宿舍。还有小河流水，特别漂亮，确实是读书的好地方。

清华大学管理严格，如果有两门功课不及格，或者体育不及格就不能毕业。大一时，我就因为数学不及格而进行了补考。体育方面，除了羽毛球，其他项目我都不行。是清华大学培养了我的体育能力，以前我连跑 1000 米都困难，但是到了清华大学以后，我坚持练习，最终可以用 12 分钟跑完 3000 米，成绩达到优秀。

机械工程系有 80 多人，从大二开始分专业，有汽车、热力机械、精密仪器、铸锻和机械制造 5 个专业。我选了汽车专业，这个专业人数最多，有 30 多人。

清华大学很重视实际教育，不管学什么，都要多实习、多接触、多动手。1952 年 8 月，我们到天津修配厂实习，主要跟他们学习如何制造发动机。

我本来应该是 1954 年毕业，但学校后来通知我们提前一年毕业，参加 1953 年中国第一个五年计划建设。听到这个消息后，大学里热闹非凡，大家都很激动。但另一方面，我们只学了三年的课程，大家都有些担心参加工作后到底能不能跟上。

毕业典礼上，蒋南翔校长的讲话给我留下深刻印象，主要内容如下：

第一，看一个人政治性强不强，要看能不能适应所处的环境。人应该去适应环境，而不是让环境来适应你。只有先适应环境，才有可能去改造环境。

第二，学校学得的知识只是基础，到了工作岗位必须继续学习。要谦虚地向有经验的人学，向工人师傅学，向周围人学，才能学到真知识。

第三，开始工作，不懂不要紧，加紧学习就是。共产党在根据地没有火车，有了火车不会开也不会管理，后来不也管得很好吗？

第四，要做一个德才兼备的人，注意锻炼身体，要能为党、为国家工作 50 年。

作为第一个五年计划的参与者，我们感到非常光荣。

到一汽

毕业分配时，1/3 的同学被分到一汽，1/3 的同学留校，还有 1/3 的同学被分到全国各地。

从清华大学分到一汽的有 19 人，其中 2 人搞土木，1 人搞电机，剩下的人搞汽车。我也被分到了一汽，这正合我意。我在北京待过，所以到东北也不怕冷，不像那些从南方来的同学。

我以为一汽应该有巍峨的建筑，哪知报到时大失所望。那里只是一片荒地，除了几栋日伪军留下的建筑物，什么都没有。到工地去参观，我们只看到解放军建筑第五师的劳动大军在作业。但作为我国第一座汽车厂的第一批技术员，我心里仍然感到兴奋与自豪。

到一汽再分配，我被分到生产科，科长是支德瑜。他给大家讲，生产科的任务就是作生产准备，翻译从苏联运过来的资料。我们在毕业后的一个月，被集中起来突击俄文，来了之后就直接工作。

后来我又被分到生产准备办公室，由一汽副厂长孟少农直接领导。我在生产准备办公室干了三个多月，对汽车厂的整体情况有了较多了解，如这个厂由多少个部门组成，包括前方厂和后方厂，主生产车间和辅助生产车间等，这都是在学校学不到的知识。

后来，生产准备办公室被撤销，成立生产处。我在生产处担任计划员、小组长，这期间既知道了汽车厂的组成，也知道了汽车是如何一步步被生产出来的。

黄敬当一机部部长后，提出一汽不仅要生产载重车，还要生产更多汽车品种，如军用越野车和轿车。汽车厂要扩大生产，需要更多技术人才搞设计和制造，一汽也提出要从外面招人。

趁这个机会，我要求到设计处。但我不喜欢坐在办公室里画图，我喜欢和整车打交道，因此要求去试验室工作，而试验室也的确需要人，我就被分到汽车道路试验室。从此，我再也没离开过整车试验工作。

汽车道路试验室隶属试验车间。当时我刚结婚，调令下来后的第四天才去报到。试验车间主任是何赐文，他对我们要求很高，我因此受到批评。

道路试验室下面设解放、轿车和越野车三个小组，我被安排在轿车组。负责轿车设计的是设计处副处长史汝楫，负责总规划的是孟少农。庄群担任道路试验室主任后，开始搞轿车设计。

怎么搞？首先要有样车。史汝楫和孟少农商量找两个主要样车作参考，后来选了德国奔驰 190、美国福特 ZEPHER 和法国 SIMCA。

我们按照美国福特的标准，对奔驰 190 的发动机、SIMCA 的底盘和车身加以修改，试制了几台样车。从 1957 年下半年开始，大家夜以继日地工作，在 1958 年完成了轿车设计试制和初步鉴定。

轿车性能主要从经济性、动力性和安全性三个方面考虑。轿车是否舒适可以靠人来感觉，但汽车的技术性能要在一定条件下才能进行试验，不然没有可比性。

到哪里做符合技术要求的鉴定试验？我们找来找去，在去吉林市的半路上发现了岔路河镇。这个镇上有一条一公里多的直线路，路面还不错，但比较荒凉。除了对路面有要求，还要看天气，风速每秒不能超过两米，否则试验也没有办法进行。因此，做一次试验要花很多时间和精力。

做试验时，我们住在离这路面不远的福利院，那里不仅脏，蚊子也多，吃饭得跑到岔路河镇，很辛苦，但也没办法。所以，做成一件事情往往有许多因素，少一个环节都不行。这也不是一个人的力量，是集体的功劳。

轿车试制出来后，有一天，清华大学教授宋镜瀛正好到一汽。孟少农陪他到设计处参观轿车。

宋镜瀛问："轿车取什么名？"

孟厂长说正在考虑。

宋教授说毛主席说过"东风压倒西风"，就叫"东风"好了。

孟厂长接受了这个建议，经一汽厂委会通过后，小轿车取名为"东风"，并送到北京去报捷，这就是后来传遍全国的毛主席乘坐东风小轿车的消息。

正当我们要根据试验结果解决东风轿车存在的问题时，我们听到消息说中央要求制造高级轿车，供中央领导人乘坐，而且北京有汽车厂准备接受这个任务。但一汽认为，既然我们有制造东风轿车的经验，那造高级轿车也不在话下。

在"大跃进"形势下，一汽群情激昂，厂领导也同意做高级轿车，并取名"红旗"。红旗轿车试制出来后，因为能力有限，必须在红旗和东风之间二选一，最后确定舍东风而做红旗，东风轿车也就昙花一现。

我参加了东风轿车的选型和鉴定试验，也部分参与红旗轿车的鉴定试验。后来红旗轿车另立门户，离开设计处，我就没再参加红旗轿车的试验。

舍东风，孟少农不赞成。他话中有话，说："做卡车需要小学生水平，做轿车需要大学生水平，我们小学还没毕业，就要做大学生。"

说实话，我很怀念东风轿车严格按照科学设计程序推进的过程。如果东风轿车能成功生产，一汽的历史可能会有所不同。但历史不能假设，这就是规律。

第一条试验跑道

早在造东风轿车时，孟少农就找到何赐文和庄群，一起筹备建汽车试验场。他们决定在一汽附近找地段自己建，前后找了好几个地方，有时也带我一起去考察。后来在一汽西边（现在的东风大街）找到一个废弃的加工厂。加工厂原来属于一汽，后来变成居民平房。这条路不平，不算太好，但因经费有限，孟少农决定在这里建试验跑道。

所谓试验跑道，就是只能做某部分性能试验的场地。能做所有验证试验的才叫试验场，试验场我们当时还做不了。一汽由苏联援建，苏联在国内没有建试验场，因此建一汽时也没有试验场项目。计划经济时期，项目计划里没有试验场，我们就拿不到建设经费。即使是这样，这也算是中国第一条试验跑道，比二汽建试验场的时间早得多。

孟少农设计出一汽试验跑道后，他想到一个最省钱的办法——利用一汽的剩余能力来建，可以不花国家的钱。让运输处出几辆车，设计处出司机，基建处施工队施工，找长春市政处做土建设计。

试验跑道从 1959 年年底开始建设，1960 年年初建成，全长 5 公里。可以说，如果没有孟少农，这条跑道根本不会建起来，所以我很敬佩他。

有人问花那么多钱去建一条试验跑道到底有什么用？只有真正懂汽车试验的人才知道试验跑道和试验场的重要性。也可以说，中国的汽车试验场是孟少农首创的。有了一汽试验跑道的设想，才有了后来各个试验场的诞生。

在进行试验跑道设计时也出过问题。我们原本按照苏联试验规范，把路面平直度控制在千分之三以内，即 1000 米距离抬高不能超过 3 米。但这条路上正好有个洼地，要填平成本就得提高，我们实在拿不出钱，结果路面的平直度就超过了千分之三。

但千分之三这个数据本身是错误的，正确的试验结果应该是汽车往返试验的误差不能超过5%。打个比方，以结果是100为例，往返试验结果应该在95—105的范围内，这样试验结果才可信。我们做试验时，来回结果都超过7%，因此这条跑道的性能试验不能用。从这方面看，我们是失败的。但除了性能试验，其他测试都能用。

建设试验跑道的钱后来还是不够用，我们就去找老汽研——从北京搬到长春的汽车研究所（合并前称“老汽研”，后来跟设计处合并，称“汽研所”）。那是1960年年初，陈全处长去找老汽研主任，希望对方出些钱来建试验跑道，建成后，老汽研、质量处、设计处可共用，对方同意了。

试验跑道修好后，相当于给农村修了一条路，农民看到有马路，都往这边走。老汽研不满意，我们也不满意，但路也没办法封闭，要封闭又得花钱。1962年，一机部部长段君毅到一汽蹲点，我们跟他反映这个问题。段部长就批评设计处，他说：“你们没钱，不能自己动手封闭吗？”后来我们弄些大石头把路堵了起来，但也不能完全封闭，只能封闭农村的出口。

就这样到了1965年，我们攒下些钱，想改造试验跑道，便于做快速试验。道路试验室也开始研究这个问题。结果“文化大革命”开始，打乱了所有计划。这时孟少农已调到陕汽，庄群被派到海南，道路试验室的计划落空。

1969年年底，我被下放到总装配厂当修配工，后来被派去当检查员。

1972年年底，形势基本稳定，陈全和庄群回到设计处，但实际掌权者还是军代表。上面让我回设计处，我不愿意，就去找总装配车间书记。我说：“只要你要我，我就继续在这里干。”接着又去找干部处，说总装配想留我，我不想回。

干部处处长说这是厂领导、厂党委的决定，要换岗必须向厂党委汇报，重新开会讨论。没办法，我只好服从组织安排。

回设计处时，军代表正好去北京学习。我跟陈全说我不想当领导，想当个工程师或者技术员。陈全说要等军代表回来再安排工作。趁这个机会，我申请休假一个月，回北京探亲。

休假回来后，军代表说科技部下面要设一个大试验室，总共有一两百人，包括道路试验室、发动机试验室、底盘试验室、车身试验室、电器试验室等。大试验室主任是李昌群，让我当副主任。李昌群原来是试制车间的一般干部，中专毕业，出身较好，后来升任总厂调度室主任。

1973 年，军代表撤退，陈全和庄群重新掌权。我提议不要搞大试验室，让各试验室回归，我也回道路试验室。设计处领导讨论后表示同意，这样设计处又恢复原来机构。

1 天解决 10 年遗留问题

回试验室后，我就专心搞道路试验，着手解决原来考虑过但没解决的问题，如进行快速试验，发动大家去找能做快速试验的样板路段，把 500 米路段按 25 米宽分成 5 条路，设一个定点，每隔 25 米用水平仪测试高低点，5 条路就有几百个数据。坑洼高低都用水平仪测量，这就测了几千个数据。

数据怎么用？我们参考英国 MIRA 试验场中的比利时路，这条路由方块砖筑成，时间长后变得凹凸不平，就被移到试验场里面用来做试验。假如汽车按照 30 英里 / 小时的速度行驶，在这条路上跑 300 英里就能确定可靠性。

但我们的数据没有根据。一位吉林大学数学系老师告诉我，在数学上这叫路面谱，可用计算机做一个随机路面谱，把数据导入得出谱值，再据此修路，去做人工测试。

我们派了几个人分别去测试，试过好多地方，因为没有仪器，也没其他参考资料，就只能凭感觉和经验。那时的计算机有一个房间那么大，只有吉林大学数学系才有，所以要算数据，只能去吉林大学，过几天再去问结果，过程挺艰难。

我们花了近三年时间才弄清楚路面谱值。1978 年年初，我们决定建一条试验跑道，专门用来做可靠性试验，之前那条试验道路就不再用了。

1978 年，李刚担任一汽总工程师后，让我们移地再建试验场。要把试验场移地，我回设计处时就听说过，其实早在 1973 年，我们就有意识再找一个可建试验场的地方。

这时，老汽研根据我们研究快速试验跑道的结果，派人到海南试验站找地建可靠性道路。他们找到的那块地属于当地生产队，10 吨以内的载重车都可以用。

1978 年，我第一次去海南考察建可靠性试验场的情况。刚来两个礼拜，对海南情况稍微有些熟悉，就被徐兴尧一个电报给叫回来了，让我参加去日本的考察团。

一汽派出一个约 20 人的代表团去日本。我匆匆忙忙学了一个月日语，就硬着头皮去了。在日本，我们先花一个月参观了卡车厂和轻型车厂，接着分别去三菱汽车、日本五十铃、日野汽车、日产汽车和丰田汽车厂参观，一个厂参观一个月。

在日本参观的这半年收获很大。我主要看试验场，日本有大大小小 20 多个试验场，其中 3/4 我都看过。丰田有个试验场建在山顶上，我一看图片，觉得奇怪，就想去看。丰田方面说，那里没什么，没必要去看，给你放放录像就可以了。我就将他军，我说：“前面这些试验场我都看过，这个试验场建在山上，不知是真还是假”？接待我的人愣住了，经过请示，日方同意让一个日本工程师和翻译带着我去看。

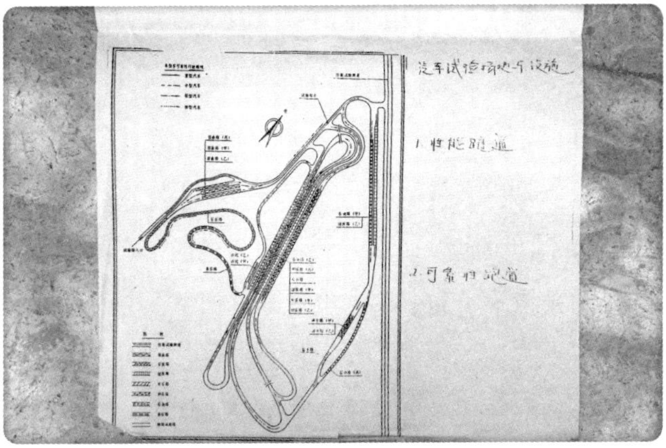

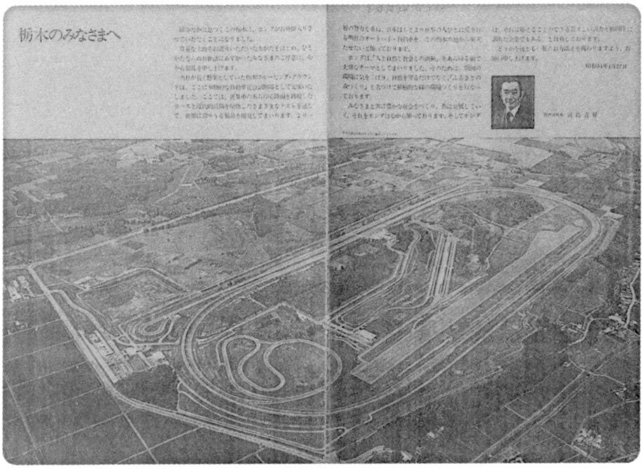

1. 汽车试验场地与设施示意图
2. 日本栃木试验场平面图

这是一个变速箱厂的试验跑道。我问他们建在山顶上遇到的最大问题是什么，他们说是防水问题。

“在山顶上为什么要防水？水又不会淹到。”我又问。

“下雨后，水冲下来，路面就会被破坏。”对方答。

“为什么要在这里建快速试验路？”对方说是因为变速箱在非洲某个地方上坡时坏掉了，他们派技术员到非洲，把当地路面情况复制到这里做研究。

我很佩服日本人的这种精神和作风。我请求丰田方把试验场的路面不平度资料给我们，对方或许觉得给你能有什么用，于是就给了我。我的想法是，拿这些数据回来研究路面谱，看看日本人研究的结果跟我们研究的结果有什么不一样。

从日本回国后，我们一直在找能建更大试验场的地方。从 1973 年到 1983 年，我们前后花了近 10 年，仍旧没有找到合适的地方。

我去过内蒙古乌兰浩特，告诉他们一汽要建试验场。他们带我到离乌兰浩特一两百公里的地方，有个日本人建的废弃飞机场，那里三面环山，冬天山上下着雪，下面的草还是绿的。我给一汽作汇报后，很多厂领导都去看过。他们认为地方很好，但是太远，离一汽有五百多公里，运输各方面都不方便，就给否定了。

吉林省委书记赵修到一汽视察，一汽总设计师刘传经抱怨说：“我们在吉林找不到地方建试验场。”赵修便告诉吉林省副省长，让他批个地方给一汽。

过了十来天，副省长真打来电话，要找一汽厂长黄兆銮。

黄兆銮通知我一起去找地方。我看过很多地方，哪里最合适也说不清楚。但我灵机一动，冒险说出最近的地方——农安县烧锅镇。包括公安局长、农业局长，以及一汽副厂长在内的 11 个局级干部陪着副省长去看地。到烧锅镇后，副省长一看，觉得这地方挺好，面积差不多有100公顷，是公社养羊养马之地，不种庄稼，地广人稀。

副省长跟陪同的县长说："你们就支援支援一汽吧。"既然副省长都发话了，县长只能表示同意。我们赶紧回去写报告，趁副省长出差前做完审批，1天就解决了10年都没解决的问题。

找地10年，施工10年

报告获批后，我们紧接着开始做试验场的设计，其中最难的是跑道弯道部分。黄兆銮和李刚的意见是让一汽基建处承包，基建处不懂汽车试验技术，处长交给基建技术科负责，但把土填平后，技术科也说干不了。

正当我们一筹莫展时，有个在中国长大的日本遗孤牵线，帮我们找到日本铺道公司。他在一汽底盘车间当过调度员，对一汽很有感情。他让铺道公司请日本自动车研究所出面联系我们。日本自动车研究所和铺道公司合作，前者做担保，后者接任务，跟我们谈建试验场的合作。

这本来是件很好的事，谁知道又出现了一些问题。铺道公司到一汽谈判，带了很多人，有律师、财务和技术人员，我们这边有厂长和助理参加。谈到最后，变成两个谈判组。一组属于技术组，由我和王秉刚负责，一组是财务和行政组。

高速跑道设计很复杂，环形弯道不打方向盘，速度要保持自然，计算要精准。中国还没人做过，但有人去日本铺道公司学习过。对方要价很高，仅设计费就20万美元。施工费用更高，要好几百万美元。铺道公司给了我一些资料，告诉我，这些都得用计算机控制，平度要在千分之一以内。弯道设计本身就很难，我们国家虽然也能设计，但没有经验。谈了两天，对方技术组认为一汽要求太苛刻，钱还压得这么低，他们干

修建试验场

不了。

我们决定先谈技术问题，由他们设计高速跑道，只谈设计费用，施工方面的合作以后再谈，这样大家都可接受。但一汽一位厂领导说，“干脆跟他们谈个大合同吧”。

我有过这方面的教训。以前搞风洞就半途而废，见头不见尾，摸着头谈谈，最后没尾巴。因此我说不能这样，我们还是分两段，第一段搞设计，第二段搞施工。

黄兆銮（时任一汽厂长）同意把设计和施工分开谈。现场讨论时，我们表态说，施工问题以后再谈，但肯定请他们监工。意思是用我们自己的工人，请他们做现场指导。

合作谈成了，钱没问题，人也没问题，什么时候交图、什么时候审图这些条件也都已经讲好。事情看起来都解决了，没想到又发生了意外。大概是 11 月，我和铺道公司的一位领导在北京的一个宾馆签订设计合同协议。第二年春节后，那位提出要谈大合同的厂领导突然告诉我，厂里没钱，要取消合同。

取消合同就要赔钱给对方。我跟一汽领导沟通，我说现在要取消合同，起码得赔付 10 万美元。何况对方已经开始干了，今年年底就要出图。为什么要白白送人家 10 万美元呢？

我问厂里能出多少钱。厂领导说还出得起要赔付的 10 万美元，那还差 10 万美元。我就去找中汽公司科技部的詹同震，他是詹天佑的孙子，我们关系不错，后面建海南试验场跟他也有关。

我说：“你能不能想办法借我们 10 万美元？”

“干吗？”他问道。

我把整个过程讲给他听。后来他终于说，“行”。

他跟胡亮局长商量后，决定提前把本来要到年底才给的 10 万美元给了汽研所，事情就这样解决了，我们坚持把设计做完。

进入图纸设计阶段后，我们也不知道该请谁来做，就跟基建处商量，请来北京计划建筑设计院。他们跟日本铺道公司有联系，也派人到铺道公司学习过。北京计划建筑设计院帮我们设计总图纸，而高速跑道的设计图纸，最终由我们和上海设计院确定。

项目前期一直是我牵头，我建议让外面的单位来施工。我让海南的一个施工单位先做了试验场边跑道，质量还挺好。刚做完，管施工的基建处又说不用他们了，要自己施工。

我反对这样做。我说："这样不行，保证不了质量。我们宁可多花点钱，也要让外单位做。他们不保证质量，我们可以罚他，一汽基建部门不保证质量，我们罚谁？"但一汽厂领导认为资金不外流，坚持让基建部门施工，结果质量一塌糊涂，几次返工重修，到 1993 年年底我退休时，还没全部完成。

这样，从 1983 年到 1993 年，我们找地 10 年，施工 10 年。一汽是全国第一个建试验场的单位，我们的资料还被其他企业拿去学习，但没想到建成的质量最差，完成得最晚。

日本汽车研究所一位副所长跟我关系不错，提供过很多资料给我。他曾问我："什么时候可以到一汽参观参观？"我就推托说自己已退休，不再管事，不知道具体情况，因为实在没办法让他们来看。

海南试验场

一汽建成的第一个试验场在海南。海南试验场从 1978 年开始建设，先做可靠性试验跑道，那时还叫试验站。"文革"混乱期间，老汽研因离得太远，管不了。1972 年，一机部便把试验站交给旗下广州电器研究所代管。

广州电器研究所主要做电器，这一管就管了 11 年，搞了好几个电器试验室、电器楼。

到 1983 年时，中汽公司就跟一机部提出，汽车要发展，海南试验站再让电器研究所管不合适，应交给汽车部门管。一机部同意让汽研所（当时老汽研已与一汽设计处合并为一汽汽研所）派人到广州跟电器研究所谈判。

汽研所当时管试验的是我，我就和詹同震、杨时平作为一汽汽研所和中汽公司的代表，去跟电器研究所谈判。中汽公司担心我们三人比较年轻，对海南不熟悉，又找了赵尔承同去。赵尔承是最初建海南试验站时的老站长，当时是重庆研究所副所长，70 岁左右，已退休，中汽公司请他当顾问。

11 年来，电器研究所在海南试验站建了很多房子。试验站当时无偿划拨给电器研究所管，现在如果要回来，这些房子怎么处理就成为难题。我们和赵尔承意见统一，意思是最多把几间房子给他们，其他全部留给我们，试验站归我们管。

但电器研究所不干，他们非要划线，各分各的。划线主要问题在主楼，主楼是木石建筑，是最好的房子，到海南试验站的人基本都住在那里。

我们在 1982 年、1983 年各进行了一次谈判。双方各提出一个方案，都谈不到一起，最后不欢而散。

他们的想法也简单，这 11 年来国家没给海南站拨过钱，都是拨给电器研究所的，电器研究所用自己的钱来建海南站，现在海南站要拿回去，就得把钱赔给他们。我们当然不同意赔。

后来，一机部下命令，从计划司、技术司派出两个代表和机电局、中汽公司一起谈判，一定要谈出个结果来。汽研所还找来陈全当顾问。

他是海南铁矿第一任矿长，两年后调回北京，又调往长春，对海南情况比较了解。

谈来谈去还是谈不拢。最后没办法，我们作出让步：主楼给电器研究所，电器试验室楼给我们，相当于把试验场分成了两半。

1983 年 5 月 1 日，双方签字，我跟电器研究所所长作交接。

海南试验站归汽研所管后，我当试验站站长。试验站没钱，汽研所拨来几万块钱，作为一年运营费用。这时，赵尔承说，他对海南试验站挺有感情，想在这里好好管。汽研所就聘请赵尔承当党委书记兼副站长。

我要管一汽试验室，不可能长期住在海南。于是就跟汽研所讲好，半年在海南，半年在长春。这就苦了赵尔承，他一直守在那里。

1983 年年底，耿昭杰（时任一汽厂长）到海南，对海南试验站的管理提出一些问题，然后派来赖国平。赖国平也是印尼归侨，比我大两岁，原来在一汽搞电机，到长春市当过一段时间的公务员，又回到一汽。他担任海南试验站第一副站长，赵尔承是书记，我是站长。

1984 年年底，赵尔承由于身体不太好要求退休，介绍了一位名叫许涛的工程师。我们就把他请到海南试验站管技术，赵尔承回重庆老家。

我也不再当站长，全交给赖国平管。但我在汽研所还管长春试验场和海南试验场。

海南试验站困难很多。举个例子，海南试验场不是一块整地，这边一个生产队，那边一个生产队，有五六个生产队。跟生产队订合同，以什么为界只能在文字上说明，没有地图。

当初海南试验站的领导跟生产队签合同时说，“我只要这块地，你们可自由出入”。但要搞试验场就一定要封闭起来，要封闭，首先要把地界搞清楚。

这就苦了赵尔承和赖国平。我只在海南待了半年，跟他们研究怎么定地界。定完地界后，我回长春，他们继续负责与生产队谈判。

我们的打算是，先把地桩做起来，再做围墙。做围墙问题就更多，本来是自由通行的道路，现在又禁止通行，农民不同意。我们只能找到县政府，请求县政府出面撮合，给他们一些补偿，让他们绕道走。

建围墙时，不光涉及修围墙费用，还有赔偿农民绕道的费用。钱紧张时，我就跟赖国平商量，找一汽副厂长沈永言支持。沈永言当时在一汽管基建，给我们拨来60万元基建费。

围墙建完后，因为要跟农民谈判的问题很多，两三年后围墙才全封闭。

接下来就是建高速跑道。我们先找上海设计院做设计，他们拿来铺道公司的图纸做参考，设计很顺利。后经县政府推荐，找福建队施工。施工全部完成时，我已退居二线，由王秉刚接管海南试验站工作。

到底是谁先建成试验场？二汽虽然开工比我们晚，但建得比我们快。一汽看二汽试验场要建起来了，就抓紧海南试验场的施工，最后比二汽早半年建成。所以，第一个试验场是海南试验场，第二个是东风（二汽）试验场，第三个是总后勤部试验场，在安徽定远县。

总结起来，改革开放以后十多年，从20世纪80年代到90年代初，我主要主持了三项与汽车试验有关的事：一是长春汽车试验场的建设；二是海南湿热带汽车试验场的建设；三是中国汽车质量检测中心的建设。

这三个项目其实都是为汽车整车质量鉴定服务的，应该说都没有离开过整车试验。

从参加工作到退休，我在一汽干了41年。我这辈子做的很多事情都是见头不见尾。长春汽车试验场后来由王秉刚与孟祥符负责，怎么建成的我也不清楚了。

口　　述 | 田其铸

采访时间 | 2012年6月9日

CA141换型改造总设计师

一场历时6年的换型改造。

田其铸，曾任一汽汽研所副总工程师。

1953 年，田其铸毕业于山东工学院汽车专业，与全班 35 位同学一起被分配到一汽。他先从设计处干起，不久被调到总成实验室任传动组专业组长。

1958 年，总成实验室和底盘设计科合并，田其铸加入设计团队，参与东风和红旗轿车的设计。这期间，他与刘经传、冯锦炜组成三人团队，负责研发红旗轿车的液力自动变速器，并如期完成任务。

1980 年，他被一汽第四任厂长李刚任命为解放 CA141 换型总设计师。CA141 换型改造长达 6 年，其中定型 3 年，生产准备 3 年，被喻为一汽的第二次创业。田其铸曾上书一汽领导班子《关于 CA141 设计方案的十大建议》，并被采纳。

1987 年，CA141 正式生产，从此结束了解放产品“30 年一贯制”的被动局面。

1984 年，田其铸调任汽研所副总工程师。1995 年，65 周岁的他办完退休手续后又继续工作 5 年，编辑汽研所的汽车设计手册，共 3 本，约 200 万字。

2012 年 6 月 9 日，田其铸在长春寓所接受访谈。

初成一汽人

我1930年出生，老家在河南。我在那里上完小学和中学后，到山东工学院（现在的山东工业大学）学汽车专业，我也是这个学校汽车专业的第一届学生。

1949年2月，我到华东交通专科学校学习。这所学校是华东军区兵站部办的一个干部学校，总校在山东，在徐州设有分校。学校实行供给制，发军装，其实就是参加革命。新中国成立后，学校被整编，成为正规学校。

学校有汽车科，主要培养汽车驾驶员。我学的是土木工程，到济南后，我改学汽车工程专业。教材由系主任陈秉聪主持编写，他后来成为吉林工业大学副校长，是中国工程院院士。

1953年，我大学毕业，正好一汽建厂需要全国支援，我们全班35人全被分到一汽。同年从全国各个学校到一汽的毕业生有500多人。

一汽于1953年7月15日建厂，我们没赶上去现场，原因是辽宁发大水，铁路不通，我们在学校又待了一段时间，8月才到一汽。我被分配到技术处下面的设计科，当时还没有设计处。

长春那时还是一片荒地，正在平地上盖房子。我们住在火车站旁边的招待所里，每天到绿园（现在的职工医院）上班。一汽由苏联包建，我们上班的第一个月是突击学习俄文。

不久，我们兵分两路，一部分人被陆续派到苏联实习，一部分人在国内实习。1953年11月，我先后被派往上海柴油机厂和华东汽车装修厂实习，主要学习机械加工和装配等工艺，基本是跟着师傅看，了解工艺，记笔记，自己动手的地方很少。

1954年6月，我回到一汽。这年年初，设计科从技术处分离出来，成立设计试制处，简称设计处。第一任处长是邹就正，他后来到清华大学深造，回来后分配到汽车研究所。第二任处长是吴敬业，汽车界的老前辈，是原重工业部下属部门汽车实验室的主任，后调任洛阳第一拖拉机厂总工程师。

我在设计处待的时间不长，没多久就被调到新成立的总成实验室（现在的底盘实验室）。实验室主要做底盘和零部件实验，主任是王汝湜，后调到二汽担任副厂长。

总成实验室下设三个小组，我是传动组专业组长，主要负责离合器、变速箱、传动轴等传动部分的实验。

总成实验室里有现成设备，但绝大部分是自制的非标准设备。解放牌卡车 1956 年投产，但它也不是一下子就投产，设备都是陆续做起来的。如总装配车间的设备，起初是由苏联提供一些总成，后来逐渐过渡到我们自己生产总成和部件。

最需要的是汽车，而不是新车

后来，一汽开始搞轿车，先是东风，后是红旗，同时还要搞卡车，底盘设计科的人手不够用，就把总成实验室并了过去。于是，我们这些搞实验的也加入设计队伍中，参与了东风和红旗的设计。

我和底盘设计科科长刘经传，还有组员冯锦炜三人负责研发液力自动变速器。东风匹配的是机械变速器，参考了德国奔驰 190，相对简单。红旗也有样车，是一汽从吉林工业大学借来的 1955 年产的克莱斯勒。

为造红旗，厂里组织了包括活塞环、挺杆、凸轮轴摩擦副、活塞、减震器、雨刷机构、门锁机构、风窗玻璃升降机构等部件在内的 28 个“三结合”突击队攻关。

对于红旗的液力传动部分，我们作两手准备，一是搞液力自动变速器，二是搞机械变速器，两部分齐头并进，以防万一。机械变速器也是自己出图纸，但参考了苏联吉斯 110 变速器。

需要说明的是，第一辆红旗车上安装的离心式调速器当时来不及做，安装的是样车上现成的调速器。但第二辆红旗匹配的调速器就是我们自己做的。

我们知道液力自动变速器，但却没看过实物，不知道它究竟长什么样，而且时间很紧，一个月就要把变速器做出来装车。我们只能先分解样车，然后做实验，看其总成性能怎样。做完实验后，再把变速器拆开，进行测绘、画图。有些图能画，有些图却画不出来。如液力变扭器，它是冲压件，旋转成曲线，我们不知道怎么画。于是就到车间里找工人师傅，让他们照着实物手工做出液力变扭器。

机修车间里，一些从上海来的老师傅手艺相当好。这里我要提两个人，一个是钱云洲，八级钳工；一个是李治国，也是八级钳工，搞液压加工的。

为抢时间，大家不分昼夜地在车间里干活，困了就在长条凳子上睡一觉，醒来接着干。这期间还有个小故事。当时通信设备还不发达，我在车间里住了近两个礼拜，没回家。我老伴不知道啥情况，觉得人怎会无缘无故失踪呢？到厂里一打听，才知道是在做红旗。这样的故事还有很多。

1958 年 8 月 1 日，一汽召开红旗庆功会，在共青团花园南北边中间通道处搭建土台子，布置会场。红旗车被开到了土台子上，正好苏联李哈乔夫汽车厂有个青年代表团来访问，他们围着红旗撒花瓣，大家都很兴奋。

我在底盘设计科一直干到 1980 年，直到上面让我做解放 CA141 换型总设计师。一汽卡车的换型由来已久。1956 年，一汽引进生产第一代解放牌卡车后，设计处就在苏联专家指导下开始搞新车，当时搞新车主要是为练兵。毕竟解放牌刚投产，不可能换新车。老解放叫 CA10，我们自己搞的叫 CA11，CA11 有 11A 和 11B 两个方案，最后选了 11A。其中传动部分几乎是全新技术，尽管现在看起来水平还很低。

CA11 分散到各个专业科里分头做，如底盘科负责传动、悬挂、制动和转向部分。1957 年试制 CA11，做了三辆样车。与此同时，一汽还搞了代替解放牌的 CA150 卡车，主要由从美国福特汽车回国的工程师励承豪负责，他搞了能翻转的平头驾驶室。CA150 样车做出来后，因为试制的技术力量不够，便没投产。

接着，一汽开始搞 CA140。“文革”前，CA140 已经进行了四轮实验，已准备生产，一汽花 180 万元购进自动设备，建发动机缸盖生产线，但却因“文革”而被迫停止。

停掉 CA140 还有一个原因是当时国家并不要求一汽换型，因为二汽还没投产，国家最需要的是汽车，而不是新车，一汽只要多产车就行。结果，我们把 CA140 拿去支援二汽，他们在原车基础上做了些改进，改为东风 140。

质量问题是路线问题

1959 年，一汽开始引进苏联吉尔 157，内部代号 CA30。“CA”意为“中国一汽”；“3”代表三桥驱动；“0”代表第一代车型。CA30 是 6×6 的 2.5 吨越野车，主要供部队使用。

为与苏联吉尔 157 区别开来，我们把苏联图纸拿来进行国产化改造，采用大揭盖式车头。由于这时还没有越野车的专门生产阵地，便用解放牌卡车生产线组织生产，手工制作了大量车头钣金零件，当年生产 221 辆。

CA30 生产出来后，我们很快就发现了一些缺陷：翼子板过高，视野不好；一些零件刚性不足；发动机罩张开角度过小，打开时要敞开到驾驶室上面等。于是，一汽专门立项改进越野车车头，改进后与 CA10 结构基本相似，两者通用程度达 75.3%。

接着，一汽和解放军炮兵及总后运输部联合对 CA30 又进行了试验，结果又暴露出另外一些缺陷。因此，在改进车头的同时，越野车又进行了包括重新设计驱动桥、采用中央充气系统、采用冬季启动预热装置在内的六项改进。我负责分动器齿轮的改进，改进后的越野车型号为 CA30A。

后来，一汽专门成立越野车分厂。1963 年，由底盘车间负责筹建车间主体工程，1964 年建成投产。CA141 进行换型改造后，国家才正式通知一汽停产越野车。这时二汽已投产，主要生产 2.5 吨越野车和 3.5 吨越野车，代号分别为 25Y、35Y。此外，二汽还生产 5 吨载重车东风 140，但因为部队需求有限，主要靠东风 140 赚钱。

1965 年，一汽搞“357”系列产品，即载重 3 吨、5 吨、7 吨卡车，后来 7 吨卡车改为 9 吨卡车，改称“359”。这时，一机部汽车局改名为中国汽车工业公司（以下简称“中汽公司”）。经中汽公司批准，一汽改名为长春汽车分公司，把东北地区原属地方领导的 13 家企业收归分公司管辖，进行技术改造。沈阳汽车制造厂也被纳入长春汽车分公司旗下。

同年，我被派往沈阳，带领一个五六个人的设计小分队制造 3 吨车。长春汽车分公司负责 5 吨车和 9 吨车。我们连样车都做出来了，又因“文革”冲击而停止。

“文革”期间，一汽产品市场仍供不应求，甚至废品、次品都有人抢，但质量问题频繁出现，如本应报废的发动机，大家都知道质量差，装上后会漏油，要么拉缸，或者烧轴瓦，但没人管。出问题后，就送到设计处修。那时每个月有好几天我们都要去修发动机。

发动机主油道也经常出现问题，工人在加工时不是没拧紧螺栓，就是干脆没装螺栓，直接送到下一工序装上离合器变速箱，结果一实验就漏油。这个问题查来查去查到设计处，让我们负责修。我们把变速箱、离合器、飞轮等全拆下来一看，原来是没有拧螺栓。弄个胶一粘，拧紧螺栓就好了。

又如铁屑，本应用压缩空气吹干净。如果不吹干净，油一进去，铁屑就顺着油冲到各个需要润滑的地方，如发动机里或者轴瓦里，造成轴瓦烧了或者拉缸了。遇到这样的问题，他们也把东西送到设计处修。我们找到问题后直接换轴瓦、修曲轴。

1971 年，一汽年产量达到 6 万辆，但在产品质量、设备维修、管理基础等工作方面暴露出严重问题。

尤其是一批援助越南的汽车也出现质量问题。1972 年年初，周恩来总理作出重要批示，要把长汽、二汽、京汽、南汽等汽车厂的质量抓一抓，质量这样下降，如何援外，如何备战，这是路线问题……

由于周总理把质量问题提高到路线问题的高度，一汽领导班子思想受到震动。1972 年 3 月，一汽专门召开党委扩大会议，共清理出 4318 项质量问题，其中重点项目 132 项。同时，拿出提高产品质量和加强质量管理的初步方案，一汽三名党委常委负责整顿工作。为此，我们成立 132 个“三结合”攻关队，分批、分期攻克质量难关，这才把质量搞上去。

十大建议

1980 年 5 月，一汽召开第六次党代会，提出从 1980 年至 1985 年实现“老车换型，产品创名牌，品种上 10 个，年产过 8 万（辆），企业管理现代化，实现利润 16.2 亿元”的奋斗目标，重新拉开换型改造的序幕。

换型很困难，因为一汽利润全部上交国家，自己没钱。为换型，国家批了 4 亿多元资金。除了银行贷款，我们还要自筹资金。这时一汽厂长已经换成了李刚。李刚是一位德高望重的老领导，我很尊重他。“文化大革命”时，他也受到冲击，被安排在发动机厂劳动。在这种情况下，他仍提了很多建议。有一次开会讨论，我也在现场，他还建议一汽要搞柴油发动机。但军代表不听他的，还说“你这是开啥玩笑”。

回过头来讲，我能任 CA141 总设计师，也是李刚点的名。有段时间，我工作情绪不高。一汽搞新产品，我们自己设计了一个变速器，试制了五年，结果装上车还是不合格。我很灰心，觉得自己在一汽没什么前途。

1980 年，我到北京出差，住在农业机械化学院里。我在北京待了近一个月，当时筹备三汽（重型汽车厂）的同志也在这里。我跟他们都很熟，认为筹建三汽是个机会，于是就问他们：“我到你们这里来，行不行？”

“只要一汽放人，我们就要。”他们回答。

巧合的是，李刚同志也到北京出差，他住在位于苏州胡同的一机部招待所里。我知道消息后，有一天晚上专门跑去找他。

我说：“厂长，您放我走吧，一汽没有适合我的工作。”

李刚同志就一直安慰我，让我看远一点，还说肯定会有适合的任务。

他不放我，我也没办法。一个月后，我回到长春，没过几天，设计处副处长富侠（已去世）来找我。他说一汽要搞 CA141 换型，希望我当设计总师。当时一汽还没有总设计师这样的职务，设计总师相当于总设计师。

这样，我就离开底盘科去主抓换型改造工作。1980 年 7 月，一汽下达了解放牌载货汽车换代产品 CA141 型 5 吨车的研制任务书。设计任务书中提出的原则是在老产品的基础上进一步挖潜改进；总成和零部件在满足性能要求的前提下尽量不改或少改；充分考虑换型过渡的可能性和现生产工艺的继承性；充分利用现有设备和工装；各项性能赶上和超过二汽EQ140 车。

其实任务书的雏形我去北京前就已看过。我去找李刚同志的那天晚上，也跟他聊过换型车。根据设计任务书来看，我认为换型车没有竞争力，因为起点太低。

从（1980 年）8 月开始，我从每个专业科室抽调了几位同事，重新组成设计小团队，按照设计任务书进行方案设计。但内心里，我越来越觉得这样做有问题，原任务书过于迁就对老产品的继承，要求新车轮距、轴距以及车架长度与 CA10B 相同，这势必会给新车总体布置和性能带来先天性缺陷。这样换型的卡车，没有市场前景。

考虑再三后，我就写了一份《关于 CA141 设计方案的十大建议》，当时号称“十大建议”。1980 年年底，由汽研所所长刘经传主持，召开汽研所技术委员会会议，专门听取我的汇报。

我一方面汇报原方案设计情况，一方面提出新建议，重点在后者。

我的建议主要包括十个方面：一是选装柴油机问题；二是采用膜片弹簧式单片离合器问题；三是采用同步变速箱问题；四是选装单级后桥问题；五是循环球转向机问题；六是采用等宽车架，改变轮距和轴距问题；七是采用新前轴问题；八是采用铸钢刹车蹄片轴支架问题；九是采用选装件问题；十是严控汽车自重问题。

鉴定、设计和修改

参加汽研所技术委员会会议的很多都是老工程师，他们基本同意我的建议，但有些细节还需再研究。如车架模具制作周期较长，我们自己做不了毛坯，只能送到富拉尔基重型厂去做，这样时间是否来得及？

另外，设计任务书由规划处起草，以总厂名义下发，而汽研所权力有限，无权改动设计任务书。事后，汽研所向总厂汇报情况，1981 年 1 月，李刚厂长主持召开了两次高端会议，主要是厂技术委员会成员和各处室负责人参加，每次约有几十人。经过讨论，总厂确定以“十大建议”为基础，重新修订 CA141 设计任务书。

1981 年 5 月，CA141 试制图纸已全部设计出来，10 月初试制出第一辆样车，年底前试制出六辆样车。样车出来后，我们立即开始全面试验工作，包括 420 小时的道路模拟强化试验、台架扭转疲劳试验和一万公里强化道路试验等。国家有试验标准的，我们就按照国家标准执行，国家还没有统一规范的，我们就按照自己的规范做。

按照规划，CA141 换型改造要三年定型，三年准备生产，六年投产。在 1983 年定型前，CA141 共做过三次鉴定，前两次是在一汽做的，最后一次是在国家相关部门做的。

我记得很清楚，1981 年的最后一天，做完上述试验后，一汽召开第一次工厂鉴定会，会议表示 CA141 设计图纸可以作为一汽工厂换型改造扩初（扩大初步）设计的基础。

会议决定对于试验过程中发现的问题马上改进，做第二轮图纸设计；对于没有出现问题的部件，在发出第二轮试制图纸的同时，先发提前投入生产准备的带“S”字头的采用通知书，以便争取时间。

第二轮设计工作于 1982 年 4 月初结束。这次设计解决了车头、车架横梁、车箱纵梁、汽缸体开裂和机油泵传动齿轮早期磨损等问题。设计结束后，又发出试制图纸。

1982 年上半年，CA141 完成整车性能试验、2 万公里可靠性试验、车架刚性及应力测定、钢板弹簧性能及疲劳寿命试验等 28 项主要试验。

6月29日至30日，一汽进行第二次工厂鉴定，会议决定将总成和零部件投入制造。

这期间有个小细节，在第二轮设计过程中，上级部门为节约能源，发文要求6102发动机由烧75# 汽油改烧80# 汽油。因此，发动机压缩比由7：1调改为7.4：1，最低油耗由319g/kW·h改为306g/kW·h，整车百公里油耗由28L改为26.5L。但当时谁也没想到，这却引出了一些风波。

1982年下半年，一汽试制出七辆按照第二轮设计方案生产的CA141样车，发动机仍沿用第一轮的发动机。为检验设计改进的效果，对这些样车重新进行整车性能试验、台架扭转疲劳试验、道路模拟强化试验、5万公里可靠性试验和部分零部件的台架性能和可靠性试验等11项检测。到1983年8月，除了使用试验刚开始进行，其他鉴定准备工作已按计划完成。

1983年9月23日，国家授权中汽公司主持召开国家级鉴定定型技术审查会。会议由中汽公司总工程师陈祖涛主持，这时李刚已调任中汽公司总经理。会上，CA141通过国家鉴定。同年10月8日，CA141由中汽公司正式批准定型。

从1980年10月到1983年，我们前后用三年时间完成CA141产品定型，这期间经历了两轮设计和一次较大的修改设计，并完成一批变型车设计，共出图纸（包括CA6102发动机）2925张、明细表1012张、技术条件56份。为鉴定定型技术审查会提供鉴定文件17份，提供设计计算说明和试验报告39份。

到日本做评价试验

接下来就是做CA141的生产准备工作。

首先，我们发出全套正式生产准备用的采用通知书和技术文件，包括图纸、明细表、技术条件和装配调整说明书。发出前我们对文件进行整理，采用零部件与车型脱钩的新的编号规则。为避免混乱，还编印了新老图号对照表。

其次，编印 CA141 汽车使用说明书和零件目录。

最后，继续试制一批 CA141 样车，先后发到内蒙古乌兰浩特、湖北襄樊、新疆乌鲁木齐、云南保山、海南海口和甘肃兰州等地的运输公司做使用试验。通过试验，大家反映较多的问题是电器和非金属产品质量较低。为此，我们于 1985 年和 1986 年分别在湖北和云南召开有各试验点和协作厂参加的电器、非金属产品质量工作会议，研究改进措施。

CA141 还首次做了评价试验。李刚同志曾去日本考察，他提出委托日野汽车为 CA141 做评价试验，当时我们绝大部分人都不知道国外如何做新车试验，以及试验项目有哪些。

1984 年 8 月，一汽派出由八人组成的技术合作考察团去日本考察。团长是谢云，时任解放汽车联营公司总经理；副团长是李治国，我也在其中。在日本，我们考察了日野汽车、丰田汽车、日产汽车等好几家汽车厂，也去看过零部件厂。

我们从 1984 年开始跟日野汽车谈合作，1985 年 2 月双方签约。合作项目包括两部分：一是为 CA141 做评价实验；二是引进日野汽车带同步器的变速箱。

发往日野汽车做评价试验的两辆 CA141 在这之前共做了 400 多项试验。评价实验历时近四个月。试验过程中，日野汽车还在一些项目上用自己的汽车跟我们作对比——他们的车是柴油机，我们的是汽油机；我们的车噪声比他们小；他们的是平头车，我们的是长头车；我们的外表更好看。此外，像制动等个别项目我们的试验结果也不错。

日野汽车方面也很喜欢 CA141。他们提建议说:“我们双方合作，用你们的车装我们的柴油机，向菲律宾等第三国出口。”我们还真匹配了两辆样车，用日野汽车在当地的销售网络向菲律宾出口。效果也不错，当时我国每年都要进口很多汽车，其中尤以日本车最多。

过去就是纯粹进口汽车，后来国家出台技贸结合新政策。所谓技贸结合，即技术和贸易结合，我买你的汽车，但你得给我一部分技术。换句话说，你得给我 5%~10% 的技术回报。因此，我们跟日野汽车谈判时，他们对试验项目要价 2 亿日元，经讨价还价后降到 1 亿日元，相当于 50 辆解放牌汽车的产值。再加上引进带同步器的变速箱，两个项目谈到 3.4 亿日元。要冲掉这笔钱，就要购买 5 万辆日野汽车，这个项目就没谈成，只在前期引进了变速箱。

“七五”期间，一汽投资 1.4 亿元建变速箱厂，其管理和设备布置都采用日本模式，日野汽车还派专家来一汽进行生产调整。建成投产后，首批十台变速箱送到日野汽车做试验。试验合格后，双方执行合同结束。

1987 年 1 月，CA141 正式生产，从此结束了解放产品“30 年一贯制”的被动局面。

CA141 由于外形不错，动力也好，国内订单供不应求，1987 年生产 6 万多辆。当年在有国内外汽车厂家投标的三个国际招标项目中，CA141 是中标的唯一中型车。1988 年，它还出口朝鲜、美国、玻利维亚和泰国等，同年在有 28 个国家参加的第 21 届开罗国际汽车博览会上也备受好评。

80# 汽油风波

从 1987 年到 1991 年，我们针对 CA141 在生产使用过程中反映出来的问题进行改进，前后做了 103 项大大小小的试验。为什么 CA141 在正式生产后还需要设计改进，我觉得原因有以下六个方面：

第一，过去是小批量试制，加工装配和正式大量流水生产有很大差别。如试制时只需要装出车就行，但大量流水装配线的装配顺序和节拍却有严格要求，差一点也不行。

第二，一些协作产品虽然样品复验合格，但大量生产时质量不稳定。

第三，试制时材料规格多为名义尺寸，大量生产时尺寸偏差较大。

第四，样车试验时燃料、润滑油、载荷等保养条件较好，问题暴露得不充分。大量生产后用户使用、保养的条件千差万别，加上销售地区面向全国，售后服务工作不能及时跟进。

第五，降低成本需要。如用 5 毫米厚钢化玻璃代替 6 毫米厚钢化玻璃，用塑料喷涂代替镀铬，取消塑料镀铬“解放”标牌，改为在车头上冲字等。

第六，提高性能及市场竞争力的需要。如采用同步器变速箱、复合式车门密封条等。

我认为通过 CA141 换型改造，可以汲取以下经验教训：

第一，产品开发要有一个高起点。作为一个大量生产的基本车型，从研制到生产准备，再到正式生产，一般都要经过 5~6 年时间，因此产品开发一定要有一个高起点。否则，到正式生产投放市场时就已经落后了。

CA141 开始研制时，我国对制动系统、排污量等并无专门法规要求，对噪声要求也不严格，但我们根据国外法规和国外汽车发展趋势，决定采用双回路制动系统，并对排污和噪声采取控制，后来国家规定必须采用双回路制动系统，还颁布了控制排污量及噪声的法规，CA141 完全符合要求。

第二，抓住主要矛盾，处理好发展和继承的关系。为节约资金和争取时间，CA141 换型主要是解决老产品外形陈旧、车速低、油耗高、舒适性差的问题，重点放在车身、发动机和行走机构上，对于过去深受用户好评的双级减速后桥等没有作重大变化。对于离合器和变速箱则采取先用老产品过渡的办法。

第三，从实际出发，使产品的开发建立在可靠的物质基础上。在开始设计 CA141 时，任务书规定用 75# 汽油，后来根据国家计委指示，一机部汽车总局于 1981 年发文要求“六五”期间新生产的汽车一律使用 80# 汽油。

CA141 定型前后进行的大量试验证明，使用 80# 汽油的 CA6102 发动机的动力性、经济性和可靠性良好。为此，中国石化总公司还为 CA141 车发放了使用 80# 汽油的特许证。

但我国幅员广阔，石油销售网络的分布和设备管理水平不一，除了少数大城市，许多地方的加油站油品单一，而且往往没有 80# 汽油。这种情况不会在短时间因为一份文件而改变。

CA141 大量投放市场以后，许多用户购买不到 80# 汽油，有的大用户甚至声言，如果一定要烧 80# 汽油，他们只能去买别的烧 75# 汽油的车。为适应这种情况，我们采取安装爆震限制器、降低压缩比等一系列措施，使矛盾得到缓解，但对 CA141 的声誉已经造成不利影响。因此，产品的开发必须从我国实际出发，要做两手准备。

第四，贯彻新标准既要积极又要慎重。对于与老产品无继承和互换关系的，要积极贯彻新标准，如改进公差配合、飞轮壳连接尺寸、噪声和排污等。对于与老产品有继承和互换关系的贯彻，一定要慎重。

在这方面，CA141 有过教训。

一是我们率先贯彻了以国际标准为基础的新的国家标准，采用新的六角头对边尺寸。但 CA141 上的紧固件并不都是一汽的产品，由于其他厂家没有贯彻新标准，因此所有外协产品上的紧固件六角头尺寸仍是旧的。结果造成装配工具的混乱，增加了随车工具的品种，并给维修服务部门带来不便。在我们的多次呼吁下，国家技术监督局才于1990年下发426号文件，要求全国各行业于1991年年底前强制贯彻完毕。同这一期限相比，我们超前了五年，但教训也是深刻的。

二是在M12细牙螺纹螺距问题上的反复。CA141为了积极贯彻新标准，将制动管路中大量使用的M12管接头的螺距由老产品的1.25改为1.5，后来冷静想想，由1.25改为1.5已经不能互换，但一般来说，人们不容易分辨和察觉。而过去社会上和维修部门使用的管接头都是M12×1.25的，如果CA141需要维修保养，极易发生误装，既浪费钱又耽误事。因此，在CA141正式生产前，我们当机立断，毅然决定停止M12×1. 5螺纹的生产准备工作，恢复了M12×1.25的螺纹。

第五，要考虑工艺但不能迁就工艺。产品是使用和制造、功能和成本的矛盾统一体。产品结构、材料、加工精度的选择应当考虑制造工艺和成本，但绝不能迁就落后的工艺而牺牲产品的基本功能。CA141机油泵出油管原来设计用钢管，因为压弯成型困难，才改用铜管。结果使用时，铜管多次发生断裂，造成主轴瓦缺油烧损。1987年4月，我们又由铜管改为钢管，事故便没再发生。

1984年我被提为汽研所副总师。1995年，我65周岁，办完退休手续，又继续工作了五年，负责编辑汽研所的汽车设计手册。手册共3本，约200万字。所以，我70岁才正式休息。现在回想起来，我从1953年23岁进入一汽，到2000年70岁离开，在一汽干了47年。我唯一遗憾的是没有再干三年，如果能再干三年，那就是50年，半个世纪。

口　　述 | 赵忠信

采访时间 | 2018 年 5 月 26 日

把解放销到世界第一

哪里有路，哪里就有解放的车。

赵忠信，曾任一汽集团总经理助理、一汽解放公司党委书记、一汽贸易总公司总经理。

1946 年，赵忠信出生在长春。1968 年，为响应上山下乡号召，他到吉林省榆树县接受贫下中农再教育。两年后，一汽招收知识青年，他进入一汽工作。

从 1970 年到 1991 年三月，赵忠信在一汽车厢厂整整干了 21 年。他从装配车间的一个装配工人做起，历任车间主任、车厢厂革委会副主任、车厢厂厂长等职务。

1991 年，赵忠信担任底盘厂厂长，三年后，调到生产处担任处长。

1995 年，赵忠信被调到一汽贸易总公司担任总经理。此后 10 年，他挑起解放销售的重任。通过创新理念、创新服务、创新产品和创新营销方式，解放卡车的销量不仅重回全国第一，而且在 2001 年成为世界第一，逐步解决了一汽库存高、应收货款高、销售费用高的难题。

2006 年，赵忠信退休。

2018 年 5 月 26 日下午，在一汽 74 栋办公室，赵忠信接受访谈。

自力更生建油漆线

1946年，我出生在长春，在家里排行老大，下边还有两个妹妹和一个弟弟。除了有两年到农村插队，其他时间都没离开过长春。小学、初中和高中分别就读于平泉路小学、长春七中和长春十二中。

1968年，为响应毛主席上山下乡的号召，我们到农村接受贫下中农再教育。1968年10月16日，我下乡到吉林省榆树县大岗公社大岗七队，成为长春十二中炼红心集体户的一员，那是学校第一个下乡集体户。

两年后，一汽招工，我有幸成为一名一汽员工。一汽地处长春西南郊，之前我从来没去过，但一汽在我心中的地位很高，能当一名汽车工人，我觉得十分光荣。

刚进厂时，一汽提出的口号是“全厂总动员，猛闯5万辆大关”。一汽从1956年开始生产解放卡车，设计年产能3万辆，要闯5万辆大关，就得从两班变成三班，需要对外招收知识青年，就从延边、白城等吉林省周边城市招了不少人。

1970年9月23日，我到一汽报到，被分到车厢厂装配车间，同时进厂的有150多人。车厢厂很有历史，听说一汽建厂奠基典礼大会就是在车厢厂的旧址上召开的，毛主席题写的奠基石就安放在车厢厂附近。

车厢厂的工作就是把车厢的底板、前板、后板、边板装好，再发给总装配厂装车，是装配的最后一道工序。

装配是年轻人干的活儿，又苦又累，几天几夜不回家是常有的事。当时机械化程度不高，车厢板得人抬，钉子得人钉，但看到自己装配的车厢落到汽车底盘上，一台台出厂后，心中总有一种满足感和自豪感，再苦再累的活儿也不在话下。

我每天都在班组最关键的岗位上认认真真地工作，并逐渐成了装配大拿。我总觉得工作再累，也比当知青时干农活轻松。在农村生产队干活，夏天早晨不到 4 点就要起床，一直干到晚上 8 点才收工。

车厢厂党委书记、革委会主任是王荣兴，当时全厂各单位革委会主任都是军代表，只有车厢厂的是地方代表。王荣兴是抗日干部，是个老革命，作风朴实，踏实肯干，对自己要求十分严格，在群众中威信很高，后来被选为九大代表。

王荣兴对我的影响很大，他经常参加我们车间活动，对我要求严格，经常给我压担子，在工作中不断指导我。1974 年 6 月，我被提为总装车间主任，是车厢厂最年轻的车间主任。1975 年 8 月，我被提为车厢厂革委会主任（副厂长）。

1980 年，一汽为培养年轻干部，在职工大学开办企业管理班，全厂 300 多名科级以上干部报名考试，我以第一名的成绩考入职工大学。经过三年脱产学习，我的知识水平和业务水平都得到了提升。1990 年 8 月，我利用业余时间参加中央党校经济管理专业学习，取得本科文凭，并被评为优秀学员。

在车厢厂，我印象最深的事情就是解放 CA141 换型改造，这也是一汽的第二次创业。当时，车厢厂要上一条油漆线，向总厂申请大概 450 万元，主要是材料费和采购费。油漆线有很多非标设备，包括一些结构件和金属件，都是干部和工人利用业余时间施工制造完成的。

换型改造初期，耿昭杰厂长摔坏了腿，拄着拐杖到车厢厂开现场会，号召全厂学习车厢厂自力更生的换型精神，把一分钱掰成两半花。

车厢厂换型改造，我是副总指挥。其中一年多特别辛苦，每天早晨开碰头会，现场办公，有问题当天解决，不能影响汽车换型进度。车厢厂有 1000 多人，不分白天黑夜地干，除了保证正常生产，还要利用业余时间集中搞基建和非标制造，用了不到一年就建成了油漆线。

车厢原来是木结构，一个普通车厢消耗木材的定额是 1.258 立方米，实际上需要 2.5 立方米以上才能做一个车厢。一汽年产七八万辆汽车，要消耗很多木材。

换型后，我们就把木结构车厢改成铁木结合车厢。车厢纵梁、横梁和部分底板用钢板，木材消耗定额大幅下降，对保护环境起到很大作用。1990 年，我到南方考察生产毛竹的江苏、安徽、江西、浙江四个省，回来后，又把木地板变成竹地板，这在以竹代木工业化应用上属全国首创。

车厢上还有一处要用木材，即军车的栏板，这对木材质量要求非常高。原来用水曲柳，是硬木且有弹性，木材利用率很低。我们和军方共同研究后，用矩形钢代替水曲柳，给国家节约了很多木材，彻底结束了大量消耗木材的历史。

但变成铁木结合车厢后，所有钢板底漆必须要用电泳工艺，这就要求建电泳油漆线。为此，耿厂长高度重视，工艺处积极配合，车厢厂建起了先进的阴极电泳油漆线。

1986 年，春节上班第一天，冰天雪地中，一汽在一号门前召开万人誓师大会。耿厂长带领我们高呼口号：“愚公移山，背水一战，万无一失，务求必胜！”这些事情我到现在仍记忆犹新。

从底盘厂到生产调度处

1991 年 3 月，我担任底盘厂厂长。底盘厂就是现在的车桥厂，是一汽老厂区大院里占地面积最大的专业厂。

底盘厂是一汽最具实干精神的厂。我曾经这样描述过底盘厂：“底盘厂具有底盘的精神，就像它生产的前后桥总成一样，四轮踏地，实实在在，默默无闻，埋头苦干，有一支特别能战斗的职工队伍。”

管生产的副厂长名叫李继尧，就像老黄牛一样，一年 365 天工作在厂里，每天工作到很晚，他就是底盘厂脚踏实地工作的突出代表。

底盘厂主要负责生产制造前后桥总成，很多零件都很重，其中的羊角（汽车转向节臂）因零件不规则，只能靠人搬。以给羊角做第一道工序的工人为例，把毛坯从箱里搬到工位器具上，再卡在机床上，加工后搬到下一道架子上，每件羊角都要像这样过手三次。每车两件羊角，每班生产 200 辆，倒过手的重量超过 20 吨。长年下来，很多身强力壮的工人都得了腱鞘炎，所以底盘厂工人吃苦耐劳、踏踏实实干活的老黄牛精神全厂有名。

底盘厂也出人才，像刘守华、王黎山、张瑛、秦懋荣、祝业精、王兆国等都在底盘厂干过。王兆国在底盘厂实习一年，跟祝业精是上下道工序，两人算是工友。

我在底盘厂干了 3 年多，最重要的事情就是抓产品质量和月产过万辆大关。我主要抓精益生产管理，最重要的是抓生产过程的“一个流”。

过去，底盘厂生产过程中的每道工序间都积压着几十个甚至几百个中间在制品，占用了大量生产面积和资金，而且特别容易出成批产品质量问题。为此，我从羊角件这个难度最大的零件抓起，对生产线进行彻底改造。每个工位之间没有一个多余在制品，节约了大量生产面积和流动资金，既提高了生产效率，也提高了产品质量。

这种方法受到了总厂肯定，总厂还在底盘厂召开“推广‘一个流’精益生产方式”的现场会，将这种方法在全厂零件加工线上推广，保证了月产万辆大关目标的实现，底盘厂也因此第一次被评为模范厂。

1994 年 5 月 1 日，我被调到生产处担任处长，到 1995 年 12 月离开。我在生产处期间，在生产管理上主要抓了两件事。

第一件事是推广“拉动式”生产方式，大力降低整车库存。过去，一汽以生产计划为中心，实行“推动式”的生产方式，只要全年计划确定，每个月计划确定，生产部门就必须组织完成计划。当销量不好、库存量太大时，资金就会大量积压，这是长期实行计划经济造成的结果。

为实行“拉动式”生产，以销售需求来制订生产计划，在管生产的马文兴副厂长的支持下，我们建立了产销平衡会制度，实行滚动计划模式。每三个月滚动一次全年计划，每周平衡一次月计划，生产部门主动适应销售部门的需要，从以生产为中心的模式，逐步转变为以销售和市场需求为主的“拉动式”生产方式。

第二件事是制定生产管理评价办法。巩固推广“拉动式”生产方式，必须要有一套科学的评价办法。我组织生产处的管理科，将生产过程中不符合“拉动式”生产的环节纳入生产系统考核，制定产品定额，推广“一个流”生产和“混流”生产，每个月一评价，每年一总结，使生产系统适应销售需求，逐渐形成“拉动式”生产模式。

从被动销售变为主动销售

接下来我重点讲在一汽贸易总公司（以下简称“贸易公司”）这段经历。

1995 年 12 月，我被调到贸易公司当总经理，在这里工作了近 10 年，主要管销售。

起初，贸易公司负责轿车、轻型车和卡车销售。1997 年，奥迪和捷达划归一汽 - 大众公司销售。1998 年，一汽轿车公司成立，红旗划归轿车公司销售。贸易公司就主要承担解放卡车的销售。

一汽当时销售形势不好，存在库存高、销售费用高、应收货款高的“三高”问题。耿厂长找我谈话，我比他小 11 岁，但他总叫我老赵，每次都弄得我很不好意思。

他说："老赵，这三座大山把我压得喘不过气来，一汽所有资金都压在这里。"这三座大山都是销售部门的责任：库存高是销售计划做得不好，是市场开拓得不好；销售费用高，是各项销售费用没有用在刀刃上；应收货款高更是销售部门的责任，把车销出去了，货款却回不来，还怎么组织再生产。

当时，一汽在售车辆包括奥迪、捷达、解放和轻型车。销售最好的是轻型车，年产销量接近6万辆，《中国汽车报》还以"'轻'兵进关"为主题作过报道。但一汽80%的员工都在干卡车，一汽最受瞩目的还是卡车。但解放卡车的销量已被东风卡车超过8年，从1987年开始，东风卡车的销量就一直是行业第一。

上任没几天，我跟耿厂长去四川成都开营销年会。我们同坐一辆车，耿厂长说："老赵，你看看，这路上没有几辆解放，一到这里我心情就非常压抑。"

耿厂长还跟我谈到一个内容。他说："精益生产方式里，营销是主动销售，计划经济完全是被动销售。过去是皇帝女儿不愁嫁，汽车短缺，想买买不着，大家都来求一汽。你们要研究怎么做好主动销售，怎么适应市场，怎么提高销量和市场占有率。"耿厂长反复强调八个字——事在人为，车在人销。

这就是贸易公司当时面对的环境。1995年冬至，我正式上任。在欢迎会上，我说："今天是12月22日，是冬至，冬至这天黑夜最长，白天最短，但愿经过努力，从今天开始，解放汽车的黑夜越来越短，白天越来越长，变得越来越光明。"

到贸易公司半年后，我提出把主动销售变成贸易公司的企业精神，提出"两忠诚、两主动"的企业精神，即忠诚一汽，主动销售；忠诚用户，主动服务。但在当时，企业的工作流程、思想观念都还带有计划经济色彩，各省公司和本部销售计划员都高高在上，只会指挥经销商，没有市场意识，也没有一点服务精神。

为此，我又根据企业精神，提出“四个一切”——围绕市场，一切为市场，一切为用户；围绕内部，一切为代理商，一切为服务商。同时把“四个一切”概括为“用户第一”，解放是全国第一个提出“用户第一”的企业。这个理念我贯彻了近 10 年，前后变化很大。

转变理念后，贸易公司每年向代理商和服务商发放评价表，让他们给各省公司经理、本部的销售计划员和售后服务员匿名打分，要点名道姓评价到每个人。根据评价建立淘汰机制，每年都有下岗者，仅二级经理每年就要调整 10 多名。

这就是管理的结果。先讲清楚规则，年底作评价，凡是“用户第一”观念不强的，凡是代理商和服务商不满意的，该调整的调整，该下岗的就下岗。坚持做下来，员工服务意识逐渐增强，工作作风不断转变，更加适合市场和用户需求。

为把“用户第一”的理念不断加深，我们又提出“4W”：第一个“W”是“Who”，我的用户是谁；第二个“W”是“What”，我能为用户做些什么；第三个“W”还是“What”，我的用户需要什么；第四个“W”依然是“What”，我还能为用户做些什么。

针对“4W”提出的问题，我们每年都组织员工进行深入讨论，不断探讨用户需求的变化，采取相应措施适应用户要求。同时把“4W”理念向代理商、服务商推广，使代理商、服务商的工作也能满足用户需求，使“用户第一”成为解放卡车销售的共同观念，使主动销售、主动服务成为所有人的共同行动。

挣钱机器与解放之歌

1996 年，我们策划要给解放卡车设计一句广告语。我对广告词一直比较重视，一句好广告词往往能打动人心。当时提过很多广告语，桑塔纳换型后，桑塔纳 2000 叫时代超人，所以最初策划的广告词是“解放卡车，效益超人”。

我说：“效益超人不够直接，卡车用户一定要用直接的广告语。用户买车就是为了挣钱，解放卡车就是用户挣钱的机器，有很多人买了解放车发家致富，广告词能不能叫‘解放卡车，挣钱机器’？”

有人说这句广告词有点土。

我说土是土点，但对老百姓更直接，他可能更感兴趣。直接说效益超人，可以给他带来效益，但他买车就能挣钱，不更直接吗？

我去跟耿厂长作汇报，他也知道桑塔纳那句广告词。我说：“人家叫时代超人，我们别老叫超人，否则有抄袭别人之嫌。”

耿厂长也认可这句话。从那以后，“解放卡车，挣钱机器”就成了解放卡车的广告语。这其实也是站在用户角度策划的广告语。

解放新车型投放时都有个小名，每个车型都带个“王”字，什么两吨王、拉煤王、西北王、工程王等，给用户留下了“解放车是同类卡车中最好的”的印象。东风商用车负责人曾在营销大会上讲，解放卡车会起名，什么都叫“王”，我们有的车比解放好，但没起个“王”字，所以没人家卖得好。

2002 年，我们就想写首《解放之歌》。负责策划的公司找到写《咱当兵的人》词曲作者王晓岭和臧云飞。他们写的两句词我很满意，一句是“哪里有路，哪里就有解放的车；哪里有人，哪里就有解放的歌”。另一句是“哪里繁荣，哪里就有解放的车；哪里腾飞，哪里就有解放的歌”。

但其他歌词就不太符合一汽的企业文化，我就让广告科科长黄建伟重新填写符合一汽的歌词，我适当调整后，变成两段，就是现在大家看到的《解放之歌》。

从2003年开始，我们不仅在一汽贸易公司内部推广《解放之歌》，而且让一汽所有代理商、服务商都去传唱，极大地振奋了解放人的精神面貌，推动了解放的营销和服务工作。

所以说，营销理念的变化，可以推动销售。

营销创新最难的是渠道创新。当时一汽经销商主要是各省市的机电公司，这些单位都有计划经济色彩，什么品牌都卖，也没有市场意识。全国几百家经销商在长春都设有办事处，而且都在贸易公司周围。在贸易公司门口就把车都卖了，不仅起不到市场开拓作用，而且把市场价格搞得特别混乱。

针对这种情况，我们从1998年开始整顿营销网络，要求所有代理商必须专营解放品牌，必须在注册地开拓市场，不许在长春倒车，大力压缩长春本地经销商。可以想象，这项工作难度之大，因为断了很多人的经营权，特别是断了一些权势部门的财路。

但我们顶住各种压力，经过两年努力，经销商数量虽然大为减少，但都回到了本地区买车，经营能力不断提高。因为开拓了当地市场，价格也稳定，不仅提高了赢利水平，还提高了解放品牌在当地的市场占有率。解放是在众多商用车厂家中率先开展网络整顿的厂家。

整顿销售渠道后销量虽然有所提高，但经销商功能单一的问题仍然存在。因此，从2000年开始，我们在网络整顿的基础上，率先开始在全国建设解放4S店。我们学习奥迪营销经验，开始对建设解放4S店进行调研。针对代理商的诉求，我们制定了符合卡车营销网络的政策，在全国进行招标，得到了很多代理商的响应。

那时候地价还不太贵，这些4S店大多建在城乡接合部，代理商也愿意配合。解放4S店外观形象跟其他品牌不一样，非常有特色。设计时，我提出两点要求：一是一定要用红色，一汽东风大街的老房子都是红色的，一看就知道是一汽，这是一汽特色；二是一定要有现代感。设计出来后，有人称解放4S店为“天安门”，也有人称为“红房子”，有的地方公交站站名都叫“一汽红房子”。

经过两年的努力，我们在全国建立了100多家解放4S店。解放4S店的建立，不仅提升了解放品牌的形象，更重要的是提升了解放品牌的营销功能，提高了代理商的营销能力，更好地落实了“用户第一”的理念，开创了商用汽车营销先河。解放品牌市场占有率也不断提高，2001年最高时达到52%。

金融创新与感动服务

针对前面提到的三座大山中的应收账款高，我们也做了开创性工作。针对老的应收账款，我从两个方面抓起：一是落实责任人，找出每笔欠款形成时的责任人，确定回款时间，严格考核。逾期收不回款者，按下岗处理；二是落实不到具体责任人，或相关人员已不在岗的，就落实到相关公司经理，作为清欠负责人。每年下达清欠指标，完成指标的重奖，达不到指标的按下岗处理，把清欠工作作为贸易公司的大事来抓。

1999年，我们在全国率先提出实行现款提货，同时还开创了解决代理商融资问题的创新政策，我们称之为“三方协议”。简单来说，就是我给代理商发车，代理商给我银行的承兑汇票，银行给代理商适当免息，这就解决了销售中“前清后欠”的老大难问题。新销售的车不许欠款，既提高了销量和市场占有率，也提高了营销质量。

我们也针对用户买车一次性付款困难的问题采取了相应的措施。过去代理商卖车是一手交钱一手交货，但卡车是大宗商品，用户攒足钱买车不容易，这在一定程度上制约了销售。

1997年，解放经销商冀东机电用“以租代售”的方法销车，用户用30%左右的贷款买车，车牌上经销商的户，在规定时间内每个月还一部分款，用户用挣来的钱还款，全部还完后，再把车牌过户给用户。我认为这是营销模式的巨大变化。

我亲自到冀东机电去调研，和启明公司总经理程传海针对这种模式容易出现的风险，开发了规避以租代售车辆风险的软件，在车上安装卫星定位GPS，给以租代售车辆又上一道保险。同时，广发银行、深圳发展银行、建设银行等金融单位又给予了以租代售车辆金融支持。

这是一个三方合作、四方受益的营销模式。这个模式形成后，用户买得起车了，经销商50%以上的车辆通过这种方法销出去，而且还减少了风险，银行也获得了贷款效益。最重要的是，这个方法在全国推广后，提高了解放品牌的销量，对提高解放品牌市场占有率功不可没。

这些营销变革方法实施后，解放销量随之提高。从1998年起，一汽解放销量重回全国卡车第一，并实现七连冠。2001年，解放销售16.2万辆，夺得世界卡车销量第一，这是一汽几代人的梦想，也是一汽人48年艰苦奋斗、激情创业取得的丰硕成果。世界第一能在我们这代人手中实现，我们感到无比光荣和自豪。

售后服务也是营销的重要环节。用户购买的不仅是产品，同时也是服务，售后服务对提高品牌形象和市场占有率起着巨大的支撑作用。

为体现“用户第一”的理念，我们在售后服务上开展“4W”大讨论，探讨怎么在售后服务中做到忠诚用户、主动服务。针对用户提出的社会备件少、维修不及时、服务网点少、索赔时间长等制约销售的问题，贸易公司一方面在全国设立八个备品中心库，24小时营业，随时供应紧急备件，减少用户等件时间。同时还设立解放卡车用户服务中心，设立全国服务电话，调度指挥全国服务商和备品中心，及时解决用户要求。

另外，我们加大服务商布网，提出100公里左右建一个服务站的方案。到2005年时，全国已建立500多家服务站。为进一步提高服务水平，贸易公司副总经理姜立堂在“4W”上加了两个后缀：我能为用户做些什么——直至满意；我还能为用户做些什么——直至感动，并把一汽售后服务目标定位为“感动服务”，且一直沿用至今。

“感动服务”事例很多。麦收时，卡车用户不在家，代理商组织员工为用户收麦子；用户孩子辍学，代理商帮助捐款，解决孩子复学问题；用户有天灾人祸，代理商帮助解决。

西藏、阿里地区海拔4500多米，很多地区是无人区，高寒缺氧，环境十分恶劣，被称为生命禁区。有个用户从外地到阿里，车坏到那里，用户派出一人坐公交车出来打电话求救，一人守在车里。解放西藏公司经理常彦江问清楚故障后，立刻带着备件和食品，连赶一天一夜的路，不仅抢修好了汽车，还在用户弹尽粮绝之际带去食物。对方万分感激，当场表态，就冲着解放这么优质的服务，以后还买解放车。

这样的例子还有很多。服务站服务电话必须24小时开机，接到电话后，马上问清故障，装上配件去解决问题。一汽服务不仅限于维修本身，而且延伸到人文关怀，确实感动了很多用户。

“感动服务”不是喊口号，而是实实在在的服务。到现在，“感动服务”已成为解放的特色品牌。

解放一定会成为世界著名品牌

解放之所以能在1998年重回全国卡车销量第一，并在2001年取得世界卡车销量第一，很重要的原因是产品创新，解放产品创新迄今引领着商用车潮流。

在计划经济模式下，厂里给什么车，贸易公司就卖什么车。卖得不好时，销售怨产品，产品怨质量，质量怨生产，生产怨财务不投入，财务怨销售不回钱，形成了互相指责的怪圈，销售部门总处在风口浪尖上，工作十分被动。

我对各省公司说：生产什么卖什么，这是被动营销。销售部门必须要率先走出这个怪圈，不能老是指责别的部门。主动营销应该是市场需要什么车，我们就要求汽研所设计什么样的车，这才能争取销售的主动。

为研究产品，贸易公司专门成立产品科，长年到市场做调研，了解市场需要什么产品，哪些产品需要创新，具体参数是多少。各省公司也根据各地区的个性需求，提出本省需要车型，由产品科汇总，认真研究后，给汽研所写出产品需求报告。

汽研所也作市场调研，但时间相对较短，他们的主要精力是设计产品。贸易公司成天面对市场，面对客户，我们提需求，跟汽研所一起商量，再把这些车型推出来。

对我们提出的要求，汽研所都认真对待。为提高当年销量，我们要求最好年初投产，尤其要赶在次年三月前。因为三四月份是销售旺季，老百姓过完年，基建和运输开始，全国各行业都动起来了。

拉煤王的设计就是这样策划而来的。解放发动机原来是自然吸气 160 马力，我要求必须增压，达到 170 马力以上。但汽研所设计的增压机，无论如何都装不到发动机舱里。我了解到，柳特（一汽解放柳州特种汽车公司）把增压机改了位置后就可以放进去。我把汽研所负责产品设计的人找来，让他们上柳特去学习，他们回来后，立刻解决了问题。

结果这车成为抢手货，因为增加 10 马力又是增压发动机，不仅动力更好，而且更省油。拉煤王火了好几年，不仅提高了销量，还延长了长头车的生命周期。

再比如，双桥 9 吨是在解放中型车基础上加了双桥，变成 9 吨重卡。虽然刚上市用户很欢迎，但被竞争对手模仿后，我们就没了优势。我们及时提出加大加强发动机、变速箱、车桥、离合器等总成，汽研所设计了四个总成都加大的“四大”双桥重卡，使解放重卡市场占有率不断提高，2001 年占据重卡市场 60% 的份额。

根据市场变化和用户需求，主动要产品，主动策划产品，从而主动销售，适应市场，这是解放销量不断提高、市场占有率不断提高的秘籍。

转眼 60 多年过去了，一汽解放走过一段艰辛漫长的历程。现在解放重型卡车销量不仅多年稳居中国第一，而且雄居世界第一，取得令人瞩目的业绩。我作为曾经的解放装配工人，曾经的专业厂厂长，曾经的贸易公司总经理，曾经的解放公司党委书记，感到十分光荣和自豪，因为我浑身刻满了解放的烙印，我曾为解放作过贡献。

我相信，解放一定会继续保持中国第一。我更相信，解放一定会成为世界著名品牌，也一定会实现解放之歌的目标——哪里有路，哪里就有解放的车；哪里有人，哪里就有解放的歌。哪里繁荣，哪里就有解放的车；哪里腾飞，哪里就有解放的歌。

口　　述 | 李长江

采访时间 | 2018年7月1日

做别人不敢做的事

在一汽解放公司只干了三年，但基本把人得罪遍了。

李长江，一汽解放公司第一任总经理。

1950 年 6 月，李长江出生在山东泰安。1968 年，为响应毛主席上山下乡号召，李长江到吉林省榆树县接受锻炼，并于 1969 年加入中国共产党，时年 19 岁。

1970 年一汽招工，李长江被组织选派到一汽铸造厂。此后 23 年，他在这个最苦最累的地方，从车间工长、副主任、主任、支部书记，一直做到厂长助理、副厂长，喊出了“把着红旗不放，站在排头不让”的口号。

一汽解放公司成立前，李长江历任一汽发运总公司总经理、一汽集团公司生产处处长、一汽集团生产制造部部长、一汽集团公司总经理助理、一汽集团公司总调度长和一汽商用车制造中心总经理等职务。

担任一汽集团公司生产处处长期间，他整顿和改造老厂区，治理厂区环境，为一汽立了规矩。在担任一汽解放公司总经理期间，他强势推动公司实行二次改革，与国内同行业对标，增加一汽解放公司的竞争力。

2018 年 7 月 1 日，在一汽解放大连分公司，李长江接受访谈。

"小老虎"

我是山东泰安人，小学前三年都在山东读书，9 岁到长春读完小学和初中。1968 年，为响应毛主席上山下乡号召，我去了吉林省榆树县。

我 1969 年年底入党，当时只有 19 岁，跟同龄人相比，我入党时间最早，党龄最长。当时是"文革"期间，国家恢复了各级党组织，并把我们公社作为试点，我由此成为这期间第一批加入党组织的人，而且没有预备期。

说起来都不相信，我为啥能入党？当时，我们 17 个人下乡，家庭条件好的同学到农村一看，第二天就跑回长春了。我下乡一年零九个月，这期间没回过家，春节都是在农村过的。我们集体户盖了 5 间房，新房里没有任何取暖设备，房顶没有铺草，晚上零下 30 多摄氏度，我就把炕烧热，盖五六层被子睡觉。早上起来，发现全身都是霜和冰。

他们离开后，就我在那里守着。我跟着社员一起干活，刨粪时把手都震裂了。第二年春天种地时，队长看我挺认真，就表扬我，选我当打头（生产组长），领着 100 多名社员在田里干活。社员每天挣 10 工分，我挣 13 工分。他们一看这小孩挺能干，所以入党时，老党员都选我。

我有些担心，说："我够资格吗？"

他们说："你咋不够？你比谁都强。"

组织本来准备培养我，留我在大队（村）当干部，因我家里困难便作罢。我们家五个孩子，父亲生病，没有工作能力。1970 年一汽招工，我被组织选派到一汽铸造厂。

铸造厂是最苦最累的地方，也是培养一汽干部的摇篮，铸造人是有名的铁军。当时一汽部长级干部近 1/3 来自铸造厂，班子成员中，马振东、赵方宽、金毅、耿昭杰和马福生五人都来自铸造厂。

从 1970 年到 1993 年，我在铸造厂干了 23 年，可以说什么岗位都干过，从车间工长、副主任、主任、支部书记，一直做到厂长助理、副厂长。起初，我被分到清理车间，清理铸件毛坯毛刺外表。领导见我吃苦耐劳，就让我当班长，九个月后提拔我为排长（工长）。

我当排长时，我们排被厂长命名为“老虎排”。大家由此给我取了一个绰号，叫“小老虎”。

铸造厂是大厂，但也是老大难单位。当时国际废品率只有 2%，一汽考核标准是 6% 左右。但“文革”期间，质量技术掌握得不好，规章制度也不健全，我们的缸体废品率达 70%，缸盖废品率达 80%，干出来的全是废品。

铸造厂有 6000 多名职工，加上每个单位选派来支援铸造厂的骨干，共有 1 万多人，却仍在不停地生产废品。

当时厂里召开誓师大会，让各车间表态争当模范。那时候开会不排顺序，宣传科科长先到这个车间说今天开会没顺序，大会表态时要争先发言，然后又去另一个车间说同样的话。我们是模范车间，肯定要保住这个地位。

誓师大会上，主持大会的领导话音刚落，我就冲到台上抢麦克风。我说：“领导这么重视，我们又是模范排头兵，我们的口号是‘把着红旗不放，站在排头不让’。”

两次学丰田

1978 年，由一汽厂长刘守华带队的中国汽车工业考察团到日本考察学习 6 个月，铸造厂厂长马福生同行。考察团回一汽后作内部分享，我们听后都很惊奇，那时候日本两分钟出一辆汽车，简直不敢想象。解放有 10 万人，每年生产 5 万辆车，还得加班加点 24 小时干。

厂里号召一汽学习丰田生产方式。公司上下学习热情很高，一个部长负责一个车间，白天到车间学习研究，连财务部都必须参加，下午5点回办公室开会，会一般要开到凌晨一两点钟，所以那时候一汽每天都灯火通明。

丰田生产方式的精华是“一个流”，就是从上一道工序到下一道工序，用一个滑道解决输送问题。而我们从上一个工位到下一个工位，设备好使就堆一堆，坏了就积压在那里，修好后再搬上去，所以车间里的物料堆得跟山似的。

日本人怎么做？比如，我们车身厂有条焊装线，工人把物料放上去后，还得有专人送到下道工序。而日本人就用一根电缆来解决问题，一按电钮，轨道就直接把物料送到工位上，件送到后，再一按电钮就回来了，根本不用人送。

再比如总装配线，刚开始要铆几个支架，工人师傅们弯着腰拿着风枪铆，累得满头大汗。日本人认为，弯着腰这么干的工作量最大，最消耗体力，就从废钢堆里捡回几个槽钢，做成长条凳子，卸车架时把车架直接放到长条凳上，工人们便不用再弯腰。

后来，我们学习丰田的生产方式对车间进行改造。原来老发动机厂房有个生产羊角转向节的车间（一汽解放车桥车间），底盘厂在那里抓典型。这个车间有8台机床，10个工人，还有2个搬运工。在日本人帮助下，我们把8台机床进行“V”形排列，让1个人来回操作4台机床，采用滑道运送，1件都不允许落地。

车间原本占地400多平方米，后来缩减到150平方米。这样可减少8个劳动力，但是会很累。准备实施时，小组里有些同志想不通，因为他们不愿意裁减工人，还写大标语“把日本鬼子打出去”。我有些担心，就说先松点，1人负责2台机床，先4个人干，循序渐进，这样小组减了6

个人。

车间腾出250平方米后，完全可以再上一条新生产线，可以扩大生产能力。原来存放着的上万件在制品，现在一件都没有了。物件过来后，直接送到滚道上，不落地，也没有出现磕、碰、伤的情况。

我们慢慢发现，日本人的改善方式不是解雇工人，而是减轻劳动量，提高劳动效率。

2003年，我当一汽解放公司总经理后，我们再次学习丰田生产方式。我们从丰田公司请来9位专家，他们还派了8位义务来讲解的专家，总共17人在一汽解放指导了一年。

回想起来，1978年和2003年两次学习丰田生产方式是两个不同的概念。1978年，一汽尝试解决铸造制品分类的问题，当时只是简单学习，依葫芦画瓢，也不知道内涵。而2003年是更深层次的学习。

为一汽立规矩

在担任一汽集团公司生产处处长期间，我做过一些看起来颇为惊天动地的事情。举几个例子讲讲。

一是对自行车入厂进行整顿。

一汽从建厂开始，大家都骑自行车上班。大院里有四五万人，约有2万辆自行车停放在厂内，自行车遍地都是。那时候自行车进厂也是一种权利，有本事的就停放在车间里，甚至放到机器旁，严重影响了生产活动，阻碍物流顺利进行。

我当生产处处长后以身作则，发布公告：自行车一律不准进厂，违者现场没收。同时，成立稽查小组进行监督。

工人们都指着我的鼻子骂。当时耿昭杰厂长主事，之前他问过我，“这能行吗”？

我说："怕啥？只要班子同意，我就敢干。其他汽车厂没有一辆自行车能骑进工厂里去，我去过奔驰汽车厂，它们厂里的自行车是检修工人用的公车。平时自行车挂墙上，谁用就取下来骑走。我们这可倒好，到处都碰脚。"

见耿厂长有些犹豫，我说："耿厂长，别犹豫了，下文吧。"

后来厂里下发了总经理办公会纪要，要求清理厂内自行车，由生产处统一管理。厂里检修时，我买了200辆新自行车，刷上不一样的漆，供公用。这样彻底解决了2万辆自行车进厂的问题，保证厂内道路畅通，物流顺畅。

二是整顿和改造老厂区。

2000年，为迎接一汽建厂50周年，竺（延风）总对我说："长江，你上鞍钢去看看。"

一到鞍钢我就愣住了，以前多次去鞍钢，看到三产以及与鞍钢无关的企业在院里办公，办公楼及生产活动场所建得到处都是。现在院里规规矩矩，道路畅通，环境良好。

我从鞍钢回来后，就带领生产处做方案，并向竺总汇报。竺总看后问我："能干吗？"我说只要集团下文，完全可以干。我们把老厂区（现在的一汽解放公司）26万多平方米的违章建筑全部推掉，把院里几十家非国有企业全部清理出去。我们还对清理后的厂区进行绿化，现在进厂看到那些漂亮的杨树、樟子松以及草坪绿地等，就是我领着大家种下的。

当时，一汽厂区采暖供热面积达1100多万平方米，是全世界最大的集中供热区，过去电厂用十台锅炉采暖都不够。经过我们清理整顿后，还闲置下来两台锅炉。

那些从一汽出去的领导回来参观，都感到非常惊讶。他们说，真没想到，一汽变化这么大。

厂区改造预算4.7亿元，最后花了2.2亿元，节省2.5亿元。以前项目基本是决算大于预算，预算大于概算。在作改造总结时，竺总说："要重奖长江。"没过两天，还真给我发了5000元奖金。

总体来说，在生产处期间，我为一汽立了很多规矩。别人不敢做的事，我也稀里糊涂地做了。竺总半开玩笑地说："长江是我们一汽的'坦克'，意思是困难的事情，交给长江做总没错。"

成立一汽解放公司

一汽公司化改革时间长达10年。从1993年到2003年，一汽下边的单位纷纷成立公司。我参与了第一个公司的成立并担任总经理，即一汽发运总公司（一汽物流公司）。我在这个公司干了3年，从白手起家干到年利润几千万元。

2003年，一汽最后一个公司，也是一汽最大的公司——一汽解放公司成立，我担任总经理。为什么一汽解放最后才成立公司？解放是一汽的根，解放养活了全集团10万职工。红旗是它养的，合资品牌是它孕育的。要是早成立，它就不能承担养人的责任。一汽吃大锅饭，也就是吃解放的饭，一直吃到2003年，直到一汽－大众、一汽丰田、一汽轿车、一汽富奥、一汽四环全都独立，集团没有后顾之忧后，才成立一汽商用车制造中心（一汽解放公司的前身）。

所以有种说法是一汽解放就是一汽。

2002年9月，竺总找我谈话，他希望我到一汽商用车制造中心当总经理。

我说："竺总，你别让我干了。我搞铸造23年，不是汽车科班出身。"

竺总说："经过这些年的观察，你最适合……这是党对你的信任，是组织对你的信任。”

既然这么多信任，那我就去干吧。2002 年国庆节时，我正式上任，去时集团已给公司规划了“8 个半部”。因为审计室是科级，只能算半个部，剩下还有规划部、财务部、采购部、人事部等。并且 8 个部的部长都已经安排好了，都是从一汽集团调过来的副部长，规格很高。

上任后，我先组建团队。我想，国庆期间肯定不能休息，要研究成立一汽商用车制造中心的具体事情。但 8 个部长中，有 6 个当时出差在外，找人谈话都找不着。过了一个月后，他们才陆陆续续来报到。所以，一汽商用车制造中心成立后，运作得很不顺畅。一汽总厂那些部门也都不习惯，我们在他们那里说了也不算，到哪里都走投无路。

我去找一汽集团。我说这样做不行，商用车制造中心到底是中心还是公司？模拟公司运行，运行不下去。模拟独立核算，各个部门都卡我们，我们没有办法。

“成立公司至少要一年后。”对方说。

我说：“不行，现在马上成立公司。”

“那怎么运行？”对方问。

我说：“肯定有困难，但不管怎样，先成立再说。”

接下来，我就让张春林带着几个人建立公司运作的规章制度。我说：“可以借鉴一汽 - 大众的做法，再加上一汽总厂的一些资料，先把制度建起来。”

一切都从零开始，我们不分昼夜地工作。当时的综合部部长，孩子在美国上学，爱人陪读，他自己穿个破黄大衣，从各个部抽调人手建章建制。最终，我们用了三个月完成任务。

这三个月里，我们基本上把应该独立出来的东西理顺了，但也只是内部理顺，外部还没达成一致，跟总厂之间的矛盾尤为突出。

2003 年 1 月初，我去找竺延风。我说：“竺总，解放公司必须成立得越快越好，否则越往后越不利。”

经过讨论，成立时间定在了 2003 年 1 月 18 日。成立当天，长春天气特别冷。我们在室外搭建舞台，我穿件西服上去讲话，讲出了一身汗。

解放车型名字的由来

一汽解放这个名怎么来的？起初是叫一汽商用车制造中心。后来注册成立公司时，我和竺总建议，应该叫一汽解放汽车有限公司。然后是产品的名字，一汽奥迪有 A6、一汽轿车有 M6（马自达），我就提议，把正在研发的解放第 6 代产品命名为 J6。

接着就是设计 LOGO。解放 J6 造型邀请意大利设计公司 IDG 设计。实际上，解放 J6 的 LOGO 一开始是方形的，这个车正面看非常像变形金刚，要是 LOGO 是圆形的就显得有些不伦不类。意大利人说必须是方形，才能跟整体协调。

结果到汽研所整车室一看，方形搭配起来不伦不类，因为其他东西都是圆形。竺总也说方形不好看，后来就商量改成圆形。

LOGO 设计出来后，意大利人手工做了两个驾驶室模型。意大利人手巧，我们做不出来，就说：“能不能给我们手工做一批驾驶室，我们用来做试验。”

“做是可以做，做一个驾驶室 10 万美元，50 个驾驶室 500 万美元。”意大利人回复道。

我们希望做 100 个驾驶室，因为汽研所和解放都需要做各种测试。

对方说不行，只能做 50 个，多一个都做不了。

那就做 50 个吧。驾驶室是意大利人一点点地用塑料模具做出来的，类似于现在的三维打印模式，做得非常漂亮，所以解放 J6 的驾驶室一点也不落后，20 年也不落后。

一汽解放真正的五平柴是解放 J5。解放 CA10、解放 CA15 是第一代，解放 CA141 是第二代，第三代是五平柴，第四代是在五平柴基础上，改三菱宽体平头驾驶室，6×4，我们称为“假 9 吨”。到第五代车型了，我提出应该叫 J5。

“这是一只鹰”

等到解放 J5 做出来后，还是三菱模式，跟五平柴一样，只不过把驾驶室加宽加长。我一看不行，就跟技术部部长王瑞健商量。我说，你让汽研所设计个粘贴画，就像变形金刚那样，贴两个门上，把样子改改。

正好这时，美国艾利公司的销售员来公司推销反光条不干胶。他说，全世界都贴，就你们中国不贴。

我赶紧把王瑞健叫过来，我说，这小子卖不干胶条，他肯定有办法。接着又对销售员说，我们有个大项目，自己说了算，你能不能帮我们在车门上设计两个不干胶条，让用户看了有不一样的感觉。如果设计成功，我每台车贴俩，一台车加两三百元。”

销售员一听就来劲了。他回上海就向美国艾利公司驻中国总代表汇报，立即从美国找来两个设计师。我把一汽 LOGO 拿给他们看。一汽 LOGO（鹰标）由“一”“汽”两个字组成，但一汽很多人都不满意。

我让设计师在这个基础上进行演绎。

他们瞅了半天，突然说：“这是一只鹰，‘一’是鹰头，两边是翅膀。鹰可是吉祥物，38 个国家的国旗国徽都用鹰。”

“对，是鹰。”我说，就以这个为标准进行设计。

美国设计师离开一周后，给我们邮来 20 多套设计图，现在解放 J5、奥威、悍威、骏威用的都是这些。

第一个标用在了奥威上。接着我们让美国人照样做几个样子，他们委托一个吉林工厂生产，做出来一个鹰的样子，还不错。

我拿着鹰标去找竺延风。我说："竺总，我们请美国公司做的设计，你看怎样？美国人说这个标是一只鹰。"

竺总眼睛一亮，高兴坏了，说"对啊，就是鹰"。从那以后，鹰标就喊出来了。

有很多事情回想起来挺有意思。起初汽研所没有在解放车门上贴马力标 280、320、360 等数字，但我看奔驰、沃尔沃都贴，用户看到就知道这款车是多大马力。

我对王瑞健说："瑞健，这事交给你了，咱也得标上。阿拉伯数字好办，用塑料贴上就行。"

他办事效率特别高，没过两天，就拿来一堆数字贴上了。

从那以后，一汽解放开始贴马力标。

对标降成本

像胡汉杰、王瑞健他们也特别能干，让他们干啥，他们都拼命去干，有很多让我特别感动的事情。

解放 J5 出来后，遮阳板质量不行，一经太阳暴晒就掉色，用户抱怨声很多。有一次，夜里 10 点多钟，我睡不着觉，就想开车上"国库"（商品车存车场）去看看情况，结果老远就瞅到地上蹲着一个人。我心想，这半夜三更的是谁？走过去一看，是王瑞健，他当时是总经理助理兼技术部部长。

我当场就掉泪了，说："你咋还不回家？"

他看到我也很意外，说："李总，你咋来了？你快回家，今天累得够呛。"

我俩就在灯下研究产品。两天后，我们掌握了配方，掉色问题迎刃而解。

问题能解决也挺好，但最难受的还是车卖不动的时候。当时解放直属员工有 2.3 万多人，而吃解放这碗饭的加起来约有 8.5 万人。有时候你都想象不到，这个企业好几万人在你手下没有出路，产品卖不动压库里，堆得到处都是，大家都心急如焚。

最严重的问题是成本居高不下。成本分两部分，一部分是采购成本，一部分是制造成本 。

降采购成本最难。降成本前我们必须要和其他公司对标，找出成本居高不下的原因。我们买来东风商用车、福田汽车、一汽解放青岛分公司的三种车型，又拿来解放 J5，把它们全部拆开，一个件、一个件地分开摆放，一个螺丝都不放过，一一进行对标。

对标的结果不可思议，同样是解放牌汽车，连出厂合格证和零部件匹配都一样，但解放本部一辆车的采购成本比青岛分公司贵 1.6 万元，而青岛分公司售价比解放本部便宜 1 万元。

我们又采取类似的方法，跟东风、福田汽车一一对标找差距。

外部对标之后，我们又在一汽内部进行对标，找出内部差距。

我们发现福田用的基本都是农民工，月工资基本是解放工人的一半。再比如设备，当时，福田车间之间的零部件都是用手推车运送，而一汽解放焊装线上就有 160 多个机器人用输送带传送零件，二者的成本能一样吗？

再举个例子。我们一汽车轮厂的钢车轮，供给青岛分公司的价格也比解放本部便宜，一辆份按 10 个轮胎计算，就差 1000 多元。

我找车轮厂要求他们往下降价格，他们去找集团领导，集团领导又来找我。我说，都是实行市场化，钢车轮哪里都能买得到。集团领导又说别降太多，他们还得养活员工。

我说："我不考虑，要考虑这些，解放人都得饿死。"最后谈到一个车轮降80元，即使这样，还比供给青岛的价格要贵。

铸造更气人。市场上铸件4000元一吨，而他们卖6000元一吨。我在铸造厂干了20多年，知道铸造成本确实不好降，但仍强行让铸造厂降价。结果铸造厂上上下下都来找我，都说不能降，他们负担重。

我说："我不管负担重不重，同样都是铸件，都是球墨铸铁，你们必须降，不降就不要你们的。"

都说铸造厂那批干部是我一手提拔的，和我很有感情。但从那以后，我在铸造厂的英雄气概全没了，他们骂我是最坏的坏蛋。

我在一汽解放公司时间虽然不长，只有三年多，但基本把人得罪遍了。

"遇到困难，就到铸造走一圈"

我再讲讲铸造精神。

铸造精神总结起来其实就是"把着红旗不放，站在排头不让，永争第一"的精神。耿厂长说，当你遇到困难时，上铸造厂走一走，就会增添精神和力量。

铸造厂是长春市用电大户，占长春市用电总量的1/20，占一汽用电总量的1/4。它有10台电退火炉、6台电弧炉，这些每台超过1000千瓦的大型用电设备24小时不停，用电量非常大。

1998年电力紧张，长春市政府为保证汽车厂生产用电，不得不对居民区和学校拉闸限电，导致居民生活受到严重影响，大学生不能正常上晚自习。

政府感到头疼，就跟一汽商量，能不能躲峰用电，下午5点到晚上

10点这段时间一汽别生产，先让居民和学生用电。

当时我管生产，一汽总厂主管生产的副厂长沈凤岐来找我。他问："这段时间（下午5点到晚上10点）能不能让铸造厂先停工，凌晨1点后再生产？"在这之前，他问过几个人，都说不行。电炉一停电，铁水就凝成铁饼。

我说："可以。"

"真的？"他没想到我就答应了，还有些不相信。

"停电怎么行？"他又问。

我说，峰值用电八毛二一度，谷底用电两毛钱一度，平峰用电四毛钱一度，完全可以在谷底（晚上12点至早上6点）时用电。但谷底用电有个问题，工人得上夜班，我们称其为"鬼班"，鬼班的时候人特别困，容易出事。

沈凤岐不放心，又去找铸造厂一把手刘家雄。沈厂长说："我刚才找长江，长江说没问题。"刘家雄还不知道这事，我还没来得及跟他汇报，但他说："长江说行就行。"

作完汇报后，我就开动员会，让生产科买来两百多个闹钟，发给所有班长，晚上11点叫醒大家。

我说："从下周开始，我们上三班，二班就不上了，提前来几个人烘炉，5点到10点留人看着，一旦铁水低于1000摄氏度，马上送一点电，别让铁水凝固。平时别送，把电省下来留给孩子用。"

大家都同意。"鬼班"上了接近一年，虽然没出什么事，但我也提心吊胆。后来，耿厂长知道了这件事。有一次半夜，我和马文兴（一汽集团管生产的副总经理）陪同耿厂长去看望大家。

我们到铸造厂时是凌晨12点多钟，工人们正干得热火朝天。一看厂长来了，都说厂长辛苦了，这么晚还来看我们。

耿厂长感动得不知说什么好。他说："我看看大家有没有什么问题。"

工人们说："厂长请放心，我们好好的。"

走了一圈，走到总值班室时已经快到凌晨一点。当时铸造厂厂长于永来正领着车间主任开废品分析会，一看耿厂长来了，都站起来鼓掌。

于永来汇报说："这个班既躲峰节电，又降低了生产成本，所以我们把白天的工作都安排到夜间，也为了和工人们在一起。"

耿厂长出来后跟我说，这队伍要好好表扬。因此，他开会时才说："你们遇到困难，就到铸造厂走一圈。"

正是这种铸造精神，保证了长春市人民的正常生活。

口　　述 | 许宪志

采访时间 | 2018年5月25日

开发解放 J6

一汽解放公司能走到现在，是基因继承与创新的结果。

许宪志，一汽解放公司首席顾问，曾任一汽解放公司总经理。

1956 年 7 月，许宪志出生在山东聊城。1975 年 5 月，成为阳谷县运输公司的一名汽车修理工。1977 年年底，许宪志作为恢复高考后的第一批考生，考入清华大学汽车机械系汽车专业。

大学毕业后，他被分配到青岛汽车厂设计科，担任技术员，1996 年被提拔为一汽青岛汽车厂副厂长。在青岛汽车厂的 14 年里，他对解放柴油载货车平头驾驶室进行换型改造，助推青岛汽车厂发展成年产几万辆的中重型卡车制造商。

2000 年，许宪志调任长春汽研所，一年后升任一汽技术中心副主任，这期间主持开发了解放 J6 项目。2003 年，他担任青岛汽车厂厂长。从 2008 年起，他先后担任一汽解放公司党委书记、常务副总经理，一汽贸易公司总经理，一汽解放公司总经理。在负责营销期间，他带领大家建立 4P2S 卡车销售理论，对不同类别车型进行品系管理。

2018 年 5 月 25 日上午，在其长春办公室里，许宪志接受访谈。

“能回山东就行”

1956 年，我出生在山东聊城。1974 年高中毕业后，为响应上山下乡的号召，在阳谷县石门宋公司干农活。虽然离家不远，但身份变成了知青。

我非常喜欢汽车。1975 年 5 月，我参加工作，到阳谷县运输公司汽车队做汽车修理工。一年多后，我开始学开车，当驾驶员。我开车、修车的基本技能都是这时候学的，对车辆的认识也是从这时候开始的。

修理班有 10 多个人，有 6 辆车，全是解放牌。后来，运输公司购买了两辆美国道奇卡车，价格很便宜，1000 元一辆，是志愿军在朝鲜战场上缴获的战利品，在部队里服役多年。后来，在浙江大学上学的哥哥告诉我，有可能要恢复高考了，我准备去试试。

果不其然，1977 年 10 月，全国高等学校招生工作会议召开，会议决定对高等学校招生制度进行改革，恢复高考制度。

阳谷一中组织了一些高考复习班，我向汽车队请假，随班学习了两个多月。当年年底参加高考，两天考了语文、政治、数学和理化四门课。

这是恢复高考的第一年，各省出题都比较注重基础知识。对考生来说，考的似乎不是文化，不是知识，而是心态。像我这样已经参加工作或者下过乡的，心态都比较沉稳。那时候，大学生和工人差距很小。我所在的汽车队大学生月工资是 50 元，工人月工资是 30 元。我当时的理想就是像师傅一样当个七级工，每月能挣八九十元工资。我就是抱着这种心态去参加考试，所以并不紧张。

高考前填志愿，我填了清华大学、西安交通大学和上海交通大学这三所学校，最后被清华大学机械系汽车专业录取。入学后才发现，学校应届毕业生非常少，知青、工人和军人较多。如 1977 届清华大学全国招生 1017 人，汽车班 39 人中，只有 5 人是应届毕业生。

清华大学学制五年，我们这一届比较特殊，只上了四年半。当年学的内容我几乎忘光了，但有两句话我记得非常清楚：一句是清华大学的校训——厚德载物，自强不息；另一句是马约翰提的为祖国健康工作 50 年。

清华大学有两样特别出名。

一是体育，要求所有同学体育必须好。比如下午 4 点后，学生原则上不能待在教室里，都要出去运动。从清华大学西北门出去就是圆明园，我经常到圆明园里跑步。

二是实践，动手能力要特别强。当然学习也抓得很紧，大家的学习欲望非常强，对知识充满渴求。我一共在校外实习了两次。一次是在大三时，到上海汽车厂（当时叫上海交通汽车厂）实习一个月；另一次是做毕业设计时，到二汽实习了一个多月，研究转向系统设计，回来后开始写毕业论文。

1982 年 7 月毕业分配时，负责分配的老师问我：“青岛有个名额，你去不去？”我说：“去，能回山东就行。”我被分到山东青岛汽车厂，这个厂隶属青岛市机械局。当年 8 月，我先到青岛市人事局报到，然后到机械局报到，再到青岛汽车厂报到。

青岛当时有两个工厂，一个是青岛汽车厂，另一个是青岛专用车厂。前者制造中型卡车，后者做改装车。青岛汽车厂位于李沧区，很荒凉，从市里坐公交车过去，要一个多小时，而且工厂规模小，只有不到 2000 人，年产汽车几千辆，主要生产琴岛牌汽车。

6 吨平头柴油车驾驶室改造

1982 年 12 月，青岛汽车厂加入解放汽车联营公司（解放汽车工业企业联营公司），与一汽实行松散联营，我成为这个联营公司的第一批职工。

我被分到设计科当技术员。设计科有十几个人，我的工作是把发动机由汽油机改成柴油机，也就是从一汽购买匹配好发动机的整车，运到青岛后把发动机拆下来，换上柴油机。我到设计科时，这项业务已经开始，琴岛牌柴油车是前辈们设计的，但只有设计简图，我过去后将其逐渐完善，这也是我到青岛汽车厂后接手的第一个任务。柴油车造出来后，卖得非常好，年销量在 1 万辆左右。

没过多久，青岛汽车厂开始生产解放 CA141 驾驶室。可以说，解放 CA141 的所有驾驶室和后期做的所有试验，都是青岛汽车厂做的，青岛汽车厂是解放 CA141 的先导厂。

借这个机会，青岛汽车厂开始生产 CA141 柴油机 QD141K（K 代表柴油机）。后来长春也开始生产 CA15K 柴油机，为争抢市场，我们开始进行激烈竞争。

到了 1989 年 1 月，青岛市和解放联营公司签订合资经营合同，双方合资经营青岛汽车厂，各占股 50%。其中，解放联营公司的 50% 是提供平头车技术，由青岛汽车厂做生产准备，而青岛市则以青岛汽车厂固定资产入股。1990 年 11 月，青岛市与解放联营公司签订《实行紧密联合协议书》，双方开始紧密联营。

为做生产准备，我跟着青岛汽车厂厂长徐衍男到解放联营公司去领生产 6 吨平头柴油车（以下简称“六平柴”）的任务。这时我已经被提为设计科科长。

一汽可能预感到平头车是未来发展方向，而青岛市政府也可能感到紧密联营不好管。时任青岛市委书记俞正声认为，光靠青岛市政府管理，这个企业要独立成长很艰难。青岛汽车厂有两种选择，一是划拨给一汽集团，二是跟国外汽车制造商合资。我们跟沃尔沃谈过合作，但没有谈拢。当时一汽集团也在进行大扩张，在沈阳、哈尔滨、吉林等城市到处布局。

因此，在1993年8月，青岛市政府与一汽集团签订协议，将青岛汽车厂和青岛拖拉机总厂并入一汽集团，实行资产经营一体化管理。青岛汽车厂由此成为一汽集团全资子公司。一汽将青岛汽车厂和拖拉机总厂合并，合并后的青岛汽车厂有员工3000人左右，并实现平稳过渡。

我带着一个团队开始筹备六平柴。现在来看，这车并不算先进。但在当时，全国生产平头车的只有中国重汽、二汽（东风汽车公司）和我们三家，我们引进的是日本三菱驾驶室。

当时国家法规对车的总长有限制，要是做长头车，车厢长度就会相应减少，拉货量就会少。因此，大家都感觉平头车是发展方向，到现在也还是这样。

日本三菱驾驶室在当年也是风光一时。20世纪90年代，它被评为世界卡车，这是业界最高的评价。我国购买了1万辆三菱卡车，但政府要求，不能只买卡车，必须要把技术拿过来。因此，三菱提供了全套驾驶室图纸。引进图纸后我们得自己消化，一汽开始研究六平柴产品如何匹配三菱驾驶室。

1994年8月，六平柴在青岛汽车厂下线，我带着车到长春去报喜。当年10月，首批六平柴下线，并于1995年投产。

你无我有，你有我优

六平柴奠定了青岛汽车厂的发展基础。在生产六平柴期间，我领着大家做了很多工作。如开始研发时，大家都说从日本引进的FK窄体驾驶室过于狭窄，于是我们又加宽了200毫米，改为FM驾驶室，除了两个侧脸不变，其他都变了。

产品做出来后，反响非常好。我一直认为，卡车比轿车复杂，因为轿车是用来拉人的，而卡车是生产资料，用来拉货，货物品种肯定比人的品种多。卡车有拉散货的，有拉固定货物的，还有拉轻泡货的；有在工地上行驶的，有在公路上跑的，还有在码头上跑的。此外，卡车还是一种挣钱工具，轿车耽误个三五天没有太大问题，但卡车就不行。所以，无论从技术角度、路况角度，还是从货物复杂度进行分析，卡车都比较复杂。

我在青岛汽车厂主管产品技术期间，有时会去做市场调研，经销商也经常到工厂来反映需求。这样，我们会发现产品的很多问题。为迎合用户需求，围绕六平柴，我们开发了系列产品。卡车方面的很多创新都来自青岛汽车厂，如原来卡车车灯都用圆灯，我们开发了方灯；原来保险杠都比较窄，我们开发出大宽保险杠。原来市面上的卡车基本上都是 4.7 米长的车厢，我们开发出 5.7 米、6.7 米、7.7 米、9.6 米的车厢，都是依据国家法规做出来的最长的产品。

1996 年，我被提为青岛汽车厂副厂长，到大连学习班参加培训。课上，一个教授讲营销学，他用 16 个字概括了什么是最好的营销——你无我有，你有我优，你优我廉，你廉我转。

我认为青岛汽车厂就应该按照这条路走。回来后，我就开始研究营销方法，先从产品入手，做别人没有生产过的产品，把以前的产品做了新变化。因此，在相当长时间里，青岛汽车厂都是中国载货车的领跑者，大家都跟着我们学。

1996 年，青岛汽车厂年销量首次突破一万辆，同时实现出口，工厂开始向现代化大批量生产方式转变。之后，产量不断往上走，每年要卖两三万辆，当时全国中重卡市场总量是二三十万辆。

能取得这样的成绩，既有青岛汽车厂的努力，也有一汽集团提供的技术支持。举个例子，我们把车灯从圆灯变成方灯时，跟配套厂密切合作，先对外招标，谁画得好，谁做得好，就用谁的。20 世纪 90 年代中期，还没有明确招投标的概念，但在建筑行业，这种模式已经开始萌芽。我们采用这种创新办法，取得了不错的效果。而以前的做法是，我们自己画图，画完图再让别人去干。

徐厂长带领下的青岛汽车厂的领导班子非常务实，也非常谦虚。哪里出现问题，立刻请一汽技术中心做现场指导。我们研制 CA141 驾驶室，做六平柴，都离不开一汽技术中心、各个专业厂和职能部门的支持。我们与一汽生产部、质保部、生产部等各个部门的关系都非常好。

没有一汽集团的支持，青岛汽车厂不可能做到现在这种程度。1996 年，长春本部开始生产平头车，青岛汽车厂就把这些产品无偿提供给一汽。我们两边本来应该是竞争关系，但却成为很好的合作伙伴。青岛汽车厂遇到问题，会到一汽请教。一汽遇到问题，也会到青岛汽车厂沟通，大家相互帮助。

解放 J6 发起人之一

到了 1999 年，领导让我去长春汽车研究所（以下简称汽研所）工作。2000 年 2 月，我到汽研所当所长助理，2001 年 3 月，被提为一汽技术中心副主任。

我在一汽技术中心干了 4 年，也做了几个产品。回想起来，这期间最重要的事情就是开发解放 J6。

我是解放 J6 较早的发起人之一。当时大家都在做平头车，竞争非常激烈，我和其他几个同事就一起构思未来解放卡车的样子。研究来研究去，我们就提出一个概念：要做换代卡车，而且这款产品的核心就是驾驶室。

我们一起去给董春波主任作汇报，董主任听完后大力支持，鼓励我们一定要干成功。

最初，我们想自己做造型设计，经过多次协调，认为还是跟国外联合更合适。为此，我们专门到全世界汽车造型的发源地意大利去考察。通过对比业绩、社会知名度和实地考察情况，我们选中了宾尼法利纳（Pinifarina）、IDG（Italdesign）、迪斯泰克（Destaco）三家设计公司。我们倾向于选择IDG设计公司，回来后向分管技术中心的一汽集团领导汇报，最终确定选IDG设计公司。

意大利人对造型设计很有心得，这是我几次去意大利考察后的感触。我个人感觉，我们的产品研发人员、造型设计师在这方面接受的教育不如人家。

所以，我们也确定了基本原则，造型靠IDG设计公司，工程靠我们自己。我们必须研究工程、研究产品，后来，在项目执行过程中，负责研发和项目管理的同事，包括驾驶室、整车、零部件的供应商等都多次到意大利，学习别人怎么进行项目管理。可以说，在车身研发和项目管理上，一汽技术中心受益匪浅。

我们很感谢乔治亚罗先生，据说他是全世界对汽车工业贡献最大的13个人之一。当时，我是一汽代表，他是IDG设计公司代表，我俩直接联系沟通得较多。乔治亚罗跟一汽合作很多，继解放J6后，国内很多厂家也找他合作。

当年，一汽解放用他也很大胆。从一开始，我们就讲好是联合开发，虽然不全部由我定，但很多事情必须得听我的，这非常重要，在卡车界也开了先河。

我们对解放J6的定义是一定要匹配新款驾驶室，一定要有自主研发的大马力发动机。现在来看，这个定义非常正确，解放J6做出来后非常成功。当然，产品的成功跟后期不断改进提升有很大关系，但归根结底还是底子打得好。

这个车到现在多少年了，我们才改过一次。改动的地方，不是内行人根本看不出来，它的确是一款经典产品。2010 年，“解放 J6 重型车及重型柴油机自主研发与技术创新”项目获得年度国家科学技术进步一等奖。

解放 J6 生产出来后，我们又研发了牵引车、载货车和改装车，做到车型全覆盖，奔着“你无我有”的目标一直在前进。

产品最核心

我们一直坚持“一个企业最核心的应该是产品”这个原则。当年那位营销老师讲的这些我都记住了，解放 J6 的开发也一直坚持这个理念。

最近几年，解放 J6 又有很多创新，我们根据客户需求，做了解放 J6 领航版、南方版、北方版、高原版等“你无我有”的系列产品。

解放 J6 北方版有两个很重要的功能。

第一，零下 20 多摄氏度时可以烧 0# 油，其他卡车没法烧，否则整个油箱都会成糨糊。0# 油和负 35# 油的价格相差很大，算下来，解放车主仅油费每年就可节省三四万元。

第二，利用发动机余温加热。这个技术并不是一汽独有，只是一汽解放公司把它用到大批量生产上。车生产出来就已经具备这个能力，不需要再去做改装，解放只是增加了驻车暖风。停车时用暖风，发动机可以在不工作的情况下就实现供暖，这也是一汽解放公司首先做的，但这也不是新技术，只是我们把社会技术首先用到了卡车上，并且批量生产使用。不管怎样，这也是一种创新。用发动机取暖一小时才消耗零点几升油，一晚上 10 元钱就够了，住宾馆至少需要几百元，即使是在高速公路上的休息站停靠也得100多元。所以，用户所想就是我们要做的，我们利用社会技术来丰富产品。

不仅如此，我们还研发创新产品。比如南方版是独立冷风，北方版是独立暖风，这完全是一汽解放公司的创新，我们增加了一个电动压缩机，并且申报了专利。夏天在南方，只要发动机不工作，就可以启用这个装置。

现在其他企业也开始推南方版、北方版、领航版概念，但一汽解放公司已经卖了三四年。

其他商用车企业之所以卖不过解放，其中一个重要原因是他们是跟随者，他们要追赶，还要摸索好几年。而作为先行者，可以提高价格，提升盈利能力，不参与价格战。另一个原因是解放注重质量提升，我们为此打过可靠性工程和精细化工程两个战役。

一汽解放公司从2012年开始搞可靠性工程，第一期工程耗时3年，索赔率大幅度降低，第一年降幅就达到30%。精细化工程就是研究小毛病，消灭小毛病。解放卡车口碑能做到全国最好，这两大战役功不可没。

解放J6刚出来时有个低潮期，我个人认为主要有两个原因：一是配置高；二是价格偏高。因为配置高，所以成本高，导致价格也高。再加上刚投放时，质量上也还有一些小问题。

那时候的消费者不一定需要那么高的配置，推出产品要和消费者的购买力适应。2008年，我回长春后，又开始研究解放J6。当年做完市场调研后，我召集大家开会，立即着手做降成本和降配置这两件事。

最后确定解放J6的价格比解放J5增加1.5万元，要比解放J5利润更高。2009年3月，解放J6的销量开始恢复，当年9月就卖了3000辆。

建立 4P2S 卡车销售理论

2003 年，一汽解放公司成立。青岛汽车厂划归一汽解放公司后，更名为一汽解放青岛汽车厂（以下简称“青汽”）。当年我调任青汽厂长，主要任务就是解决成本问题。我在青汽干了四年，主要做了以下几件事。

一是研制新产品。研制了赛龙、赛虎、赛麒麟这几个从 3 吨到 8 吨的中卡车产品和大威产品。这两种产品都非常成功，直到现在还是青汽的主打产品。

二是对人才进行梯度管理。把专业技术人才分成七个梯度进行管理，这事做得也很成功。到我离开青汽时，管理模式已基本形成。

三是对各部门进行系统管理，使成本大幅降低。以前工厂各部门间存在信息孤岛，研发是研发，财务是财务，销售是销售，生产制造是生产制造。我们对这些部门进行系统管理，从产品研发一直到销售都是这套系统在管理，成果就是成本降低，效率、质量大幅提升。

四是抓营销管理。在一汽集团旗下，青汽是第一个采用订单制生产的企业。这方面走在前面的是中国重汽，中国重汽虽然做得比我们早，但我们比它更先进。因为进入得晚，青汽肯定要在它的基础上作提升。

订单制管理最重要的就是提前安排生产，但又不能盲目生产，同时还要求代理商和营销部门充分研究市场。

这几件事情做下来后，青汽发展得特别快。可能领导感觉青汽干得不错，就让我到长春再发挥作用。离开青汽，我其实很舍不得，但是没办法，要服从组织安排。

2008 年，我调到长春，担任一汽解放公司党委书记、常务副总经理、贸易公司总经理。贸易公司的主要业务是做销售，我改行做销售就是从那个时候开始的。

我负责营销时，全年大概有 180 多天在外边跑，必须要了解需求，了解代理商怎么想，用户怎么想，同时企业的想法也应该让他们知道，这是一种沟通。不能只说他们想怎么怎么着，我们想怎么怎么着，相互沟通很重要。

我把青汽的订单制经验移植过来，带领大家建立了一套卡车销售理论，即 4P2S 销售理论。这是一汽解放公司独有的理论，4P 是指产品（product）、价格（price）、网络（place）和促销（promotion）；2S 就是服务（service）和备品（spare）。在这套理论的指导下，我们的销售取得了很好的效果。

我搞技术出身，知道理论对实践的指导作用有多大。这套理论虽然不全面，但肯定具有指导意义。我们还按照这套理论分析，衍生出一套市场分析柱状图。后来我们还对牵引车、载货车和自卸车实行分品系销售，设立牵引车专卖科、自卸车专卖科等专门科室，并相应地在销售层面匹配品系经理，让他们去研究市场和产品，拉动他下面的管理线。品系经理也是一汽解放公司独创，毕竟用户不一样，各有特点，我们就专人做专事。

我们做得比较成功，当然也有些缺陷。毕竟卡车比轿车复杂，虽然都叫卡车，但牵引车和自卸车根本就是两码事，而且功能差别也很大。我们做过研究，在分品系这块有很大突破，很多企业都在向一汽解放公司学习。当然我们也不保守，经常跟东风商用车、陕汽、中国重汽进行沟通。

基因与创新

我们也在研究卡车发展方向。

很长一段时间，东风商用车都是中重卡市场的销量冠军，最近两年才被一汽解放公司超越，但合资企业发展的前景不可小觑。中国的重卡企业，该合资的都合资了，大的自主品牌就剩一汽解放公司和陕汽。我的看法是，一汽解放公司还得找企业合作，不一定找整车企业，可以在主要总成零部件上进行合作。

轿车电力化、轻卡电力化已成必然趋势，智能化、电动化、网络化、共享化肯定是汽车发展的大趋势，但卡车这“四化”可能得往后。尤其是电动化，大卡车、长途卡车在相当长时间内都不可能实现。

总结起来，一汽解放公司能走到现在，一是因为它有非常优秀的基因，二是历史沉淀和不断创新的结果。尤其是创新，不管是顺境时，还是逆境时，都没有间断过。凡是保守期，都是低谷期；凡是创新期，特别是创新成功时，都是辉煌期。

我在青汽干了十几年，有了柴油版解放，辉煌了一段时间；有了六平柴，辉煌了一段时间；有了三赛和大威，又辉煌了一段时间；后来有了解放 J6，又能辉煌一段时间。未来解放 J7 出来，肯定还要辉煌一段时间。

一个企业没有创新，就不可能发展。每一次产品创新，每一次工艺创新，都会给企业带来好处。所以，我认为，企业还是产品为王。跑市场为了什么？研究好产品。搞开发为了什么？开发新产品。生产制造为什么？生产新产品。搞好质量是为了产品，做销售也是为了产品。

既然产品是一条主线，我们就要把产品创新放在第一位。一个订单制，就减少了几亿元的废品损失。一个创新，可以为企业带来很大利益。

虽然我已退休，但仍然希望为卡车工业的进步、为中国卡车用户的利益作出自己的贡献。

口　　述 | 王立志

采访时间 | 2018 年 6 月 26 日

抓住卡车的本质

每时每刻都在为用户着想，这也是文化的力量。

王立志，机械工业第九设计研究院（以下简称“九院”）董事长、党委书记，曾任一汽解放公司总经理。

1959年，王立志出生在河北省滦南县，1979年考上河北工学院机械工程二系汽车专业，毕业后被分配到一汽工作。

此后15年，他从发动机厂技术发展科的一名技术员做起，历任技术发展科副科长、科长、发动机厂副厂长，经历了一汽从老解放卡车换型到解放CA141，从CA15发动机转产到6102发动机的过程。

1998年，王立志担任一汽轿车第二发动机厂厂长。2001年5月，调任一汽集团发展部部长，负责投资发展工作一年后，调任九院院长，负责一汽解放新生产基地的工厂设计。

自2004年起，王立志开始效力于一汽解放公司，历任常务副总经理、党委书记兼常务副总经理、总经理等职务。

2014年，王立志任一汽集团总经理助理兼解放J7项目负责人、商用车机箱桥项目负责人。2016年，担任一汽集团总经理助理兼九院董事长、党委书记。

2018年5月25日下午，在九院办公室，王立志接受访谈。

到第二发动机厂

我是河北滦南人，1979 年就读于河北工学院机械工程二系汽车专业。四年后大学毕业，全班 34 人中有 6 人被分配到一汽工作。

我被分配到一汽发动机厂，在技术发展科非标设计组做技术员，这个组有十几个人。当时一汽正在对解放 CA141 进行换型改造，发动机厂做 6102 发动机的生产准备。

设计组的老师傅都很不错，有清华大学毕业的，有夜大毕业的，也有工人出身的。师傅们对新毕业的学生毫无保留，新的设计任务下来，带我们一起讨论方案，鼓励我们提出自己的想法。师傅们还把所得奖金拿来做小组活动经费，有时还从家里带菜到小组聚餐，大家相处融洽，小组像个温暖的大家庭。

那时加班是经常的事，大家都希望把事情做好，为解放换型出力，虽然没有任何报酬，但心情都很舒畅，确实为工厂解决了不少难题。

带我的师傅姓杨，他在我身上倾注了很大精力。我小时候没怎么见过汽车，到一汽后不但能见到汽车，还能生产汽车。在这种氛围下工作，我感觉很兴奋，也很新奇。那段时间，我收获颇丰。

我在技术发展科干了近十年，做过非标设计技术员，做过工艺员，也做过技术管理人员，当过副科长、科长。经历了一汽从老解放卡车换型到解放 CA141，从 CA15 发动机转产到 6102 发动机的过程。

6102 是我们自己设计的全新发动机，功率 135 马力，排量虽相同，但动力增强。当时我全身心投入这项工作，积极做实验验证，做生产准备，为用户解决用车问题。

解放 CA141 刚生产时，6102 发动机出现缸孔早期磨损问题。总厂领导高度重视，耿昭杰厂长动员全厂来解决问题，为此还成立了专门的质量工作组。

发动机厂在厂长马文兴的带领下，与汽车研究所一起做了大量调查研究和实验验证工作，查出了原因，解决了问题。1989 年，6102 发动机被评为国优产品。

1994 年，我被提为发动机分厂副厂长。这个厂有 2000 多人，一直生产解放卡车发动机。20 世纪 90 年代，卡车燃料由柴油变成了汽油，我借用外部资源在发动机厂生产 CA6110 柴油机，并率先用在 6 吨平头车上，后因没资金投入，没有再生产。

当时，一汽无锡柴油机厂（以下简称“锡柴厂”）在生产 CA6110 柴油发动机，这个厂很大，但销量没多少，每年只生产 4000 多台柴油机。一汽集团要求我们去帮助锡柴厂。我们帮助他们组织生产，抓质量管理。锡柴厂领导班子决心也非常大，动员全厂力量背水一战，提出“质量超大柴（大连柴油机厂），服务超玉柴（玉林柴油机厂）”的行动目标。它们的柴油机很快得到用户认可，当年销量就过万台。

1998 年，我被调到轿车第二发动机厂担任厂长。当时一汽小红旗轿车匹配的是 488 发动机，这个发动机从美国克莱斯勒引进，用户反映它耗油量较大，性能也有些问题。耿昭杰厂长交给我们的任务就是解决这些质量问题，还要评上国优产品。

第二发动机厂领导班子带领全厂员工，与汽车研究所发动机二室的技术人员一起，苦战近一年，最终 488 发动机得到用户认可，也被评为国优产品。

令人难忘的是，汽车研究所的同事全力支持我们，只要我们有需求，他们全力保障。发动机二室是一支年轻的队伍，从科长到设计人员都全身心投入。很多人白天都工作在生产现场，不论何时，只要有事就自掏腰包打车过来解决问题，憋着一股坚决把小红旗发动机打造成业界名牌的劲头。

1999年，小红旗销量提升，那是轿车公司成立以来盈利最好的一年，年盈利6亿元。

“一二三三”战略

2001年，我担任一汽集团发展部部长。在这里工作一年多，主要管投资和产品的生产准备。2002年9月，集团发展部解散，一汽商用车中心成立。

随着中国经济社会的发展，载货汽车市场需求由中型向重型转化。2001年，在中重型车这块，竺（延风）总领导下的一汽集团提出“一二三三”发展战略，并开始布局。

“一”是全面提升产品研发能力。

“二”是建立完善采购网络和销售网络，提高采购水平和营销能力。

第一个“三”是做好发动机、变速器和车桥三大总成，这三大总成是卡车的核心部件。

第二个“三”是提高焊接、涂装和总装三大工艺水平。

回想起来，“一二三三”战略对解放的影响很大，是后来十几年解放中重型车发展的根本指导和基本准则，也成就了解放的今天。

2001年7月16日，竺总布置一汽自主研发6DL柴油发动机项目，提出“出产品、出人才、出机制、出流程”四个要求，成立项目指挥部，任命王镇昆为项目总指挥。指挥部日常管理工作就在发展部，这就是一汽实施中重型载货汽车“一二三三”战略的开端。

大家把开发出国际先进水平的重卡发动机作为目标。6DL柴油发动机2014年投产，投放市场后用户反响非常好，被称为“最节油的发动机”，迄今仍保持着市场竞争力。

同年，一汽启动卡车厂总装线、驾驶室涂装线和车架涂装线等新生产线的建设工作，分别成立由崔明伟、李启祥等老领导挂帅的建设指挥部，组织领导建设工作。2005 年，这些新生产线建成投产，形成解放现在的中重型载货汽车整车生产基地，具备重型车整车生产条件，为解放中重型车发展奠定基础。

由一汽集团老领导马文兴牵头的项目指挥部负责重型车车桥的换型改造，当时引进了日产柴重型车车桥技术。为满足国内市场需求，我们对这些技术做了适应性开发，开发出解放重型车车桥系列产品，在市场上获得了良好口碑。

2001 年，一汽集团启动解放 J6 整车开发工作，该项工作于 2007 年完成。

当时正在进行生产准备的有解放 J4 准重型车，我们称为“四大”：大功率发动机（230PS）、大变速箱、大离合器、大承载车桥。除了发动机功率略小，可以说是中型车用上了重型车的配置。这个车型投放市场后，市场占有率曾达到近 80%，现在很多工地上还在使用。

同期准备的还有解放 J5 重型整车的开发工作。发展部主管领导是一汽副总经理赵方宽，他投入了很多精力。他跟我讲，指挥部的领导都是退休老领导，发展部要支撑好指挥部工作，项目出问题发展部要负责。发展部责任之大、任务之重前所未有。投资、生产准备、产品计划管控、工艺路线、土建工程、项目管理都在这个部门。

做自己的同步工程

项目多、时间紧、任务重，我们确实遇到很多挑战，过去我们没有这方面的经验，只得走新路，闯出一条自己的路。因此，我个人认为，“出产品、出人才、出机制、出流程”要求的本质是创新。

如同步工程工作，每一步衔接都要非常紧密。我曾经找过丰田汽车专家，请教他们怎么做同步工程。他们只提供给我一张计划表，说这是他们的同步工程。我们肯定不能简单照搬，人家已形成套路。我们条件不一样，只能在理解它原理的基础上，做自己的同步工程，走自己的路。

比如，在6DL柴油发动机的开发准备中，我们设定的目标是交给用户好产品，放弃了先出一堆图纸，然后做生产准备，再考虑销售服务这种串联式流程。采用共同策划产品和生产线方案，同步进行产品和工艺开发，分步冻结产品和工艺，同步策划营销服务的方式。

同步工程方案要求我们科学组织、相互协同。为缩短开发准备周期，我们就找关键路径，看哪个难度最大、哪个需要的时间最长。找出来后，再研究如何破解、如何搭接。有些设计图纸还没锁定，这边就开始了必要准备。

当时大家一起讨论，这边做到什么程度，那边模型毛坯做出来后，加工到什么程度，再定做精加工的时间。只要解决好开发与准备的衔接融合问题，开发的质量和进度就有了保障。产品按要求做出来后，性能不错，质量不错，同时也走出了一条创新的新路。

前几年汽车行业开会，有人还说羡慕我们有自己的发动机、变速箱和车桥，而且车还卖得不错。

自主也是解放的卖点。有一次我们做调查，问及用户为何要购买解放车，有人说是因为解放车是自主的。因此，一汽要建立自己的品牌，要构建自己的能力体系，包括利用外部资源的能力，才能不受制于人。

所以，我们首先要打造队伍，锻造这种能力。一汽的技术发展不是封闭的，而是开放的。我们也请国外咨询公司，各取所长，最终是做中国品牌。我们要建立自己的研发生产能力，打造自己的产品平台，核心总成部件要自己做，建立自己的独特优势。

2002 年，我调到九院当院长。九院是从当年陈祖涛领导下的设计处发展起来的，是国家级设计院，有着悠久的历史。它是中国最早的汽车工厂设计单位，当时行业里绝大部分工厂设计都出自九院。

我刚到九院时，一汽正处于重要发展时期。当时汽车行业发展速度也很快，建设项目很多。九院的业务，一汽和其他企业各占一半。因此，我们的工作量很大，人手也很紧张，大家都很辛苦，但工作热情很高。大部分员工要到晚上 8 点后才能回家，周六日也不休息，每个人都承担多个项目，但我们都咬牙坚持下来了。

2002—2004 年，我们做了一汽－大众二厂、丰田整车厂和发动机厂的设计项目，做了奇瑞汽车、哈飞汽车、哈东安等不少车企和零部件企业的新工厂设计项目。

值得一提的是，这期间，我们还为一汽贸易总公司设计了解放汽车 4S 形象店。全国解放代理商大多建了这种形象店，因为比较醒目，成为了当地的地标性建筑，被称为“红房子”，这也是解放推进销售服务网络建设的一个标志。

“521 工程”

2004 年，我调到一汽解放公司担任常务副总经理，主管发展规划。2004—2007 年，是解放产品做重型化结构调整的几年。当时生产重型车的有中国重汽和陕重汽等商用车企业，它们的技术来自奥地利斯太尔，基础比较好。

解放能够走向重型化，其中很重要一步就是对解放 J5 进行改进。解放 J5 从 2004 年开始投放，做到 2006 年销量才开始增长。

从生产制造中重型车转向重型车，我们缺少经验。从解放 J5 过渡到解放 J6，一汽收获很大，不断在实践中加深认识，积累知识与经验。无论是对市场用户需求的把握，还是对重型车产品的理解，一汽都有了质的提升。

2004 年第四季度，一汽投放解放 J5 重型牵引车，当年卖得不错，卖了 4000 辆。但解放 J5 在用户使用过程中也暴露出一些突出问题，如成本定价较高。所以在当时中型车销量下降、重型车销量增长的市场环境下，解放 J5 车重型载货车销量不增反降，给解放公司生产经营带来巨大威胁。

我们没有别的选择，必须把解放 J5 这个产品做好，解决用户反映的问题，提升成本竞争能力，提高产品竞争力。为此，我们选了 5 个主力平台车型，涉及 21 个系列车型，进行改进攻关，这就是“521 工程”。其实这有些冒险，要是做不好、做不准，就会给企业带来致命伤害。

时任一汽技术中心主任李骏很支持，动员近 500 人参与“521 工程”。一汽解放公司总经理李长江也很支持，要求相关部门把主要精力都放在工程上。

通过“521 工程”，要确实解决成本问题、质量问题和用户适应性问题，并设立明确目标标准：哪款车降多少成本，要解决哪几个问题……任务都非常明确。

我们确立了以车型主查牵头的 5 个项目组，大家白天对标、分析、试验、调查、做提案，晚上 5 点半以后开始听项目组汇报，检查落实情况、研讨提案、定措施、安排次日工作。有时闭门会开到凌晨两三点，当日目标问题没有拿出解决方案就不散会。

这样踏踏实实坚持了一年，目标达成。2006 年，解放产销量和市场份额增长，一汽解放公司生产经营问题得到解决，为以后几年的发展铺平了道路。

一汽解放公司这支队伍就是这样一步步从实践中锻炼出来的。我们把不可能变为了可能，这就是创新的基因。现在想起来，那真是背水一战。

通过“521 工程”，我们对重型车以及怎么做重型车有了更深的认识，在实践中锻炼了队伍，提高了参战人员的专业素质和能力，提升了解放产品的核心竞争力。

做“521 工程”时，解放 J6 正在生产准备中。大家也有疑问，是不是应该把更多精力用在解放 J6 的生产准备上？把解放 J6 抢出来？

这也不难理解。解放 J6 应该比解放 J5 这一代车更好，但解放 J5 这代车先走出来，会更快提升解放销量。在这个基础上，解放 J6 成功的把握会更大。到现在，解放 J5 还在生产。

解放 J6 的技术水平更高，这是用户更喜爱它的原因。解放 J6 大一些的总成是经过解放 J5 老车型考验的，如果没有这个基础，横空做出来恐怕也不行。所以客观上，解放 J6 借鉴了解放 J5 的经验，解放 J5 也为解放 J6 产品的系列化提供了时间。解放 J6 成为一代名车，我认为解放 J5 功不可没。

解放 J6 的投产证明了解放产品开始真正走向重型化。我的感受是，技术需要积累，要让用户接受，要不断进行创新，引领需求。

记得有一次，上面领导来一汽检查工作，到一汽解放公司听完汇报后说，要跟我讨论两个问题。

“什么问题？”我问。

“第一个问题，为什么外国卡车打不开中国市场，而中国卡车还做得不错？”

我说：“就三个字——适应性。用户需要什么，我们就做什么，在满足用户需求上下功夫。”

“第二问题，为什么你们的重型车能做成，还做得不错？”

我说：“更简单，就两个字——积累。你想一步登天，实现跳跃式发展，在这个行业不好使。”

卡车的本质

卡车用户对卡车情感很深，因为要靠它养家过日子，有可能一家人就在卡车上生活。

卡车产品做系列化，每个小品种其实卖不了多少。你到解放生产线去看看，有几辆车一样？可能每辆车都不一样。每种系列下，轴距分长短，有两轴、三轴和四轴，搭配动力有区别等。再者，这是工程车还是公路车，很复杂。这就要产品细分，满足不同用户、不同用途的需要。

时任全国政协主席贾庆林同志到一汽解放公司生产线参观时就说过："生产制造卡车是研究生水平，轿车是小学生水平。"领导之所以这么讲，我个人认为有以下几个原因：第一，卡车本身结构就很复杂；第二，卡车在卖到用户手中前，不知道会面对什么路面，要拉什么货，卡车有一个适应的过程；第三，卡车每年要跑20多万公里；第四，卡车是司机及其家庭的生活来源和生活场所，性能必须稳定。

通过经营解放J6，我们进一步培育了核心能力。这几年，解放J6技术升级很快，这是我们依靠自己创新的力量和借鉴外国技术的结果。我们有独特的创新产品，如尾气处理系统；还有自己开发的一些总成，既便宜、简单，又可靠。

最关键的是，我们锻炼了一支队伍。解放有自己的造车理念，对用户的认识也越来越深刻。我们有个口号叫作"解放卡车，挣钱机器"，这不只是为了宣传解放产品，更是我们对用户的一种承诺，是我们在设计开发、生产、销售过程中，认真践行的一条准则，是我们的造车理念。

解放J6往往卖得比其他车贵，但销量一直很好，为什么？就是给用户带来了好处，给了他们看得见的利益。

当年，也总有人问我为什么不把解放J6的价格降下来。我说：“光比价格没出路，考虑价格，更要考虑价值和性价比，要给用户实惠。如我们对卡车做了轻量化处理，重量每减轻一吨，就相当于多拉一吨货，减少油耗3升，这些都能给用户带来很大的经济效益，但这些都需要有成本投入。”

解放有长换油周期机油和免维护轮毂，虽然价格贵几千元，但用户还抢着买。因为后期的维护保养成本下降，出行效率提高，用户得到了更大实惠。只讲成本领先是不可取的，要讲价值领先才行。只有用户得利，产品才有竞争力，所以必须站在用户价值角度审视成本价格。

在我看来，解放这几年之所以卖得好，就是细分市场做得好，把握了用户需求。计划经济时代，是卖方市场，你爱买不买，反正有人买，皇帝的女儿不愁嫁。但现在不同了，我们是鱼，用户是水，离开水，鱼就无法生存。每件事都要站到用户角度考虑，按用户需求去做，从用户视角出发，给用户提供他们希望获得的产品，偏离这个方向就会出问题。所以一定要清楚，首先是用户得利，其次才是我们企业得利，服务好用户，才能发展好自己。

解放J7即将投放，瞄准的是当今高端重卡市场，但会比进口重卡便宜。这不是简单的一个数字变化，各个部件、总成都与过去不一样，都是按照新标准开发的。我们投入很大，试验的车多达几十辆，至少要跑100万公里。同时还借鉴以前的经验教训，采用当代新技术，为的是在更高层次上为用户提供新时代的“挣钱机器”。

我们做事情首先想到的是用户，这也是文化的力量。“解放卡车，挣钱机器”这个广告词听起来很土，它不是只说给用户听，而是要弯下腰来实践的。这就是卡车的本质。

有一次在武汉，德国汉诺威展览会主席专门来找我们。他说，解放这句广告词是全世界最好的。我说这不是我们的广告词，而是我们的造车理念，我们不是只讲给别人听，更是讲给自己听。

解放能走到今天，是知识积累、把握需求的结果。2017 年，解放销量达 30 多万辆，是中重型市场份额的第一。

这是我们这一代解放人的故事。我们这代人的创业故事肯定没有第一代创业者那么精彩，但那种创业精神一直在传承，是我们的内生动力。

口　　述 | 胡汉杰

采访时间 | 2018年7月3日

挑战更多不可能

靠创新和改革两个轮子驱动一汽解放公司的发展。

胡汉杰，一汽解放公司董事长。

1964年，胡汉杰出生在内蒙古，1982年考入内蒙古学院金属材料及热处理专业，四年后进入一汽工作。

他为一汽效力32年，先在一汽内饰件厂担任工程师、发展科副科长、检查科科长、副厂长。1999年调到长春塔奥金环汽车制品有限公司（以下简称“长春塔奥”）担任常务副总经理、总经理。2002年7月调任一汽车身厂厂长，对一汽旗下最大工厂进行改革。两年后，车身厂与总装配厂合并，他兼任两个厂厂长。

一汽解放公司成立后，他担任总经理助理兼卡车厂厂长，后担任一汽解放公司副总经理。

2014年2月，胡汉杰担任一汽－大众商务副总经理，兼任一汽－大众销售公司总经理。2015年7月，胡汉杰调任一汽解放公司党委书记兼常务副总经理，不久便被提拔为党委书记兼总经理。重回解放，他将更多精力放到企业的创新和改革方面，让这家有着60多年历史的老企业活力依旧。

2018年7月3日上午，胡汉杰在位于长春的一汽解放公司办公室里接受访谈。

要改变命运，就得学习

1964 年我出生在内蒙古，家里孩子多，口粮不足，想吃饱饭都很困难。我差点被别人领养。我家附近有对夫妻没孩子，希望能领养我。父母为了让我不挨饿、有学上，就同意了。后来这对夫妻说我去得带口粮，他们家本来有口粮，经济收入比我们好。父母认为他们太小气，就没让我过去，决定一家人是死是活都要在一起。

父亲对我这一生影响很大，他既是慈父，也是严父。他搞教育出身，特别重视子女的教育，把期望寄托在我们身上。那时候学习和教育条件都很差，我上学时，想买根笔、买个本都很困难。学校根本没有桌子，就在土坯上搭一块木板子。放学回家后父亲给我布置作业，我写完他再检查。

即使在这种困难的情况下，他对我们也严格要求。他教育我们要相信社会，不要对社会产生怨恨，他本人对社会始终怀着积极的心态。此外，他还要求我们必须学习，要谨言慎行。他经常教育我们，要做一个对社会有用的人，就得有知识，要改变命运，就得学习。

母亲非常伟大。父亲被下放到内蒙古多年，母亲一人支撑着家庭。家境较好的她，完全可以选择另一种方式生活。但她忍辱负重，含辛茹苦地将我们抚养大，几乎倾其所有供我们上学。两个哥哥虽不是她亲生的，但她视同己出。大哥虽已去世，但生前对母亲很敬重。如果没有母亲，他们可能都活不下来。

1976 年，也就是粉碎“四人帮”那年，父亲去世。我记得是 11 月，天空下着大雪。其实 7 月时，父亲就预感到“好时候”要到来了。所谓“好时候”，就是我们可以上学，生活可以更自由一些。

高考时，我们要到旗县所在地去考，我住在同学家。考完后大家喝酒庆祝，那是我平生第一次喝酒，喝得有点多，最后还是班主任帮我填的志愿。

老师帮我填报的是内蒙古学院金属材料及热处理专业。其实，我对所报的专业根本不了解，我肩负着家里的期待，当时只是希望能考上大学。父母认为，学习是改变命运的途径，而且可能是唯一的途径。后来，我们哥仨都考上了大学。这样的家庭能培养出三个大学生很不容易，要供养三个大学生也不容易。所以，我很珍惜这来之不易的一切。受父母教育影响，我始终保持乐观精神。

大学四年，我担任班里的班长。1986 年以优秀学生干部的身份毕业，按照规定，可以任选工作单位。

在一汽内饰件厂成长

那时候多数学生愿意回老家，不愿去广州、上海这些地方。改革开放刚开始，人们思想还比较保守。大多数人的想法是，家乡只要有企业、学校，不管好不好，都要回去工作。

我选择一汽有两个原因。一是我学的是理工科专业，曾在一本杂志上看到解放 CA141 换型改造的报道，我觉得汽车是大工业，跟我所学的专业也一致。二是长春市离我家很近，长春这个名字听起来也很美。那时候我们都很单纯，加上信息不发达，完全凭自己的想象和理解，理想主义占上风，不像现在，各种信息扑面而来。

这两个因素促使我义无反顾地选择了一汽。跟我一起到一汽的还有一位同学，她后来成了我的太太。

我们去一汽报到，到长春后要坐有轨火车。下车后我立刻感觉到了理想和现实之间的差距有多大。1986 年长春发大水，满车站都是泥，我心里想，长春怎么是这样的。

在位于宽平大桥的建材招待所报到后，我被分到一汽内饰件厂，那里条件较差，但大学生很受重视。熟悉一段时间后，厂党委书记为我们十几个新来的大学生举行欢迎晚宴。在晚宴上，他说通过这段时间的观察，希望我做党委秘书。

大学毕业时，校党委书记就曾给我忠告。他说："学理工科就应该从基层做起，不要先从政。"我一直记得他的嘱咐，便委婉地拒绝了。我说："我是学工科的，想先从车间干起，从基层干起。"这样，我就被安排到了车间去做现场工程师。

现场工作对一个人的成长非常重要。现在的大学生都不愿意到基层接受锻炼，其实不应该。现在我每年都会跟新到一汽解放的大学生讲，大家应该从基层干起，这是我自身的成长经验。尤其是学工科的，提上来后，再想从舒适区去基层就很难。

一汽的学习氛围浓厚，有各种学习培训班。当年一汽内饰件厂还专门开过一些课程，我都没落下。我从小就养成了吃苦耐劳、踏实勤奋、认真做事的习惯。到基层后，更是积极跟工人学习，向书本学习。这些努力，促使我不断成长。

后来，一汽职工大学组织了一个经济管理学习班，主要是为培养复合型干部，我有幸被选中。从 1990 年 10 月到 1992 年 4 月，我脱产学习一年半，每天起早贪黑。也是从那时起，我开始学英语，从初级班的"ABC"学起。1992 年，我从经济管理学习班毕业，回到一汽。有些一起学习的同学被提为科长，我从规划员被提为科长助理，又被提为发展科副科长。

这时，一汽开始实行"奥迪 100"国产化的战略，当时规定国产化率达到一定程度，关税才能降，所以国产化任务很重。我负责项目实施，这对我锻炼很大。材料、工艺、产品都是全新引进，我们从基础干起，边学边干。国内也没有可参考对象，一汽是第一个生产类似产品的企业。

1994年，一汽实施“801”人才工程，我被提为一汽内饰件厂副厂长。提拔时非常突然，有一天，厂长姜广德给我打电话，他说：“小胡，不要离开，一会儿有重要事情找你。”

当天下午，一汽集团领导找我谈话，说要提拔我当副厂长。一汽内饰件厂有3000多人，我刚30岁，没有任何心理准备，只知道自己要承担责任，感到压力很大，反倒没多少兴奋感。我一周都没睡好觉。我问自己，能不能行，能不能干好；会不会辜负组织的期待，以及今后怎样才能把工作干好。

副厂长这个岗位对我锻炼也很大。当时我对管理领域还比较陌生，要管这么多人，还要干成事，要站在工厂角度、厂领导角度去看待、决策问题，这个高度和眼界跟原来完全不同。

在合资企业学管理

在一汽内饰件厂期间，我做过比较重要的工作是实施ISO9000质量管理体系。

当年的一汽缺乏体系能力以及对管理的重视，出现质量问题很重要的原因是质量体系不健全，不能有效运行。国外公司体系能力强，管理模式可以复制。而我们往往靠人治，讲的是“英雄本色”，缺少核心体系能力，这样的企业其实走不远。

作为企业管理者，应该给企业留下什么？我认为是体系能力。我比较重视体系能力建设。当时一汽集团也在搞ISO9000质量体系统一认证，我就提出，一汽内饰件厂要独立认证，不和集团进行统一认证。我接触过这个体系标准，我希望借助这个东风，在内饰件厂真正建立起系统的、有效的ISO9000质量管理体系，这样质量才能稳定，管理才能规范。最后一汽内饰件厂做到了。

1999 年 5 月，我被调往长春塔奥担任常务副总经理，后被提为总经理。长春塔奥是一汽跟美国塔奥公司的合资公司，美方占股 60%，中方占股 40%，主要为捷达、宝来和奥迪产品生产副车架、后桥、控制臂等底盘件。

到长春塔奥这段经历，对我影响很大。当时一汽合资企业不多，也不规范，都需要学习如何管理。

举个例子，全资企业可以直接下命令，但合资企业是由董事会决策。中方负责人其实很难做，外方是国际公司，他们认为一汽只是股东，只是董事会成员，怎么能直接对合资企业下命令呢？这时候你就需要和对方沟通，要让对方理解，总体上还是要为一汽着想，要对一汽有利。

我认为，合资更重要的是要立足于合作，学习外方的管理经验和技术，这样的合资才有意义。有时候可能会有斗争，但斗争的目的是更好地合作。为此，我提出要维护三个利益：一是股东利益；二是合资企业利益；三是员工利益。这三个利益如能处理好，就能找到契合点。

事实也的确如此。在长春塔奥工作期间，我得到了中美双方股东的认可。2000 年“五一”后，我被派到美国塔奥公司，跟美方工作半年，参加他们高层会议。作为跨国公司，塔奥总部和产品研发部设在底特律，在日本和中国上海都有工作据点，工厂分布在威斯康星州和密西西比州等地，项目组成员遍布美国各地。

我主要跟着一个项目负责人开发 Nissan 车架，从策划、开发，到生产准备全程参与。项目负责人住在肯塔基洲，项目组在那里的只有他一人，他通过电话会议组织工作。他出差我就跟着，不出差我就参加工厂经营管理和项目管理的会议。这个经历让我初步了解了美国公司经营运作的过程，以及如何开展项目管理工作。

车身厂大变革

2002年7月，我被调到一汽车身厂当厂长。车身厂是一汽最大的厂，有5000多人。你（指本书作者）采访的很多老同志都在那里工作过，所以都说车身厂出干部。我是第一个不是出身于车身厂的厂长，也是车身厂最年轻的厂长。

坦率讲，那时候一汽领导对车身厂意见很大，认为车身厂思想观念陈旧，没有发挥应有的作用。这种情况下，竺（延风）总希望车身厂能有所改变，注入一些新思想、新方法、新观念。但对车身厂做什么、怎么做，则没有明确要求。

车身厂一直是一汽的模范厂，各方面都走在集团的前面。我到任后，发现有很多需要改变的地方，如机构臃肿、资源分散、人员观念陈旧等。

经过半年的了解，我将中层干部分成两组，每组约20人，让他们到东风、上汽和南汽对标交流，跟其他企业找差距。

同时，提拔一些年轻人到助理岗位上。年轻干部思想开放，也愿意学习，但他们还不太了解汽车企业的现状。

我希望通过这种交流和讨论，调动车身厂各个年龄层次的人都加入为企业发展作出改变的行列。参观回来后，我们开座谈会讨论，大家都认为车身厂落后了，不能再以老大自居。为此，我提出要进行资源整合，形成整体合力。

如何形成合力？首先是要整合车间。

当时一汽集团对车身厂的一大意见就是自制率太低，什么产品都要外委（指将工作委托给其他具有相关资质的单位实施）。外委其实是多种原因造成的，不能简单说车身厂不作为。为杜绝外委，我们成立了一个试制车间，先用手工的办法试制批量小的产品，先满足初期整车的需要。

当形成一定规模后，再投入正式的模具和工装，满足大批量生产的需要。这样就避免了盲目的投资，也杜绝了大量的外委。

其次是要精简干部和人员，工资分配向核心人才倾斜。

我很少找领导汇报，但做这项改革前，考虑到势必触犯一些同志的利益，可能会产生负面反应，就主动找一汽解放公司总经理李长江、党委书记赵忠信同志汇报。其实他们也没要求我这样做，并且都替我捏了一把汗。虽然我也可以按照以前的体系继续运作，但既然让我负责车身厂，我就要作出改变。

在这种背景下，由我牵头，开始对车身厂进行改革。改革前车身厂有 18 个车间，每个车间三到四个主任，都是老干部，他们为车身厂作出了巨大贡献。改革后，很多中层干部离开了领导岗位，下来的老领导和车间主任有几十个。

对从岗位上下来的这些人，我一个个和他们谈话，然后再根据他们的特点安排合适的岗位。老领导有大局观，都很支持改革。但当涉及自身利益时，问题就出来了。虽然他们对岗位满意，但不管怎么说，新的岗位收入跟以前的岗位收入相比，还是有明显的差距。

改革后的工资分配要向核心人才倾斜，如改革后，厂长助理和科长工资就比我这个厂长还高。我认为只有激发了核心人才的积极性，让他们有获得感，他们才能去创新、创业。毕竟企业发展靠人才，更重要的是靠核心人才，中层干部肯定是核心人才。

倘若没有这次变革，车身厂发展起来就很困难。李长江总经理对我这次改革非常认可，他认为我是个干事的人。

咬牙实现“一个流”

我做车身厂厂长时还做了件大事。我们花费 1000 多万元，聘请丰田专家，历时近一年，学习丰田生产体系 TPS（Toyota Production System），丰田派来很多专家对我们进行现场指导。

为学丰田生产体系，我们吃过很多苦头。我们跟丰田做法有很大出入，很多概念不一样，产品特点也不一样，把丰田的那一套方式复制过来后，还有很多地方需要调整。

TPS 的核心原则是实行“一个流”，要求产品质量必须稳定，供货必须及时，生产线上的每个设备不能出故障，没有储备就得停产。“一个流”可以拉动整体管理水平的提升。

但要保证实现“一个流”，物流、质量、设备保养等各方面都必须做好，不能出现故障，机器也不能停歇，否则生产线开不起来，会造成很大冲击。

当时一汽有句生产口号——不停总装一分一秒。丰田采取的是自动化生产，只要有问题随时可以停线，通过拉动各方面管理来实现不停一分一秒的目标。而我们呢？靠巨大资源储备来实现不停一分一秒的目标。所以，当丰田给我们提出“一个流”的生产目标时，我们觉得很难实现。

丰田专家往往只给我们提一个概念，要求你必须办到，但怎么办他们也不知道，都得靠自己想办法，丰田只管验收。举个例子。我们有条长头车内饰线，自打生产以来，一直靠储备来保证总装生产。丰田说必须要实现“一个流”。管生产的人来找我，说“一个流”根本不可能。

我说：“你肯定行，就按照人家说的做。”

他问：“停产怎么办？”

我说：“我负责。”

我们的车间主任和员工也在加班加点、反反复复地做。如车间主任张铁华，他七天七夜没回家，吃住都在现场，连丰田专家看了都很佩服。

最终我们也真的实现了“一个流”的目标。

有风险，更有收获。丰田对极限和困难的挑战，对我触动很大。这件事让我意识到，只要有目标，并且坚定不移地去做，就能够实现，还可以挑战更高的目标。

遗憾的是，我们没有把“一个流”的生产方式固化下来，花那么大代价，取得那么好的成绩，最后又回到了原点。

车身新工厂建设

2002 年，解放最重要的任务就是车身新工厂建设项目。

当时竺（延风）总提出，解放新工厂项目要 20 年不落后，如果没有那时候打下的基础，解放也不可能有今天。

对于解放的新项目，一汽集团投资几十亿元，即使现在回过头来看，这种做法也很有前瞻性。从 2005 年新厂投产到现在已 10 多年，新基地还在发挥着不可取代的作用。

在新工厂建设项目上，我倾注了很大心血。

当时提出实行白车身（完成焊接但未涂装之前的车身）“两毫米工程”，但是冲压件控制不好就不可能实现这个目标。我不是搞冲压出身的，就从理论角度提出，每个冲压件必须分配、控制好各自的公差，不能像从前一样，每个冲压件只是满足国标，而没有公差控制方向。

那时模具公司都还没有冲压件合理分配公差的概念，我认为肯定需要这样正向控制，只是我们还不会。我就带着这个命题，去跟日本荻原模具公司和日本富士模具株式会社进行交流。见面时我就问：“你们在设计模具时是否主动分配冲压件的公差，从而系统保证白车身的尺寸和公差？”这是日本荻原模具公司的关键技术，对方根本不告诉我们。

日本荻原模具公司只生产模具，日本富士模具株式会社除了生产模具，还提供焊接技术，他们希望都由他们负责。日本富士模具株式会社社长已接近 80 岁，他非常重视该项目，亲自来中国。他说冲压件必须进行公差的合理分配，但签合同后才能给我们展示。

我说："你不给我展示，我怎么相信？你能不能先给我们做几个产品？"

他们就先做出几个样品来。每个冲压件的控制都不是简单按图纸进行复制，否则一回弹就可能变形。富士公司经过多年的实践和积累，具有这样的技术和数据库。在冲压件的项目实施中，我们第一次使用了这一技术，很好地保证了白车身的尺寸和精度。

白车身焊装线也是一个比较复杂的系统化工程，对自动化程度有一定的要求，一汽在这方面缺少经验。

首先，我希望通过这个项目把一汽工具厂（现一汽模具公司）的能力培养起来，所以在项目策划开始，就让工具厂的领导和工程人员全程参与。

其次，通过多方交流，我们把整个焊装线拆分成 16 个子系统，在正式投标前，先对 16 个子系统的标准设备机器人、焊钳、电缆等进行预投标，对这些标准设备的价格及生产厂家做到心中有数，然后再对整个焊装线进行招标。用我们预招标的标准等替代投标方的价格，使整个焊装线的价格大幅降低。

同时，我们要求在中标方统一投标的前提下，由工具厂分包车身下部线。后来证明，这一做法极大地提升了工具厂焊装线的设计和制造能力。

新项目虽然付出很多精力，但收获很大，提升了我对卡车和项目的认识。新项目也奠定了一汽解放公司的制造基础，解放有今天与新项目密切相关。

独立运作企业

2004 年，车身厂和总装厂进行整合，我兼两个厂的厂长。总装厂是按照苏联模式分出来的一个厂，跟车身厂业务密切，整合后对企业发展有利。

但整合的过程很难，因为每个企业的成长历程、企业文化和员工精神面貌都不一样。总装厂规模较小，产品质量不合格、物流不及时等问题比较突出，尤其是吃苦耐劳精神，跟车身厂差距较大。

我做车身厂厂长多年，没有一位员工会在现场拽着我说工资低。到总装厂后，这种情况比比皆是。另外，总装厂工资高，同样的车间，每个月要比车身厂工资高 2000 元，但劳动强度差别却没那么大。

车身厂和总装厂整合后，两个科长就要变成一个。整合时，我提出干部到哪个岗位，就拿哪个岗位的工资。当时还制定了几个原则，如同样一个岗位，如果车身厂员工和总装厂员工同时竞聘，同等条件下优先录用总装厂的人。我是车身厂厂长，要尽可能照顾总装厂员工的利益。因为合是大局，先合，再逐步解决其他矛盾。

由于采取了较为有用的措施，车身厂和总装厂顺利实现合并，成立了卡车厂。

2009 年，我调到一汽吉林汽车有限公司（以下简称“一汽吉林”）担任总经理。这是我第一次独立运作一个企业。

当车身厂厂长时，我不用管产品，也不用管市场，只负责工厂的生产制造。2007 年担任一汽解放公司副总经理时，我主要分管生产质量，也只是管一条线。

这次是全面掌管一个企业的经营，从产品策划，到生产制造，再到销售，全价值链管理，对我又是一次历练。此外，这是一个困难企业，在我去任职前，集团没有给过这个公司任何投入，公司没有推出过一辆新车，可谓百废待兴。

这对我来说挑战很大，好在一汽集团比较支持。坦白讲，在我目前的职业生涯中，调动工作时我曾经掉过两次眼泪，一次是 1999 年从内饰件厂调到长春塔奥，那是我第一次调动工作，送别晚宴时我掉泪了。

另一次就是在一汽吉林，我在这里奋战了 5 年，付出了许多心血，对这里有很深的感情。尤其是员工都非常可爱，他们也渴望发展。我认为推行丰田 TPS 生产方式，在一汽吉林实现得最充分。这个领导班子也不错，为了企业团结协作，大家心往一处想，劲往一处使。在这里工作 5 年，我最大的收获是抗压能力和心理素质得到了提高。

2014 年 2 月，我调到一汽 – 大众担任商务副总经理兼一汽 – 大众销售公司总经理，虽然只待了一年半，但收获颇丰，参与和见证了一个国际化公司的经营运作。

大众之所以能成功，我认为原因有四：第一，它有强大的体系支撑能力；第二，它的技术导向较强；第三，它对质量精益求精；第四，它很重视人才的培养。

重回一汽解放公司

2015 年，组织让我重回一汽解放公司，说实话我很纠结，并不想回去。不回去不是不愿意承担责任，而是还有一些顾虑。解放对一汽集团太重要，承担着一汽人太多的想法和期待，我认为自己能力不足。此外，解放的经营也太复杂。

我唯恐耽误解放事业，从内心讲有些彷徨。对于一汽解放，谁都能提出一些看法和见解，但怎么把它解决好？这么多年一直在争论。在这个体系的人都知道解放存在什么问题，但如何解决却众说纷纭。

当然，回一汽解放也经过了选拔。选拔时，我也意识到自己有可能回去。当领导跟我沟通时，我毫不隐瞒地告诉他这些观点，组织最终还是选择了我。

组织既然选择让我回去，我就得义无反顾地把担子挑起来。一汽解放公司是个老企业，要靠创新和改革两个轮子驱动发展。一汽已经走过60多年，继承传统很有必要，但更需要创新，应该继承地改革。

发展还需要一个好战略，从战略层面引领企业发展。经过几轮探讨，确定了“国内第一，国际一流”的战略。

具体如何做?

首先要做到技术领先，没有技术，想做好企业根本不可能。但技术应该靠自己的积累和研发，同时要抱有开放合作的态度，把世界好资源为我所用，而不是闭门造车，什么都自己搞。

其次是管理。一汽解放公司要想走得远，没有先进的管理，没有强大的体系支撑，根本不可能实现。在管理方面，我的危机感、紧迫感更强。因为管理是慢功夫，只能靠自己去建立、培育，不像技术，花钱还可能拿来。

国内其他商用车企业都纷纷合资，它可以把别人的体系复制过来。虽然会有一段磨合期，效率比较低，有些影响发展。一旦挺过磨合期，它的体系能力会支撑它发展得非常快。一汽解放公司如果不能在窗口期解决好这个问题，优势就会变成劣势。

因此，我想从管理入手来推动一汽解放公司的变化，其实这么多年的工作也是围绕这些点来展开。

最后是人力资源。把现有的员工培养好、用好，在这个基础上再去引进好的人才。因此，我们结合一汽集团的改革做了些人事变革。

徐留平董事长（一汽集团董事长）给我们提的目标是到2030年成为

世界第一。按照这个战略目标，我们要进入世界第一团队，跟世界大品牌并列。

一汽解放公司这两年销售之所以做得好，是因为我们在营销上做了很多创新，在生态建设、智能网联上都做了很多布局。一汽解放公司要从整车提供者转型为智能物流解决方案的提供者，不这么转型，世界第一的目标恐怕很难实现。

后记

很多人问我：历史已经翻页，你为什么还要如此耗费心力来整理？

追溯、记录、还原，这是我们坚持做口述历史的初衷，且在长达十几年的时间里一以贯之。

如你所见，这本书是对中国第一个汽车品牌“解放”的不完整记录和呈现。我们希望通过17位讲述者的个人记忆，用故事和细节重现一部中国汽车工业创业史、一部中国汽车人永不放弃的奋斗史。

借此机会，感谢所有接受访谈的讲述者。因为您们的理解与支持，我们才有机会尝试用一种特殊方式来记录中国汽车工业史。

感谢何光远、李刚、蔡诗晴、胡信民、陈光祖、沈永言、徐兴尧、范恒光、韩玉麟等老一辈汽车人。因为您们的厚爱与包容，我们才有机会寻访到更多讲述者。

感谢安庆衡、傅京生、支敏、孟运、张超等人的热心相助。因为您们的教诲与劝勉，我们才能更好地记录历史。

感谢董宽、刁艳群、白原远的专业支持。

感谢贾可、贾晓坤、马蕾、焦静、李惠乐、张学东、潘成等人的无私帮助。

感谢胡汉杰、刘延昌、唐昱、李日升等人的大力支持。

特别感谢中国汽车工业咨询委员会、一汽咨询委员会、一汽集团党委宣传部、一汽解放公司、中国工人出版社等单位的热情支持。

也感谢我的家人。

由于时间仓促，水平有限，加上欠缺一些资料佐证，本书可能有纰漏和不足之处，恳请各界人士指正。书中部分图片由一汽解放汽车有限公司以及受访者本人提供，有不恰当之处，请与本人联系。联系邮箱 gbngbn@126.com。

葛帮宁

2018 年 11 月 5 日

图书在版编目（CIP）数据
解放：中国第一个汽车品牌的前世今生 / 葛帮宁著 .-- 北京：中国工人出版社，2018.12
ISBN 978-7-5008-7122-4
Ⅰ. ①解… Ⅱ. ①葛… Ⅲ. ①汽车工业-工业史-长春 Ⅳ. ① F426.471
中国版本图书馆 CIP 数据核字 (2019) 第 005983 号

解放——中国第一个汽车品牌的前世今生

出 版 人　王娇萍
责任编辑　习艳群
责任校对　赵贵芬
责任印制　栾征宇
出版发行　中国工人出版社
地　　址　北京市东城区鼓楼外大街 45 号　邮编：100120
网　　址　http://www.wp-china.com
电　　话　（010）62005043（总编室）
　　　　　（010）62005039（出版物流部）
　　　　　（010）62382916（职工教育分社）
发行热线　（010）62005996　（010）82075964（传真）
经　　销　各地书店
印　　刷　北京美图印务有限公司
开　　本　710 毫米 ×1000 毫米　1/16
印　　张　20
字　　数　260 千字
版　　次　2019 年 3 月第 1 版　2019 年 3 月第 1 次印刷
定　　价　68.00 元